1980년대 전두환 정권의 수립

이 저서는 2013년 정부(교육부)의 재원으로 한국연구재단의 지원을
받아 수행된 연구임(NRF-2013S1A5B5A07044573)

1980년대 전두환 정권의 수립

초판 1쇄 발행   2015년 5월 20일

지은이 ㅣ 김행선
펴낸이 ㅣ 윤관백
펴낸곳 ㅣ 도서출판 선인

등록 ㅣ 제5-77호(1998.11.4)
주소 ㅣ 서울시 마포구 마포대로 4다길 4(마포동 324-1) 곳마루빌딩 1층
전화 ㅣ 02)718-6252 / 6257
팩스 ㅣ 02)718-6253
E-mail ㅣ sunin72@chol.com
Homepage ㅣ www.suninbook.com

정가 18,000원
ISBN   978-89-5933-888-7   93340

1980년대 전두환 정권의 수립

국가보위비상대책위원회와 국가보위입법회의를 중심으로

김행선 저

 도서 선인

박정희의 사후 1980년 봄의 상황은 한국정치구조가 군사독재체제로 이어지느냐, 아니면 민주화로 진전되느냐 하는 분기점에 놓여 있었다. 당시 군부는 어떤 희생을 치르더라도 반드시 권력을 잡고 말겠다고 생각하고 있었다. 5·16군사쿠데타 이후 20년 가까이 누렸던 특권을 유지하고 지배권력을 계속해서 지속시키려 했던 것이다. 만약 민주정권이 들어서면 20년간의 기득권은 무위로 돌아갈 수 있는 상황이었기 때문이다. 그리하여 전두환과 그의 동조자들은 점점 거세지는 사회 불안을 막지 못하면 그들이 막 손에 넣은 권력을 송두리째 빼앗기고 말 것이라는 생각을 하게 되었다. 그리하여 전두환과 신군부세력은 몇 단계의 쿠데타를 일으키면서 5·18광주민주화운동을 피로써 진압하고 전두환·노태우가 차례로 대통령이 되어 12년 간 집권했다. 이로써 박정희 정권 때부터 치면 군사정권이 31년 간 계속된 것이다.

전두환 정권의 수립에 있어서 그 기초이자 완성단계인 국보위와 입법회의에 의한 제반 정책이나 법률들은 일반적으로 물리적 억압과 정치적 배제가 여전히 주요한 정책방향이었으며, 체제능력을 보강하기 위한 제반 정책은 지배구조의 제반 정책이 장기적 발전전망이나 한국사회의 거시적 조망에 근거하지 못한 채 정권안보적 차원에서 단기적으로 그리고 응급처치식으로 시행되어 왔다는 것을 입증하는 것이었다. 즉 어떠한 경우에도 설득과 동의를 통한 헤게모니의 창출로서가 아니라 물리력을 통한 강제방식을 일차적으로 선호하고 있다는 점에서 1980년대 한국사회 지배구조 및 정치체제의 본질을 제시해 주고 있었다.

광주민주화운동을 피로써 진압하고 들어선 전두환 정권은 그 지배구조와 정치체제 면에서 유신정권을 계승하면서도 유신정권을 개혁함으로써 자신의 정통성을 확보하고자 했으며, 권력을 유지하기 위해 국가권력에 의한 통제와 개입을 사회 곳곳에서 재창출했다. 이런 점에서 전두환 정권시대가 한국현대사에서 차지하는 비중은 만만치 않다. 이 시대는 박정희의 사후 대한민국이 유신독재군부정권을 종식시키고 진정한 민주적인 정부로 나아갈 것이냐 아니면, 또 다시 군부독재정권시대를 연장할 것이냐 하는 갈림길에 서 있었기 때문이다. 따라서 이 시대는 민주세력과 반민주세력 간의 갈등과 대립이 그 어느 시대보다 치열하게 전개되었으며, 역사의 어둠이 깊어간 것만큼 이에 대한 저항의 깊이도 높아졌다.

특히 박정희 정권시대이래 구축되어 왔던 지역갈등과 대립은 한국사회를 좀먹는 크나큰 요인임을 주목해야 할 것이다. 한국사회의 한 지역에서 나타나는 특정 지도자에 대한 몰표현상은 그 어느 역사에서도 볼 수 없는 특이하고도 부정적인 현상인 것이다. 그리하여 오늘날 한국사회는 지난 날 한국사회에 뿌리 깊게 내재한 갈등과 대립의 골을 극복하고, 낡은 이념논쟁이나 이데올로기의 편향성을 지양하면서 국민 대통합과 소통의 시대로 나아가야 할 것이다. 그리고 한국사회의 폐단인 제왕적 대통령제의 권위주의를 극복하고, 민주주의의 완성과 평화통일의 장기적인 발전전망을 이루어나가야 할 것이다.

제왕적 대통령의 폐단인 권위주의를 청산하는 길은 지도자가 '듣는 마음(경청하는 자세)'을 가질 때 이루어질 수 있다. 솔로몬이 지혜의 왕이 될 수 있었던 이유는 그가 하나님에게 기도하는 자세로 통치했다는 사실과 함께 하나님에게 기도하기를 많은 백성을 다스리는 데 있어서 '듣는 마음'을 주시어 선과 악을 분별할 수 있게 해달라는 마음이 있었기 때문이다. '듣는 마음'으로부터 지혜가 생겨나며, 백성들은 지도자를 신뢰하게 되고, 서로 소통하는 길이 마련되는 것이다. 자신을 지지할 뿐만 아니라, 지지하지 않는 백성들의 소리조차도 듣고자 하는 마음과 자신의 적대자들과도 화합할 수 있는 따뜻한 심성은 그 지도자가 영원히 살 수 있는 길이자 국가가 발전할 수 있는 길이다.

여기서 우리는 중용의 정치철학을 주목할 수 있다. 『중용』 첫 장에서는 "중(中)은 편벽되지 않고 치우치지 않고 과(過)와 불급(不及)이 없는 것이고 용(庸)은 평상(平常)함"이라고 설명하고 있다. 요컨대 원칙과 기본을 지키면서도 편벽되거나 어느 쪽으로도 치우침이 없는 중정의 상태가 바로 중용의 정치이다. 그런 점에서 정치란 민본정치와 도덕정치를 기본으로 하면서 '국태민안(國太民安)'을 궁극적인 목표로 하는 과학적 예술이며, 모든 사람의 위를 공평하게 채워주는 역할을 해야 하는 종합예술이어야 한다. 정치가 이러한 역할을 제대로 하지 못하고 특권계층이나 특권계급의 이익에 봉사하게 되면 빈익빈 부익부 현상 및 사회 양극화 현상이 심화되고, 결국 사회적 계급대립과 적대감 및 갈등과 불만이 사회에 팽배하게 되어 민중들은 폭발하게 된다. 따라서 서로 대립상태에 있는 세력들간에 공존·공생의 관계를 만들어 가는 것이 바로 정치의 지극한 도가 된다고 할 수 있다.

이런 점에서 칼 야스퍼스는 『역사의 기원과 목표』에서 자유라는 개념에 대해 언급하기를, "인류를 자유하게 한다는 것은 다시 말하면 인류를 상호 대화하게 한다는 의미이다"라고 했던 것이다.

이러한 상호 대화나 이해는 바로 상대방에 대한 사랑과 섬김의 자세에서부터 온다. 신약성경 갈라디아서 5장에서 사도바울은 말하기를 "여러분의 자유를 사랑 안에서 서로 섬기는 일에 사용하십시오. 그것이야말로 자유가 자라는 길입니다. 우리가 하나님 말씀에 대해 아는 모든 것을 한 문장으로 요약하면 '너 자신을 사랑하듯이 다른 사람을 사랑하라'는 것입니다. 이것이야말로 참된 자유의 행위입니다"라고 강조한 바 있다. 사랑은 불의를 용납하지 않으면서도 용서와 화해, 평화, 대화와 협력을 동반하여 인류를 서로 대화하게 하고, 인간의 자유를 확대시키는 원동력인 것이다.

또한 전두환 정권의 수립과정을 연구하는 목적은 전두환 정권이 그 정권 수립의 명분으로 내세웠던 정의사회구현과 부정부패척결 및 사회정화운동

의 역사적 경험을 올바르게 계승 발전시켜서, 정의사회와 복지민주국가건
설을 이루어나가는 데 있다. 더 나아가 오늘날 우리가 누리고 있는 자유와
민주주의가 얼마나 소중한 것이며, 또한 그것이 많은 사람들의 투쟁과 희
생 및 헌신에서 온 것임을 다시 한 번 확인하는 데 있다.

희생과 헌신이 없이는 건강한 미래사회로 향하는 희망의 시대를 만들어
갈 수 없다. 그리하여 최악의 역사 속에서도 인간은 희망을 잃어버려서는
안 된다는 사실을 강조하면서, 고난의 역사를 축복의 역사로 전환시켜 온
우리 민족의 저력을 다시금 기대하고자 한다.

김대중 전직 대통령은 『옥중서신』에서 그의 아들에게 이렇게 썼다.

인생은 도전과 응전이다. 어떠한 어려운 도전에도 반드시 응전의 길이 있으며,
어떠한 불행의 배후에도 반드시 행운으로 돌릴 일면이 있다. 이 진리를 깨닫
고 실천한 사람은 반드시 인생의 성공을 얻을 것이다.

끝으로 이 저서를 발간하기까지 지혜와 믿음과 소망의 마음을 허락해 주
신 예수님께 감사드리며, 이 땅에 하나님의 사랑과 공의가 실현되는 하나
님 나라가 하루속히 만들어질 수 있기를 기도드린다. 또한 이 저서가 발간
되기까지 연구지원해 준 교육부와 한국연구재단에 깊은 감사를 드린다. 아
울러 부족한 글이지만 매번 필자의 연구성과를 출간해 주시는 선인출판사
의 윤관백 사장님과 직원분들께도 사랑과 감사의 마음을 전하며 선인출판
사의 무궁한 발전을 기도한다.

그리고 2015년도 새해에는 대한민국이 그동안 누적된 문제들을 해결하고
사회갈등과 대립의 골을 극복하면서 더욱 아름답고 위대한 나라로 성장하
고 발전하기를 바란다.

2015년 1월 2일
김행선

목차

박정희(朴正熙) 대통령이 갑자기 시해되는 1979년 10·26사태 이후 우리 사회는 대내외로 어려운 상황에 직면하였으나 그간 축적된 국력을 바탕으로 한 대다수 국민들의 이해와 협조로 질서와 안정을 유지하면서 여러 난제들을 하나하나 착실하게 해결해 나가고 있었다. 그리하여 최규하(崔圭夏) 과도정부는 국가의 안전보장을 강화하고 사회안정과 질서를 유지하면서 국민생활의 안정과 경제의 지속적 성장을 기하는 한편, 질서정연하고 착실한 정치발전 등을 시정목표로 설정하고 국정전반에 걸쳐서 이 목표달성을 위한 노력을 경주하여 왔다.[1]

그러나 전두환(全斗煥)을 비롯한 신군부세력은 유신체제 이후 민주화의 열기를 무너뜨리고 일련의 쿠데타를 일으켜 군부독재정권을 연장시켰다. 신군부세력은 '하나회'를 중심으로 박정희 정권의 비호 아래 그 힘을 키워온 정치장교집단이었다.[2]

전두환·노태우(盧泰愚) 등은 6·25전쟁이 한창이던 때(1951) 다시 설립된 4년제 육군사관학교를 1회로 입학해서 졸업한 최초의 정규 육군사관학교 출신들이다. 이들은 4년제 육군사관학교 출신 후배들을 중심으로 '하나회'라는 군부 내의 사조직을 만들었고, 박정희의 특별한 보호를 받았다. 박정희가 중앙정보부장 김재규(金載圭)에게 암살되었을 때 '하나회'의 핵심인물인 전두환은 때마침 국군보안사령관의 자리에 있어서 박정희 암살사건의

---

[1] 『조선일보』 1980.6.1.

[2] 이철호, 「국가폭력과 인권침해」, 『공법논총』 6호, 한국국가법학회, 2010.8, 179쪽; 대한민국 건국 후 1961년 5·16군사쿠데타로 정권을 장악한 박정희 소장, 김종필(金鍾泌) 중령 등을 '구군부'라 본다면, 12·12사태를 일으켜 그로 인하여 정권을 장악한 전두환, 노태우 그룹을 '신군부'라 한다.

조사를 맡게 되었다.[3]

'하나회'는 4년제 육사 첫 졸업생인 11기생 일부가 중심이 되었으며, 경상도 출신 장교들이 주류를 이룬 세력으로 입회는 선배나 동료회원의 소개 및 추천으로 이루어졌고, 지연·학연·친분 등의 관계가 중시되었다. 그러기 위해 철저히 비밀 점조직으로 운영되었고, 한창때 하나회 멤버는 약 2백명에 이를 정도였다.[4]

정치군인들의 총본산이었던 하나회는 1980년대 이후 2인의 집권자를 잇달아 배출하면서 군부의 귀족계급으로서 보직 진급상의 온갖 특혜를 다 누렸다. 육사 11기 이후 36기 출신까지의 일부 장교들로 이어져 온 하나회 인맥 중 19기까지는 대부분 군문을 떠나서도 5·6공 시절 정부요직을 차지하는 등 특권층을 이뤘다.[5]

이런 점에서 서창녕은 제5공화국의 하나회 인맥에 관해 집중 연구했으며,[6] 조훈은 전두환 정권의 수립과정을 하나회를 중심으로 연구하기도 했다.[7] 그러나 이들은 제5공화국 수립과정에서 핵심부분인 국가보위비상대책위원회(이하 국보위)와 국가보위입법회의(이하 입법회의)에 대한 설명이 부족하다.

전두환을 중심으로 한 신군부세력은 제5공화국을 수립하는 과정에서 몇 단계의 쿠데타를 일으켰다. 제1단계는 12·12사태라는 군부쿠데타를 일으

3) 강만길, 『20세기 우리 역사』, 창작과 비평사, 1999, 331~332쪽.
4) 강창성 전보안사령관 증언, 「전두환과 하나회 군맥」, 『신동아』 1991.2, 407쪽; 정주신, 「12·12쿠데타의 정치사적 의미」, 『민주주의와 인권』, 제4권 제1호, 전남대학교 5·18연구소, 2004.4, 53쪽; 하나회 회원 전 명단은 김재홍, 「하나회 회원 전명단」, 『신동아』 1993.6 참고.
5) 정순태, 「30년 군림, 하나회 인맥」, 『월간 중앙』 1993.6, 315쪽.
6) 서창녕, 「한국정치의 후견인-수혜자 관계-제5공화국의 하나회 인맥에 관한 연구」, 서울대학교 정치학과 석사학위논문, 1993.
7) 조훈, 「전두환의 신군부 집권과정에 대한 연구」, 전주대학교 교육대학원 공통사회교육전공 석사학위논문, 2006.

켜 군권 쟁취 및 정국 주도권을 장악한 것이다. 제2단계는 국회를 폐쇄시킨 후 5·17비상계엄 전국 확대조치를 행한 것이다. 제3단계는 국보위를 설치 운용하며, 최규하 대통령을 퇴진시킨 쿠데타로 마침내 제5공화국 정권을 창출한 것이다.[8] 마지막으로 국보위는 그 활동을 법률적으로 제도화시키며 제5공화국의 법률적 기초를 완성시킨 입법회의로 개편되었다. 국보위가 제5공화국을 출범시키기 위한 정치적 정지(整枝)작업을 수행하였다면, 입법회의는 제5공화국의 출범 이후 전개될 정치의 틀을 강압적으로 재조정하는 역할을 담당하고 새로운 정치체제를 구축하기 위한 법적 조치들을 마련하는 작업을 수행했다. 즉 입법회의는 새 헌법에 의한 제5공화국이 수립될 때까지 국회의 권한과 기능을 대행하여 제5공화국 수립과정의 완성단계를 이루게 되었다.

이처럼 전두환을 중심으로 하는 신군부세력은 12·12사태, 5·17계엄확대조치, 5·18광주민주화운동 진압, 5·31국보위 설치, 10·27입법회의 설치 등의 과정을 거치면서 점진적으로 권력을 장악해 나갔다. 이러한 일련의 행위는 외형상 최규하 대통령의 재가를 받거나 명의 하에 행해진 것으로 되어 있다. 그러나 실제는 정치군인세력들에 의해 미리 짜여진 각본의 일환으로 보기도 한다.[9]

특히 민주화의 열망을 무너뜨리고 신군부세력에 의한 쿠데타의 서막을 올린 12·12쿠데타는 이후 한국정국을 급속히 냉각시키면서 정국의 방향을 급반전시켰으며,[10] 이를 계기로 정치적 공백기에 힘의 분명한 핵심이 형성되었다. 즉 정치변동을 둘러싸고 벌어진 힘의 투쟁에서 전두환을 중심으로 하는 신군부세력이 가장 강력한 행위자로 등장하게 되었다.[11] 그리하여 이

---

8) 대한민국재향군인회, 『12·12/5·18 실록』, 대한민국재향군인회 호국정신선양운동본부, 1997, 142쪽.

9) 같은 책, 210쪽.

10) 신현익, 「전두환 군부정권 성립과정에서의 미국의 역할」, 고려대학교 대학원 정치외교학과 박사학위논문, 2006, 91~92쪽.

러한 신군부세력의 움직임에 저항하여 대학생들을 중심으로 학원 자율화 및 민주화의 시위가 전국적으로 확대되었다. 그리고 1980년 5월 17일 비상계엄이 전국적으로 확대되고, 이에 맞서서 5월 18일 광주민주화운동이 일어나게 되었다.

본 저서는 전두환 정권의 수립과정을 국보위와 입법회의를 중심으로 살펴보고자 한다. 신군부세력은 최규하 대통령을 내세워 1980년 5월 31일 국보위를 설치하고 동년 10월 27일 새로운 제5공화국 헌법을 공포했다. 이에 따라 국보위가 입법회의로 개편되어 국회의 기능을 하다가 1981년 4월 10일 입법회의가 마감되었다. 이러한 과정에서 대한민국은 박정희 대통령에 이어서 최규하 대통령과 전두환 대통령에 이르기까지 짧은 기간 내에 세 명의 대통령을 맞이하고 두 차례의 대행체제 그리고 내각의 잦은 교체가 이루어졌다. 이는 이 기간이 얼마나 격동의 시기였는가를 말해주는 것이었다.

이 기간은 과도정부 시기로서 권력의 진공상태에 있었으며, 그 만큼 불안하기도 했지만 어느 때보다도 민주화의 열기가 높았던 시기였다고 할 수 있다. 많은 희생자를 낸 광주민주화운동은 권력진공기에 국민의 자율적인 의지에 따라 민주정권이 수립되지 못하고 유신잔재세력인 신군부세력이 개입함으로써 빚어낸 불행한 사건이었다고 할 수 있다.

전두환을 비롯한 신군부세력의 집권과정은 박정희 대통령의 유신정책이었던 중흥정책과 여러 면에서 통치맥락을 같이하면서도 유신체제 하에 쌓여온 부정적 요소들을 과감하게 수술하지 않으면 안 되었다. 그것은 바로 유신체제를 이어받는 신군부세력으로서는 권력 장악의 정당성을 확보하는 일이자 동시에 국민적 지지를 얻을 수 있는 길이기도 했기 때문이다.

신군부세력은 국보위를 설치하고 국가지표로 민주주의의 토착화, 복지사

---

11) 지병문 · 김용철 · 천성권, 『현대 한국정치의 새로운 인식』, 박영사, 2001, 299쪽.

회의 건설, 정의사회 구현, 교육혁신과 문화창달을 내세웠다. 이를 위해 정치풍토를 개선하고 도의정치를 구현하겠다고 다짐했고, 사회개혁을 통해 복지국가를 건설하겠다고 강조했다. 숱한 공직자가 숙정되는 된 서리에 직장을 떠나야 했고, 많은 정치인이 정계에서 밀려났으며, 고질적인 과외가 추방됐고, 문어발 기업이라고 지탄받던 재벌기업들이 계열기업 정리에 나섰다.[12]

이처럼 제5공화국 통치의 기틀을 마련하고 전두환 정권을 창출하는 모태가 되는 국보위와 입법회의에 관한 연구는 아직 미흡하며 제대로 된 연구 논문이 없는 실정이다. 그러나 문화공보부에서 편집하고 국보위에서 1980년에 발행한『국보위 백서』나 같은 해 문화공보부에서 발간한『국가보위비상대책위원회는 왜 설치되었는가』가 대표적인 연구성과라고 할 수 있다.[13] 또한 국보위의 구체적인 활동인 사회정화운동에 관한 연구가 사회정화위원회에서 편찬되었다.[14]

이들 저서는 정부 차원에서 이루어진 홍보용 연구이기 때문에 객관성을 잃고 있다. 특히『국가보위비상대책위원회는 왜 설치되었는가』라는 저서는 국보위가 설치되게 된 배경을 중심으로 국보위 발족은 군정이나 계엄의 장기화를 뜻하는 것이 아니고, 박정희 대통령의 충격적인 시해사건 이후에 조성된 극심한 사회혼란과 소요사태 속에서 정치·사회·경제적 혼란을 미연에 방지하고, 효율적인 계엄업무를 추진하기 위해 발족된 것이었다고 주장함으로써 국보위 설립의 불가피성과 타당성을 제시하고 있다.

또한『국보위 백서』역시 국보위는 무엇보다 국가의 안전보장을 강화하기 위하여 각계에 잠재한 안보면의 불안요인과 저항적 요소를 근원적으로

---

12)『조선일보』1980.10.26.
13) 문화공보부,『국보위 백서』, 국가보위비상대책위원회, 1980; 문화공보부,『국가보위비상대책위원회는 왜 설치되었는가』, 문화공보부, 1980.
14) 사회정화위원회,『사회정화운동사』, 사회정화위원회, 1988.

제거하는 작업을 위해 설치되었으며, 국보위가 발족됨으로써 10·26사태 이후 극도의 불안한 사회혼란을 막고 사회안정을 회복하여 북한집단의 책동을 봉쇄하는 데에 크게 기여했고, 더 나아가 과감한 사회정화를 통해 비능률, 부조리, 불신풍조를 제거하고 국가기강을 확립함으로써 새 시대, 새 역사 창조의 초석을 마련하는 동시에, 우리나라 민주주의가 정착할 수 있는 토대를 마련하는 역할을 했다고 주장했다.[15] 12·12사태에 대해서도 10·26사태의 공정한 수사를 위한 불가피한 조치였다고 강변하면서 시종일관 12·12사태의 적법성과 불가피성을 강조하고, 12·12사태는 정권탈취를 목적으로 한 쿠데타가 아니라 우발적인 사건이라고 주장하고 있다.[16]

그리고 육군본부에서 발간한『계엄사』역시 같은 기조로 국보위에 대해 설명하면서, 국보위의 개혁활동은 민주복지국가의 기틀을 다지고, 새 역사의 진운을 개척한 괄목할만한 업적이었다고 평가했다.[17] 이현복 역시『국보위 백서』와 같은 인식 아래 국보위 5개월의 모든 것을 검토하면서 국보위 5개월의 업적은 구정권이 안고 있는 온갖 적폐를 척결하고, 1980년대 새 시대에 부응하는 국가적 환경여건을 미리 정지해 놓는 예비작업이었으며, 그것은 곧 제5공화국을 낳는 산실이었다고 주장하고 있다.[18] 또한 경향신문사에서 1987~1988년에 발간한『실록 제5공화국』역시 제5공화국에 대해 전반적으로 긍정적인 평가를 내리고 있다.[19]

또한 서재영은 신군부의 등장에 대해 군의 또 다른 정치개입이라는 부정적 시각보다는 유신체제 붕괴 이후 야기된 과도기적 국면인 정치·경제적 위기를 극복하고, 혼란을 조속히 수습할 수 있는 강력한 체제를 태동시킴

---

15) 문화공보부,『국보위 백서』, 17~18쪽.
16) 이상우,「12·12세력과 광주사태와 미국」,『신동아』1988.2; 전두환 합수부 측 최초 본격 반론,「정승화 측이 반란군이다」,『신동아』1993.10.
17) 계엄사편집위원회,『계엄사』, 육군본부, 1982.
18) 이현복,「제5공화국의 산실」,『정경문화』1985.5.
19)『실록 제5공화국』1~6, 경향신문사, 1987~1988.

으로써 나름대로의 역사적 역할을 하였다는 점을 강조하기도 한다.[20]

이상과 같은 12 · 12사태나 국보위에 대한 긍정적 평가에 반하여 한국현대사를 다루는 대부분의 개설서나 논문에서는 12 · 12사태를 군사반란 또는 하극상에 의한 쿠데타나 군 내부의 파워게임에 의한 쿠데타로 보고 있으며, 5 · 17비상계엄은 전두환 일당에 의한 정권찬탈을 노린 군사쿠데타였다고 주장하고 있다.[21] 전 주한미국대사 글라이스틴(William H. Gleysteen)도 자신의 회고록에서 12 · 12사태를 사실상의 쿠데타로 주장하고 있다.[22]

한편 이완범은 5 · 17비상계엄은 명백한 정치적 쿠데타로 간주될 수 있지만, 12 · 12사태 당시에는 신군부의 정권장악 목표가 아직 명백하게 표출되지 않았으므로 12 · 12사태는 '예비쿠데타'로 간주되기도 한다고 주장하고 있다.[23] 이상우 역시 12 · 12사태는 계획된 정치적 사건이었으며, 제5공화국에 이르는 서막이라는 점에서 단순한 사태가 아니라 쿠데타로 보는 것이 타당하지만, 거사한 군부가 그 즉시 정권을 명실 공히 모두 장악하지는 않았다는 점에서 통상적 의미의 쿠데타와는 달랐다고 주장하고 있다.[24]

정해구 역시 신군부세력이 12 · 12군사반란을 일으켰음에도 불구하고, 18

---

20) 서재영, 「제5공화국의 정치적 특성에 관한 연구」, 한양대학교 대학원 정치외교학과 석사학위논문, 1999.

21) 정경환, 『한국현대정치사연구』, 신지서원, 2000; 지병문 · 김용철 · 천성권, 앞의 책; 유병용 · 홍순호 · 이달순 외, 『한국현대정치사』, 집문당, 1997; 김영명, 『고쳐 쓴 한국현대정치사』, 을유문화사, 1999; 정해구, 『전두환과 80년대 민주화운동』, 역사비평사, 2011; 노재현 당시 국방장관 증언, 「12 · 12는 하극상 반란이었다」, 『신동아』 1993.10; 이동과, 「국보위 입법회의법령에 관한 고찰」, 『법학논집』 3, 청주대학교 법학연구소, 1988.5; 정주신, 「12 · 12쿠데타의 정치사적 의미」, 앞의 잡지.

22) 윌리엄 글라이스틴(황정일 옮김), 『알려지지 않은 역사』, 중앙 M&B, 1999, 121쪽, 136쪽; William H. Gleysteen, 『Massive Entanglement, Marginal Influence』, Brookings Institution Press, 1999, pp.78 · 90.

23) 이완범, 「박정희 정부의 교체와 미국」, 한국학중앙연구원 편, 『1980년대 한국사회연구』, 백산서당, 2005, 68쪽.

24) 이상우, 「12 · 12와 정치군인과 미국」, 『신동아』 1987.12.

년 간에 걸친 박정희 장기집권의 어두운 터널에서 막 벗어난 당시의 상황에서 민주화의 추세는 거역하기 힘들었으며, 처음부터 민주화에 대한 거부 태도를 공공연히 드러내지는 않았다고 주장하고 있다. 비록 12·12사태 이후 그들이 쿠데타 준비를 치밀하게 준비하고 있었지만, 서울의 봄 초기에 국민이 기대해 마지않았던 민주화의 요구에 거슬러 당장 쿠데타를 감행할 준비가 이루어지지 않았기 때문에 민간정부에 대한 쿠데타 의도를 겉으로 드러내지 않았다고 주장하고 있다.[25]

그러나 권정달(權正達) 당시 합수본부 정보처장은 "군부가 5·17로 정권을 잡은 것이 아니라 12·12사태로 이미 권력을 잡았다. 5·17비상계엄확대조치는 그 뒤의 한 과정으로 봐야 한다"고 했다. 그리고 조갑제 역시 신군부는 12·12사태로써 실권을 잡았고, 5·17이란 2단계 조치로써 국보위를 통해 그 실권을 제도화했으며, 최규하 대통령의 하야로써 기나긴 쿠데타를 마감했다고 해석했다.[26]

특히 이철(李哲) 의원이 폭로한 국군보안사령부의 'K공작계획'이라는 비밀문서는 1980년 당시 신군부세력이 전두환 보안사령관의 대권장악을 위해 작성한 집권시나리오 가운데 하나인 언론장악 부분으로 권력찬탈의 과정을 규명할 수 있는 중요한 자료로 보고 있다. 'King Making 공작'으로 해석되는 이 'K공작'은 1980년 2~3월 중순경 작성된 것으로 추측하고 있으며, 언론조종을 통해 전두환 보안사령관의 대권장악을 위한 정지작업을 시도했던 비밀문서이다.[27]

따라서 12·12쿠데타 당사자들은 12·12사태를 10·26시해사건 수사과정에서 발생한 우발적 사건이라든가 "구국의 일념에서 발생한 것으로 집권할 의도가 없었기 때문에 쿠데타가 아니다"라고 강변해 왔으나, 신군부는 이미

---

25) 정해구, 앞의 책.
26) 조갑제, 『제5공화국』, 월간조선사, 2005, 162쪽.
27) 신동아 편집실, 「K공작 언론인 94명 포섭계획」, 『신동아』 1990.2, 445쪽.

10 · 26사태 직후부터 집권을 꿈꿨다는 주장도 있다. 그 증거로 12 · 12사태 전부터 당시 보안사, 즉 합동수사본부 내에 언론대책반을 운영하여 새로운 권력을 창출하기 위해서 12 · 12사태로 물리력을 장악한 후 명분과 정당성을 보태기 위해서 여론, 즉 언론의 지지를 얻기 위한 작업을 보도검열을 통해 추진해 나갔다고 제시하고 있다.[28)]

요컨대 12 · 12쿠데타 세력은 5 · 16쿠데타와 비교할 때 즉각 권력을 장악하지 않고, 5 · 17전국계엄 확대조치, 5 · 18광주민주화운동, 5 · 31국보위 설치 등의 과정을 거쳐 점진적으로 권력을 장악했다는 데서 그 성격 규정에 혼란을 일으키고 있는 것이다.

또 한편 국보위 설치 및 입법회의에 대한 분석은 대부분 개설서나 논고에서 대략적으로 설명하고 있다. 이에 따르면 국보위 설치를 쿠데타로 보고, 그 설립 목적은 신군부의 정권장악을 위한 토대를 마련하는 것이었다고 주장되기도 한다.[29)] 또한 『신동아』 1983년 10월 「제5공화국의 권력엘리트들」이라는 기사에서는 국보위와 입법회의 위원들의 면면과 근황을 분석하고 있다.[30)]

특히 천금성은 국보위의 발상은 1980년 3월 말경부터 12 · 12사태 주동세력들에 의해 추진되었으며, 그 이전까지 전두환은 대통령의 중책을 맡을 생각이 없었다고 보았다. 그리하여 국보위는 어떤 의미에서는 전두환의 대권장악을 위한 하나의 교두보였다고 주장하고 있다.[31)] 또한 이승규는 국보

---

28) 김기철, 「신군부는 10 · 26직후부터 집권 꿈꿨다」, 『신동아』 1993.7, 309~311쪽.

29) 정해구, 앞의 책; 천금성, 『국보위 설치와 5공 탄생 내막』, 『월간 다리』, 1989.11; 조갑제, 『제5공화국』; 강준만, 『한국현대사 산책-1980년대 편』 1, 인물과 사상사, 2003; 민주주의 법학연구회, 「1980년대 법질서와 입법정책」, 『1980년대 한국사회와 지배구조』, 풀빛, 1989; 유병용 · 홍순호 · 이달순 외, 앞의 책; 지병문 · 김용철 · 천성권, 앞의 책; 이철호, 「국가폭력과 인권침해」, 앞의 잡지; 이희훈, 「1980년 헌법의 형성과 발전 및 평가」, 『외법논집』 28집, 한국외국어대학교 외국학종합연구센터 법학연구소, 2007.11; 이동과, 「국보위 · 입법회의법령에 관한 고찰」, 앞의 잡지.

30) 「제5공화국의 권력엘리트들」, 『신동아』 1983.10.

위는 지금까지 일반적으로 알려진 것처럼 광주민주화항쟁과 직접적인 관련이 있는 것이 아니라, 그 훨씬 이전인 5월 16일 비상전군주요지휘관회의에서 이루어졌다고 주장하고 있다.[32]

특히 대한민국재향군인회에서 발간한 『12·12/5·18 실록』은 제5공화국 수립과정의 서막을 이룬 "12·12사태는 정권탈취의 저의를 갖는 명백한 계획적인 군사반란이었다"고 평가하면서, 정치군인세력들이 자행한 군사반란에서 내란으로 이어진 헌정질서 파괴행위의 진상 및 제5공화국의 수립과정을 신군부세력의 치밀한 정권탈취 과정으로 파악하면서 비교적 객관적 사실에 입각하여 국보위의 설립과정과 활동에 대해 비판적인 입장을 취하고 있다.[33] 그러나 이 저서는 입법회의에 관해서는 대략적인 서술만을 하고 있다.

한편 국보위 체제의 구체적인 억압정책이 연구되기도 했다. 예를 들어 김영선은 『한국의 정치권력과 언론정책』이라는 저서에서 국보위 체제의 언론정책에 대해서 분석하고 있다. 이 연구는 국보위 체제가 유신체제로부터 체제의 성격이나 국가억압기구 등을 그대로 이어받아 통제정치를 하였다고 주장하면서, 국보위 체제는 군사통치정권이라고 규정했다. 그리고 국보위 체제의 언론정책을 중심으로 검토하고 있다.[34] 박태우 역시 제5공화국과 제6공화국의 언론정책을 비교 연구하였다. 특히 제5공화국의 언론기본법에서 규정된 등록규제, 언론인 자격, 시설기준, 행정의 재량권, 처벌규정 등에 관한 사항을 분석함으로써 언론기본법의 문제점을 지적하였다.[35] 또

---

31) 천금성, 『국보위 설치와 5공 탄생 내막』, 앞의 잡지, 95~98쪽.

32) 이승규 편, 『제5공화국 정치비화』, 보성사, 1988, 139쪽.

33) 대한민국재향군인회, 앞의 책.

34) 김영선, 『한국의 정치권력과 언론정책』, 전예원, 1995.

35) 박태우, 「제5·6공화국의 언론정책 비교 연구」, 고려대학교 정책과학대학원 석사학위논문, 1995.

한『신동아』1987년 11월 논고인「제5공화국 언론통제실태」와 1990년 2월
「K공작 언론인 94명 포섭계획」및 1993년 7월「신군부는 10 · 26직후부터 집
권 꿈꿨다」를 비롯하여『저널리즘』1988년 겨울 호의「언론학살과 5공 핵
심 언론인 집중탐구」,『신문연구』1989년 여름 호의「제5공화국 독재권력의
언론통제」라는 글들도 이 시기 언론통제에 관해 비판적으로 검토한 것들이
다.36) 이밖에도 진실화해를 위한 과거사정리위원회에서 조사한 보고서에
서도 1980년 언론사 통폐합 및 언론인 강제해직사건에 대해 비판적으로 다
루고 있다.37)

또 한편 국보위의 활동으로 진행되었던 사회정화운동에 관한 구체적인
연구가 이루어지기도 했다. 김진구는 사회정화운동을 기관 형성론의 시각
에서 사회정화운동의 성립 배경과 추진체계 및 성과 등을 분석하였다.38)

이상에서 전두환 정권의 수립 및 국보위나 입법회의에 대한 기존의 연구
들은 전두환 정권에 대한 일방적인 찬양이거나 아니면 일방적인 비판의 관
점에서 이루어진 것이 대부분이다. 더 나아가 국보위와 입법회의에 대한
이들 연구들은 개략적인 연구수준이거나 개별적인 연구수준이기 때문에
전두환 정권의 수립과정에 대한 역사적이고 객관적이며 종합적인 관점에
서 연구되지 못한 한계를 지니고 있다.

그러나 전두환 정권시대가 한국현대사에서 차지하는 비중은 만만치 않
다. 이 시대는 박정희의 사후 대한민국이 유신독재군부정권을 종식시키고

---

36) 김동선,「제5공화국의 언론통제실태」,『신동아』1987.11; 신동아 편집실,「K공작
    언론인 94명 포섭계획」, 앞의 잡지; 김기철,「신군부는 10 · 26 직후부터 집권 꿈
    꿨다」, 앞의 잡지; 김주언,「언론학살과 5공 핵심 언론인 집중탐구」,『저널리즘』,
    한국기자협회, 1988년 겨울호; 김주언,「제5공화국 독재권력의 언론통제」,『신문
    연구』, 관훈클럽, 1989년 여름호.
37) 진실화해를 위한 과거사정리위원회,『2009년 하반기 조사보고서』, 진실화해를
    위한 과거사정리위원회, 2010.3.
38) 김진구,「기관형성의 관점에서 본 사회정화운동」, 고려대학교 정책과학대학원
    도시 및 지방행정전공 석사학위논문, 1990.

진정한 민주적인 정부로 나아갈 것이냐 아니면, 또 다시 군부독재정권시대를 연장할 것이냐 하는 갈림길에 서 있었기 때문이다. 따라서 이 시대에 대한 본격적인 역사연구의 필요성이 제기된다고 할 수 있다.

또한 오늘날 한국사회는 지난 날 냉전체제 하의 흑백논리적인 이념논쟁이나 이데올로기의 편향성을 지양하고 국민 대통합과 소통의 시대 및 진정한 민주적인 사회로 나아가기 위한 새 시대를 열고자 한다. 이런 점에서 본 저서는 1980년대 전두환 정권의 수립에 대한 역사적이고 객관적인 관점에서의 연구 필요성을 절감하고, 이를 국보위와 입법회의의 설치와 활동을 중심으로 역사적이고 객관적이며 종합적인 관점에서 보다 심층적으로 분석 검토하고자 한다. 그리고 이들 기구의 설치와 활동에 대한 문제점 등을 지적하며 역사적 평가를 내리고자 한다.

이로써 본 저서의 연구목적은 1980년대 초 한국사회 지배구조 및 정치체제의 본질을 역사적이고 객관적인 입장에서 밝히는 데 있다. 즉 전두환 정권의 수립은 일면 유신시대의 부정적인 측면을 극복하려는 개혁도 있었지만 여전히 유신시대의 물리적이고 강제적인 권위주의의 성격에서 벗어나지 못하고 있으며, 권력의 정당성을 민주주의의 원칙인 국민주권이나 법치주의에 의해서 구하는 것이 아니라 통제와 물리력에 의해 구하는 권위주의 시대에 머물고 있음을 밝히려는 것이다.

이런 점에서 본 저서의 또 다른 연구목적은 한국사회의 폐단인 제왕적 대통령제의 권위주의를 극복하고, 한국사회의 민주주의의 회복과 장기적인 발전전망을 기대하는 데 있다.

또한 이 시기를 연구하는 필요성과 목적은 전두환 정권이 그 정권수립의 명분으로 내세웠던 정의사회구현과 부정부패척결 및 사회정화운동의 역사적 경험을 올바르게 계승 발전시켜서, 정의사회와 복지민주국가건설을 이루어나가는 데 있으며, 더 나아가 오늘날 우리가 누리고 있는 자유와 민주주의가 얼마나 소중한 것이며, 또한 그것이 많은 사람들의 투쟁과 희생 및 헌신에서 온 것임을 다시 한 번 확인하고, 이 시대를 알지 못하는 젊은이들에게 각인시키려는 데 있다.

희생과 헌신이 없이는 건강한 미래사회로 향하는 희망의 시대를 만들어 갈 수 없다. 그리하여 최악의 역사 속에서도 인간은 희망을 잃어버려서는 안 된다는 사실을 강조하면서, 고난의 역사를 축복의 역사로 전환시켜 온 우리 민족의 저력을 다시금 기대하고자 한다. 또한 민주주의를 쟁취하고 지속·발전시키는 일이 우리 미래 역사의 희망을 잉태하는 일이라는 것을 환기시키고자 한다.

따라서 본 저서는 격동의 한국현대사 및 전두환 정권의 수립에 대해 공부하고자 하는 청년들이나 시민들에게 좋은 지침서가 될 뿐만 아니라, 이 시기를 연구하려는 연구자들에게도 도움이 될 것으로 기대한다.

한편 본 저서에서는 기본적으로 국보위에서 출간한 『국보위 백서』를 참고로 하면서, 기존의 연구들이 소홀히 한 당대의 신문들과 잡지를 비롯해서 사회정화위원회에서 출간한 기관지 『정화』와 저서들을 참고로 했다.[39] 그리고 현대사회연구소에서 편찬한 저서[40]와 국가보위입법회의사무처에서 발간한 『국가보위입법회의 회의록』(1980.10.29-1981.4.10) 및 국회사무처에서 1981년에 발간한 『국가보위입법회의통과법률집』 1~2집 및 『국가보위입법회의경과보고서』 등을 참고했다.[41]

이밖에 육군본부에서 발간한 『계엄사』를 비롯해서[42] 제5공화국에 대한

---

[39] 사회정화위원회, 『인간답게 잘 사는 길』, 사회정화위원회, 1982; 사회정화위원회, 『사회정화운동의 이념과 실천』, 사회정화위원회, 1982; 사회정화위원회, 『의식개혁의 필요성과 실천방향』, 사회정화위원회, 1982.

[40] 현대사회연구소 편, 『사회정화운동의 이념과 방향』, 신현실사, 1981.

[41] 『국가보위입법회의 회의록』(1980.10.29-1981.4.10), 국가보위입법회의사무처; 국회사무처, 『국가보위입법회의통과법률집』 1~2집, 국회사무처, 1981; 국회사무처, 『국가보위입법회의경과보고서』, 국회사무처, 1981.

[42] 계엄사편집위원회, 『계엄사』, 육군본부, 1982.

개설서 및 국보위와 입법회의에 관한 개설서 및 논문들과 이 시기를 연구한 논저들을 참고했다.

그리고 이 시기 한국에 주재하며 활동하고 있었던 전 주한미국대사 윌리엄 글라이스틴이 쓴 회고록과 1979년 7월부터 1982년 6월까지 한국에서 유엔군 총사령관, 한미연합사령관. 주한미군사령관. 그리고 미8군 사령관으로 복무한 존 A. 위컴(John A. Wickham)의 회고록을 참고했다.[43]

---

43) 윌리엄 글라이스틴(황정일 옮김), 앞의 책; William H. Gleysteen, op.cit; 존 위컴 (김영희 감수), 『12 · 12와 미국의 딜레마』, 중앙M&B, 1999; John A. Wickham, 『Korea on The Brink- A Memoir of Political Intrigue and Military Crisis』, Brassey's, 2000.

제1장

국가보위비상대책위원회
설치 배경

1. 최규하 과도정부 수립

1979년 10월 26일 박정희 대통령의 서거 이후 권력의 진공상태가 발생했다. 이에 정부는 국가지도력의 공백을 최소화하기 위해서 동년 10월 27일 새벽 2시 비상국무회의를 소집하여 헌법 제48조에 의거해서 최규하 국무총리를 대통령 권한대행으로 의결함과 아울러 동일 4시를 기해 제주도를 제외한 전국비상계엄을 선포하고, 육군참모총장 정승화(鄭昇和) 대장을 계엄사령관에 임명했다. 계엄사령관에 임명된 정승화 육군참모총장은 10월 27일 정치적 중립을 선포하고, 합법적인 방법에 따른 정치일정을 고수할 것을 선언했다. 같은 날 9시에는 최규하 대통령 권한대행이 국가비상시국에 관한 특별담화를 발표하여 국민의 협조와 단합을 호소했다. 그리고 정승화 계엄사령관은 10월 27일 오후에 계엄포고령 제5호로 10·26사태의 전모를 수사하기 위한 합동수사본부를 설치하고, 그 본부장에 전두환 보안사령관을 임명했다.[1]

또한 노재현(盧載鉉) 국방부장관과 군 수뇌들은 10월 27일 국방부 제1회의실에서 기자회견을 갖고, "비상시국을 맞아 국군 전 장병은 최규하 대통령 권한대행을 중심으로 일치단결하여 북괴의 어떠한 도발도 즉각 분쇄할 수 있는 만반의 태세를 갖추고 국가보위의 대임을 완수할 것"을 다짐하는 국방장관·합동참모회의의장·육해공군참모총장 연명으로 된 결의문을 발

---

[1] 대한민국재향군인회, 앞의 책, 21쪽, 33쪽; 지병문·김용철·천성권, 앞의 책, 296쪽.

표했다.2) 이러한 군대의 움직임에 대해 한미연합사사령관 존 A. 위컴 대장은 11월 5일 "한국군은 굳게 단결하여 질서를 유지하겠다는 결의에 차 있다"고 말하면서, "한국국민들은 이런 군을 자랑스럽게 여겨야 할 것"이라고 말했다.3)

한편 미국의 카터(Jimmy Carter) 대통령은 박정희 대통령 서거 직후인 1979년 10월 27일 "최규하 국무총리가 대통령 권한대행에 취임함에 있어 미국은 대한민국에 대한 조약상의 공약을 계속 확고히 이행할 것임을 보장하는 바"라고 강조함으로써 한미동맹의 굳건함을 보여 주었다.4) 특히 미국은 박정희 대통령 서거 이후의 현 정부를 지지하며 한국 사태를 이용하려는 어떤 외부세력의 의도도 한미방위조약상의 공약에 따라 즉각 응징할 것임을 일본과 중공, 소련을 포함한 한반도 주변 국가들에 통고했다고 미 국무성의 한 관리가 27일 밝혔다. 또한 이 관리는 북한이 현재까지는 이번 사태를 이용하여 남침이나 공작원 남파 및 한국 내의 긴장을 고조시키는 행동을 하지 않고 있다고 말하고, 현재 경계태세를 강화하고 있는 주한미군이 한국 내의 질서유지 역할을 담당하지는 않을 것이라고 밝혔다.5)

그리고 한미연합사사령관 존 A. 위컴 대장 역시 10월 28일 최규하 대통령 권한대행에게 보낸 서한에서 "여하한 도발사태의 발생에도 연합사령부는 국가명령과 군사권한으로부터 부여된 지시에 따라 대한민국을 방어할 것임을 다짐한다"고 밝히고, "연합사는 군비를 갖추고 있으며, 대한민국의 안보에 전적으로 헌신적 기여를 할 것임을 확인한다"고 다시 한 번 강조했다.6)

---

2) 『경향신문』 1979.10.27.
3) 『경향신문』 1979.11.6.
4) 『동아일보』 1979.10.27.
5) 『경향신문』 1979.10.28.
6) 『경향신문』 1979.10.29.

특히 헤럴드 브라운(Herald Brown) 미국방장관은 10월 28일 "미국은 박정희 대통령 서거 후 주한미군철수동결방침을 바꾸지 않을 것"이라고 밝히고, 미국의 대한안보공약을 과시하고 한국에 대한 외세개입이나 북한의 모험적인 행동을 저지하기 위해 2대의 공중경보통제기를 한국에 급파하는 한편, 한일 간 해역에 주둔하고 있던 항모 1척을 포함한 해군함정들을 한국 해역으로 근접 이동시켰다고 밝혔다.[7] 18명으로 구성된 미국 장례사절단을 이끌고 11월 1일 밤 서울로 떠나는 사이러스 밴스(Cyrus Vance) 미 국무장관 역시 미국은 즉각 대한안보공약을 재확인한다는 성명을 발표하는 동시에 적절한 군사조치를 취했다고 상기시키고, 한국의 안보를 저해하는 북한의 어떤 행동도 나타나지 않고 있음은 매우 중요하다고 강조했다.[8] 그리고 정부는 박정희 대통령의 국장에 카터 미국 대통령의 조문특사로 방한하는 사이러스 밴스 미 국무장관을 맞아 한미방위조약의 재확인을 포함한 한미 양국 간의 현안문제를 협의할 예정이었으며, 특히 북한의 무모한 도발을 막기 위한 양국의 공동결의가 재다짐 될 것으로 보인다고 외무부 한 당국자는 전했다.[9]

더 나아가 한미 양국은 11월 10일 서울에서 열리는 양국경제정책협의회의 첫 회의에서 박정희 대통령의 서거로 인한 비상사태에도 불구하고 한국의 경제사정이 정상적인 상태임을 확인하고, 대한경제협력을 강화한다는 미국 측의 결의 표명과 아울러 구체적인 방안을 논의할 것이라고 7일 외무부 당국자가 밝혔다.[10]

특히 위컴 주한 유엔군사령관은 1979년 12월 중순 경에 북한의 김일성에게 10·26사태 이후의 한반도 정세를 오판하지 말도록 경고하는 서한을 보

7) 『동아일보』 1979.10.29.
8) 『경향신문』 1979.11.1.
9) 『경향신문』 1979.11.2.
10) 『동아일보』 1979.11.7.

낸 것으로 1980년 1월 8일 알려졌다. 위컴 사령관은 이 경고서한에서 ①
10·26사태로 한국정세를 오판, 남침을 기도하지 말고, ② 이 경고에도 불구
하고 남침을 강행할 때에는 미군은 즉각 개입하여 북한 전역을 잿더미로
만들 결의를 가지고 있으며, ③ 주한 미 2사단은 앞으로 계속 주둔할 것이
며, ④ 금년 11월에 미국의 대통령 선거가 있다고 해서 미국 정부의 한반도
안보공약이 절대 약화되지 않을 것이라는 점을 분명히 한 것으로 전해졌
다.11)

　　한편 정부는 10월 29일 오전 삼청동 총리공관에서 최규하 대통령 권한대
행 주재로 시국에 관련된 대책회의를 열었다. 이 대책회의에서는 시국과
관련하여 당면한 국내 정세 전반과 국방 태세, 국내 치안 및 경제동향 등에
관해 광범위하게 협의했다. 이 자리에서는 박정희 대통령의 돌연한 서거
이후 취해진 정부의 신속한 조치와 미국의 확고한 대한방위공약 표명으로
굳건한 국방태세와 계엄업무 수행에 따라 민심의 동향이 평정을 견지하고
있으며, 전반적인 경제질서도 정상임을 확인했다.12) 그리고 서기원(徐基源)
대통령권한대행 공보비서관은 이러한 시국대책회의는 앞으로 거의 매일
열려 그때그때 필요한 문제들에 관한 협의가 있게 될 것이라고 전했다.13)

　　또한 정부는 모든 경제활동들을 정상적으로 지속해 나간다는 전제 아래
경제정책의 기조를 종전대로 일관되게 추진하고, 경제활동의 단절이 없도
록 하며 물가안정에 전력을 기울여 나가겠다고 발표했다.14) 특히 정부는
10월 28일 부총리 겸 경제기획원장관을 위원장으로 하고 8개 경제장관을
위원으로 하는 특별경제대책회의를 구성하여 국내의 물가와 통화 그리고
국제수지 등 경제전반에 걸친 문제점을 점검하여 민생안정에 필요한 조치

11) 『경향신문』 1980.1.9.
12) 『동아일보』 1979.10.30.
13) 『경향신문』 1979.10.30.
14) 『동아일보』 1979.10.27.

를 신속히 강구했다. 또한 계엄당국은 10월 30일 계엄업무의 기조를 발표했다. 그 요지는 국민생활에 충격과 위축을 최소화하기 위하여 완벽한 치안유지와 국민의 뜻이 결집되는 정치발전을 뒷받침하는 데 역점을 두겠다는 것이었다.[15]

그리고 상공부는 10월 29일 생활필수품을 안정 공급하기 위해 생필품 수급동향 실사반을 구성하여 생산 및 유통동향을 수시로 점검하기로 했으며, 생산업체의 조업시간과 자금상의 애로가 있을 때는 관계기관과 협의하여 작업시간 연장과 운전자금의 특별공급 등 대책을 강구하기로 했다.[16] 그 결과 상공부는 1979년 11월 1일 10월 26일 이후 주요 생활필수품의 생산출하 및 가격동향을 조사한 결과 모든 것이 정상적으로 진행되고 있으며, 매점매석 등 불공정거래행위가 전혀 나타나지 않고 있다고 밝혔다.[17]

또한 정부는 금융 및 외환정책의 효율적인 집행을 위해 10월 30일부터 예금 어음부도율 등 주요 금융지표의 정상운용 확인에 나서는 한편 수입대금결제를 위해 빠져나가는 외화를 거래 은행 간의 단기신용차입으로 메우도록 하는 등 국내통화안정 및 외환수지안정책을 강력히 펴기로 했다.[18]

또 한편 정부는 각 시도지사들이 고 박정희 대통령 국장 영결식에 참석하기 위해 상경한 기회를 이용하여 11월 4일 중앙 각 부처 차관과 지방장관들이 한 자리에 모여 간담회를 갖고 민생안정과 보호를 위한 당면 현안문제에 대한 광범위한 의견교환을 했다.[19] 특히 최규하 대통령 권한대행은 전국 지방장관과 접견하고 당면한 국정방향에 관해 국가의 안전보장을 확고히 다져 나가며, 국민생활의 안정, 경제건설의 촉진 등 3가지 과제에 중

---

15) 『동아일보』 1979.10.29; 대한민국재향군인회, 앞의 책, 22쪽.

16) 『동아일보』 1979.10.29.

17) 『동아일보』 1979.11.1.

18) 『경향신문』 1979.10.30.

19) 『동아일보』 1979.11.5.

점을 둘 것이라고 말했다.[20]

이러한 정부의 신속한 조처와 위기대처 능력으로 인해 그간 경기 후퇴 영향으로 계속 줄어들던 전국 주요 도시 유흥업소의 매출액이 지난 9월부터 증가세로 반전하여 경기가 다시 회복되는 조짐을 보이고 있었다.[21] 그리고 박 대통령 서거 충격과 비상계엄 선포로 폭락 장세를 보였던 주가는 10월 29일 서서히 회복조짐을 보이고 점차 안정세를 보이는 분위기였다.[22]

또한 비상사태 하에서도 수출상품의 생산수용, 선적이 순조롭게 이루어져 10월 27일 당일의 7천 6백만 달러, 29일의 1억 4백만 달러 등 월말 수출이 계획대로 추진되어 수출전선에는 이상이 없었다. 오히려 10월 말 현재 수출실적은 1백 22억 4천 8백만 달러로 작년 같은 기간에 비해 19.6% 늘어났다.[23] 또한 미국 월스트리트 저널지는 10월 30일 박정희 대통령의 서거에도 불구하고 외국인 투자가들의 대한국 신뢰도는 높다고 말하고, 외국기업들은 한국에 대한 투자를 계속하기로 했다고 보도했다. 이 같은 보도와 더불어 미 국무성의 호딩 카터(Hodding Carter) 대변인은 한국의 현 정부는 안정된 안보상황 속에서 내정문제에 치중하고 있으며, 특히 경제성장의 지속과 외국기업의 투자분포에 전력을 기울이고 있는 것으로 안다고 말했다.[24]

한편 대통령을 잃은 국가비상사태를 맞아 시민들의 전례 없는 자제와 질서 있는 행동으로 보안사범은 물론 폭력절도 등이 크게 줄었다. 비상계엄령이 내려진 10월 27일부터 서울시내에서는 각종 강도·폭력·도난사고 등이 부쩍 줄어들고 통금위반, 음주행패 등 시민생활을 불안하게 하는 각종

20) 『경향신문』 1979.11.5.
21) 『동아일보』 1979.10.30.
22) 『동아일보』 1979.10.29.
23) 『경향신문』 1979.10.31; 『동아일보』 1979.11.2.
24) 『경향신문』 1979.10.31; 『동아일보』 1979.10.31.

보안사범들도 눈에 띄게 줄어든 것으로 나타났다. 이는 계엄으로 통행금지 시간이 2시간 연장된 데다가 시민들이 술집 출입 등을 스스로 삼가고, 질서와 안정을 지키려는 건전한 시민의식이 작용하고 있기 때문인 것으로 풀이되었다.[25)

특히 주부들은 사재기를 않고 예금인출도 정상이었다. 작은 일에 앞서 큰일 보는 자제력을 발휘하여 대통령 서거 충격이 의외로 침착했다. 한 주부는 10월 27일 아침 뉴스를 듣고 일부러 시내 중심가로 나와 거리의 분위기를 살폈다고 한다. 그때 음식점에서는 여전히 음식을 팔고 있었고, 시청 앞에서는 청소부가 낙엽을 쓸고 있었으며, 우유를 배달하는 아주머니는 변함없이 손수레를 끌고 배달을 재촉하고 있더라는 것이다. 이러한 변함없는 거리풍경에서 자신은 평정을 되찾았고, 국민들의 자신감을 읽었다고 말했다.[26)

박정희 대통령의 서거를 애도하기 위해 전국의 시·군·구·읍·면에 마련된 분향소를 찾는 국민들의 분향행렬이 줄을 잇고 있었지만, 비상계엄이 내려진 지 3일째인 29일 전국은 질서와 안정이 유지되고 있는 가운데 시민활동은 평소와 다름없었고, 시민들은 계엄분위기를 거의 느낄 수 없는 평온한 분위기가 계속 되었다. 즉 비상사태에도 불구하고 상가의 경기, 건축활동, 경제활동 등이 평온 속에 정상을 되찾아 시민생활은 종전처럼 안정을 유지하고 있었다. 어느 회사원은 "비상계엄이 발표됐지만 과거와 같은 긴박감을 느끼지 못하겠다"고 말하기도 했다.[27)

특히 고 박정희 대통령 국장(11월 3일) 동안 발길이 뜸해졌던 외국관광객 입국과 일정이 취소됐던 각종 행사가 국장 후 첫 주일이 시작되는 11월 5일부터 활발히 시작되고, 각 관공서, 기업체 등도 정상근무에 들어갔으며, 공

25) 『경향신문』 1979.11.1.
26) 『동아일보』 1979.11.2.
27) 『경향신문』 1979.10.30; 『동아일보』 1979.10.29.

단에서도 종전처럼 야간조업이 활발해지고, 통금이 해제된 지방도시에서는 상거래 등이 종전처럼 활기를 띠었다. 그리고 극장, 고궁, 근교 유원지, 등산로에는 이른 아침부터 나들이객으로 크게 붐볐다.[28]

그리고 국장 이후 국민들은 슬픔을 삼키고 일어나 새 마음, 새 출발을 다짐하고 나섰다. 근로자들은 공장에, 건설의 역군들은 공사장에, 상인들은 시장에, 농민들은 농토에, 어부들은 바다에, 저마다의 직장과 일터에 나가 힘찬 전진을 위한 정상적인 업무에 들어갔다.[29]

한편 비상계엄 선포와 함께 10월 27일부터 휴교했던 4년제 대학도 휴교 23일 만인 11월 19일부터 다시 문을 열게 되었다.[30] 그리고 최규하 대통령 권한대행은 종교계 지도자와의 면담에서 "우리나라가 안정 속에서 헌정의 중단 없이 정치적 발전을 이룩해 나가는 데 초석이 되며, 평화적이고도 질서정연하게 정권이양을 이룩하고자 하는 것을 나의 역사적 소명으로 인식하고 있다"고 말하고, 이 같은 소신 아래 국정 전반에 걸쳐서 최선의 노력을 기울이고 있다고 밝혔다.[31] 공화당의 김종필 총재와 신민당의 김영삼(金泳三) 총재 역시 1979년 11월 17일 마포 신민당사에서 여야 영수회담을 갖고 평화적 정권교체의 기틀을 마련하는 데 서로 노력하기로 의견의 일치를 보았다.[32] 더 나아가 공화당과 신민당은 1981년 3월에서 5월경에 11대 대통령 및 국회의원 선거가 있을 것으로 판단하고, 연초부터 각각 집권을 향한 체제정비에 들어갔다.[33]

사이러스 밴스 미 국무장관은 11월 3일 "한국은 국군이 현재의 민간정부

---

28) 『동아일보』 1979.11.5.

29) 『경향신문』 1979.11.5.

30) 『동아일보』 1979.11.16.

31) 『동아일보』 1979.11.24.

32) 『동아일보』 1979.11.17; 『경향신문』 1979.11.17.

33) 『경향신문』 1980.1.4.

를 지지하고 있으며, 어떠한 외부적 간섭에 대하여도 국가를 수호할 것임을 확약했다"고 말하고, 합헌적인 방법으로 민간정부의 권위 하에서 질서정연한 방법으로 나아갈 것이라는 결의는 장래에 대해 좋은 전망을 약속하는 것"이라고 말했다.[34]

그리하여 유신헌법의 폐지가 강력하게 요구되고 있는 상황에서 유신헌법을 통한 대통령 선출에 대해 논란이 있었지만,[35] 1979년 11월 19일 서울 세종문화회관에서 열린 통일주체국민회의(이하 국민회의) 대의원 안보보고회 리셉션에서 서울, 제주지구 대의원들이 최규하 국민회의 의장 권한대행과 환담하는 가운데, 이들 대의원들은 "현재의 난국을 수습하고 헌정중단 없이 국가의 계속적인 안정적 발전을 도모하는 한편 장차의 민주적 정치발전을 위해서는 최대행이 이번 보선에서 선출되어 10대 대통령으로서의 막중한 책임을 맡아야 되겠다"고 주장했다. 이 같은 움직임은 국민회의 안보보고회를 계기로 전국 대의원들 간에 확산되어,[36] 국민회의의 곽상훈(郭尙勳) 운영위원장을 비롯한 827명의 전국 대의원들은 1979년 12월 3일 최규하 대통령 대행을 대통령 후보로 추대했다. 최대행을 대통령 후보로 추대한 대의원들은 추천문에서 "최대행을 제10대 대통령 후보로 추천키로 뜻을 모은 것은 안정 속에서 오늘의 국가비상시국을 타개해 나가는 데 있어서 가장 적격한 분이라고 생각하고, 오늘의 이 시점에서 국민이 바라고 있는 한결같은 염원을 받들어 이번 대통령 선거에 임할 것을 다짐한다"고 밝혔다. 이들은 이어 "최규하 후보는 풍부한 경험과 성실성으로 그간의 난국수습 노력에 있어서도 국민적 여망을 바탕으로 한 합리적인 수습방안을 펴옴으로써 국민들에게 신뢰감을 주고 있으며, 지난 11월 10일 발표한 특별담화를 국민 앞에 성실하게 이행해 나갈 것을 믿어 의심치 않는다"고 덧붙였다.[37]

---

34) 『동아일보』 1979.11.5.
35) 지병문·김용철·천성권, 앞의 책, 293쪽.
36) 『동아일보』 1979.11.19.

그리고 국민회의는 1979년 12월 6일 서울 장충체육관에서 제3차 전체회의를 열고, 박정희 대통령 서거에 따른 제10대 대통령 보궐선거를 무기명 비밀투표로 실시하여 대통령 권한대행 최규하 국무총리를 제10대 대통령으로 선출했다. 이날 회의는 전국의 재적대의원 2천 5백 60명 중 2천 5백 49명(해외체제 2, 와병 9명 등 11명 불참)이 참석한 가운데 단독으로 입후보한 최규하 대통령 대행을 토론 없이 무기명투표로 찬성 2천 4백 65표, 무효 84표로 대통령으로 선출했다. 최대통령은 당선 인사말을 통해 "지금 우리는 매우 어려운 시국에 처해있으며, 격동하는 국제정세와 석유위기 등 국내외적으로 큰 시련에 직면해 있다"고 밝히고, "본인은 대한민국 제10대 대통령으로서 국헌을 준수하고 국가를 보위하며 국민의 자유와 복리의 증진에 노력하고 조국의 평화적 통일을 위해 맡은 바 직책을 성실히 수행할 것을 국민 여러분에게 굳게 다짐한다"고 말했다. 최대통령의 임기는 이날부터 개시되어 고 박정희 대통령의 잔여임기인 1984년 12월 26일까지 계속되지만, 최대통령은 이 잔여기간을 채우지 않고 빠른 시일 안에 헌법을 개정하고, 11대 대통령 및 국회의원 총선거를 실시한 뒤 퇴임하겠다고 다짐했다.[38] 이는 평화적 정권교체의 토대를 마련하겠다는 과도정부로서의 사심 없는 자세를 천명한 것이었다.[39]

그리고 최규하 대통령은 당선 후 1979년 12월 7일 첫 국무회의를 열고, 유신헌법의 반대금지를 골자로 하는 긴급조치 제9호의 해제를 의결한 후 다음날인 12월 8일 대통령 공고 제67호로 동 긴급조치를 해제했다. 이에 따라 긴급조치 9호 위반으로 구속된 68명이 12월 7일 저녁 7시 45분부터 다음날 새벽 4시 사이에 전원 석방되었다. 이날 석방된 68명은 학생이 33명, 일반인이 35명이었다.[40]

37) 『조선일보』 1979.12.4.

38) 『동아일보』 1979.12.6; 『조선일보』 1979.12.7.

39) 『서울신문』 1979.11.10.

최규하 10대 대통령이 당선 후 정치발전의 공약실현을 위해 첫 조치로 취한 긴급조치 9호의 해제는 박정희 대통령의 서거 후 새롭게 전개되는 정치상황의 해빙무드를 그 배경으로 하고 있었으며, 유신정치 아래에서 오랫동안 금지됐던 헌정체제에 대한 논의를 정식으로 허용하는 일대 전기를 마련해주었다.[41]

또한 정부는 1980년 2월 29일자로 전 신민당 대통령후보 김대중(金大中) 등 575명에 대해 일반복권을, 천주교 지학순(池學淳) 주교 등 112명에 대해 특별복권조치 하는 등 모두 687명에 대해 복권조치를 내렸다.[42]

특히 최규하 대통령은 1979년 12월 21일 취임사에서 개헌을 비롯한 정치일정 윤곽과 국정자문기구 구성 방침을 밝힘으로써 헌법개정 관계기구를 1980년 초에 발족시키는 등 본격적인 개헌준비에 들어갈 예정이었다.[43] 더 나아가 최규하 대통령은 취임사에서 어떠한 방식으로라도 북한 측과의 대화용의를 표명한 바 있으며, 북한 측은 이에 남북한 총리가 만나자는 제의를 해왔다. 그리하여 최규하 대통령은 1980년 연두회견에서 이에 대해 관계당국에 남북한 총리 간의 대화를 적극적인 자세로 검토해 보도록 지시했다. 그리고 1980년 3월 18일 판문점 공산 측 지역인 판문각에서 남북총리회담 개최준비를 위한 제4차 남북실무대표단 접촉이 열렸다.[44]

또한 문교부는 초·중·고 각 급 학교 교과서에 반영돼 있는 유신이념에 관한 내용을 조사해서 1981년 신학기부터는 이를 제외시켜 가르칠 방침이라고 밝혔다. 문교부 당국자는 1979년 12월 12일 초중고교 교과서 684개 책 중 국민학교 교과서 5책, 중학교 교과서 6책, 고등학교 교과서 7책 등 모두

---

40) 『경향신문』 1979.12.8; 대한민국재향군인회, 앞의 책, 24쪽.

41) 『경향신문』 1979.12.8.

42) 『동아일보』 1980.2.29.

43) 『동아일보』 1979.12.22.

44) 『서울신문』 1980.1.18, 1980.3.18.

18개 책 23개 단원에 유신이념이 반영돼 있다고 지적하고, 1981년 신학기안에 초·중·고 교과서를 전부 고칠 수는 없으므로 우선 교사용 지침서를 고쳐 교사들이 이에 맞춰 수업하도록 할 방침이라고 밝혔다.[45]

그리고 최규하 대통령은 1980년 2월 18일 개헌 등 정치문제와 안보문제 등 중요 국가정책에 관한 자문을 받기 위한 국정자문회의의 자문위원으로 허정(許政), 유진오(俞鎭午), 백낙준(白樂濬), 김수환(金壽煥) 등 23명을 위촉, 이 회의를 정식으로 발족시켰다. 이는 건국 후 처음으로 원로들의 의견을 국정에 반영시키려는 것이었으며, 개헌문제 자문이 당면한 가장 큰 관심사였다.[46]

그리하여 10·26사태 이후 12·12쿠데타가 있을 때까지 일반 국민들의 동요는 없었다. 학생과 재야의 움직임도 둔하였다.[47] 계엄 하 거리가 평온하여 외국기자들은 놀라움을 나타내기도 했다.[48] 또한 미 국무장관은 미국 조문사절단을 이끌고 한국으로 떠나기 하루 앞서 가진 기자회견에서 "한국의 현 정세가 안정을 유지하고 있는 것을 환영하며, 앞으로의 사태가 질서 있게 진전되기를 바란다"고 덧붙였다.[49]

특히 한미연합사령관 존 A. 위컴 대장은 1979년 10월 29일 "어려운 시기에 동요함이 없이 평온을 유지하는 한국민은 존경할 만하며, 저력 있는 민족"이라고 극구 찬양했다.[50] 윌리엄 글라이스틴은 1979년 11월 말 박정희 대통령이 암살된 후 두 번째의 상황보고를 워싱턴에 보내 "한국은 많은 한국인들과 외국인들이 생각하는 이상으로 좋은 상태"라는 것과 지금으로서 가장 절실한 것이 무엇인지 재빨리 파악한 사려 깊은 한국인들에 찬사를

---

45) 『동아일보』 1979.12.12.
46) 『동아일보』 1980.2.18.
47) 지병문·김용철·천성권, 앞의 책, 305쪽.
48) 『동아일보』 1979.10.31.
49) 『동아일보』 1979.11.1.
50) 대한민국재향군인회, 앞의 책, 23쪽.

보냈다.[51]

또한 박정희 대통령 서거 이후 한국에서의 사태발전을 계속 주시해 온 세계의 매스컴들은 한국문제에 대한 그들의 의견을 자주 밝혀 왔다. 미국의 뉴욕타임스와 크리스천 사이언스 모니터, 영국의 가디언, 프랑스의 르몽드, 일본의 아사히 등 세계의 유력지들은 박정희 대통령 서거 후 한국민이 보이고 있는 자제와 질서에 놀라움을 표시하고, 이제 한국은 지도자들이 밝히고 있는 것처럼 발전된 민주주의를 향해 전진해 가고 있으며, 한국민은 민주주의를 이룩할 수 있는 능력을 증명할 고무적인 시기를 맞고 있다고 논평했다. 특히 조일신문(朝日新聞)은 "한국은 박정희 대통령 서거 후 과도기를 최규하 대통령 권한대행을 중심으로 하는 문민체제로 극복할 것 같다. 우선 현행 헌법 아래 대통령을 뽑아 그 임기 중에 유신헌법을 개정하려고 하는 방침은 격변과 혼란을 피하기 위한 선택일 것이다. 새로운 방향은 지난 10일에 발표된 최 대통령 권한대행의 특별담화와 여기에 대한 여야당의 반응에서도 분명히 나타나 있다"고 평했다.[52]

더 나아가 1979년 12월 7일 아사히신문은 "박정희 대통령의 서거 이후 40일 간 남한의 가장 주목할 만한 특징은 정부와 국민들 간의 비상한 자제와 인내였다"고 논평했다. 그리고 박정희 서거 이후 군부가 정권을 인수할 것인가가 관심사였다. 그러나 당시 남한은 결국 군부가 지배하는 체제로 나아가는 1980년 4월까지는 위기가 발생하지 않았다. 군부가 공개적으로 권력을 장악하지 않으리라는 확신은 없었지만, 국민들이 바라는 희망적인 관측은 "군부가 정치에 간섭하지 않을 것"이라는 것이었다. 박정희 서거 이후 당시 남한은 너무 고요했다. 그리하여 1979년 말에는 비상한 정치적 위기에 대처하는 대중적인 화해와 조정의 분위기였던 것이다. 앞서 언급했듯이 긴

---

51) 윌리엄 글라이스틴(황정일 옮김), 앞의 책, 114쪽; William H. Gleysteen, op.cit, pp.72~73.
52) 『동아일보』 1979.11.20.

급조치 9호로 구속된 정치범들이 석방되고, 김대중이 가택연금에서 풀려나고, 해직된 교수와 기자들 및 학생들이 그들의 일터와 학업으로 복직되었다.[53)

이처럼 당시 국내정세가 신군부세력이 주장하는 것처럼 혼란과 위기 상황이라기보다는 박정희 대통령의 서거충격에도 불구하고 정부는 위기대처능력과 신속한 대응력을 보여 주었고, 국민들은 높은 질서의식을 보여 주었으며, 한국의 안보를 저해하는 북한의 어떤 행동도 나타나지 않고 있었다. 특히 미국은 박정희 대통령 서거 직후 즉각적으로 한미방위조약을 재확인하여 한미동맹의 굳건함을 강조했으며, 북한의 무모한 도발을 막기 위한 양국의 공동결의를 재 다짐하기도 했다. 그리하여 당시 한국은 비교적 민주화 및 평화적인 정권교체에 의한 민간정부로 나아가는 안정된 분위기에 있었다. 이 때문에 전두환을 비롯한 신군부세력은 후술하는 바와 같이 12·12사태를 일으켰지만 즉각적으로 정치권력을 장악할 수는 없었으며, 정권장악의 호기를 노리며 단계적인 쿠데타 실행으로 지배권력을 탈취해 갔던 것이다.

2. 12·12사태와 민주화운동

1) 12·12사태

야당에서는 당시 최규하 대통령 권한대행의 국민회의를 통한 대통령 선출을 반대했다. 야당인 신민당은 유신헌법의 적용은 정부에 엄청난 임의적 권력을 부여할 수 있음을 강조하면서 즉각적 헌법 개정과 신헌법에 준거한 총선·대선 실시를 주장했다.[54)

---

53) Fuji Kamiya, 「THE KOREAN PENINSULA AFTER PARK CHUNG HEE」, 『Asian Survey』 July 1980, Vol XX, Number 7, University of California Press, pp.746~749.

특히 세계적 관심과 기대를 모은 한국의 민주화에 대한 전망은 1979년 11월 24일 YWCA 위장결혼식 사건을 계기로 분위기가 반전되었다. 정치적 집회를 전면 금지하고 있던 계엄당국 하에서 재야세력 및 운동권 세력은 국민회의에서 대의원 간선제로 국무총리 최규하를 후임대통령으로 지명하려 하고, 더 나아가 최규하 문민정권이 정치일정을 명확히 제시하지 않는 입장에 대해 어떤 형식으로든 항의할 방법을 모색하고 있었다. 그리하여 이러한 모색의 일환으로 재야권은 윤보선(尹潽善) 전 대통령, 김대중 및 재야인사들을 주축으로 하여 YWCA에서 위장결혼식 형식으로 반정부 집회를 강행했다. 직접 시위는 계엄시의 군부와 경찰을 자극할 것으로 예상하여 신랑 홍성엽(洪性燁)과 신부 윤정민(尹貞敏)의 결혼을 위장하여 일으킨 사건이다. 신랑인 홍성엽은 연세대 복학생으로 실존인물이었지만, 신부인 윤정민은 가공의 인물이었다. 이 사건은 최규하 과도정부의 정치일정 불명료 상황에 대한 재야급진세력의 불만이 극적으로 표출된 사건으로서 대통령 직선제, 유신헌법 폐지, 양심수 석방 등을 골자로 한 문민정부 수립을 촉구하는 대회였다.[55]

즉 YWCA 강당에서 결혼식을 가장하여 「통일주체국민회의 대의원에 의한 대통령보궐선거저지국민대회사건」이 발생했다. 당시는 계엄령 때문에 일체의 집회가 금지되어 있었기 때문에 위장결혼식을 빌려 국민대회를 연 것이다. 계엄사령부는 이날 발표를 통해 YWCA에서 결혼식을 가장하여 불법집회를 가진 것은 정국의 주도를 기도한 윤보선의 배후조종과 일부 반체제 활동 인사들의 지원을 받은 제적학생 중심의 민주청년협의회를 비롯해서, 기독교청년협의회 등이 주동이 되어 일으킨 사건이라고 설명했다. 또한 계엄사령부는 이들 주동자들은 지난 11월 10일 최규하 대통령 권한대행이

---

54) 신현익, 「전두환 군부정권 성립과정에서의 미국의 역할」, 고려대학교 대학원 정치외교학과 박사학위논문, 2006, 93쪽.
55) 신현익, 같은 논문, 95쪽; 「YWCA 위장결혼식 사건」, 『네이버 지식백과사전』.

「시국에 관한 특별담화」를 발표하자 그 내용이 유신체제의 지속을 위한 것이라고 판단하고, 「11 · 10시국에 관한 특별담화」를 반대하는 선언문, 국민회의 대통령선출저지를 위한 취지문, 거국민주내각구성을 촉구하는 성명서 등을 낭독했으며, 유인물을 통해서 서울 광화문 등 전국 중요도시에서 일제히 궐기할 것을 선동했다고 밝혔다. 그리고 계엄당국은 이 사건의 배후 조종, 주도, 연락, 동원, 참석자 등 모두 237명의 조사대상자 가운데 140명을 연행 조사했으며, 주동급 96명을 검거했다.[56]

계엄사가 연행자 140명을 12월 27일까지 한 달 간 불법 감금한 상태에서 저지른 고문과 폭력만행은 상상을 초월한 것이었다. 이 사건으로 인해 여러 사람이 폐인이 되다시피 했다. 해직교수 김병걸(金炳桀)은 고문으로 인해 정신착란을 일으켜 실려 나왔으며, 백기완(白基玩)은 수개월 병원에 입원해야 했다. 신랑 역을 자임한 홍성엽은 군인들의 처참한 고문에 홀로 맞서며 체포되지 않은 조성우 등의 동지를 지켜냈다. 그러나 그는 위장결혼식을 한 탓인지 진짜 결혼식을 치르지 못하고 총각으로 살며, 이후 고문 후유증으로 인해 정상적인 사회생활을 하지 못하고 병마로 신음하다가 2005년 52세의 나이에 백혈병으로 타계했다.[57]

이 사건을 계기로 민주세력은 계엄사령부의 군부와 정면충돌하기에 이르렀다. 이는 군부의 의도를 정확히 파악하기 위한 탐색적인 시위였다고 할 수 있으며, 또한 군부의 어느 세력이 실권을 장악하고 있는가를 확인하기 위한 것이기도 했다. 그리고 한편으로는 투옥에도, 고문에도 꺾이지 않았던 민주세력의 힘을 과시한 것이기도 했다.[58]

---

56) 『경향신문』 1979.12.27; 『동아일보』 1979.11.26, 1979.12.27; 「유신과 오늘」, 『한겨레신문』, 2013.5.18; 정승화, 『12 · 12사건 정승화는 말한다』, 까치, 1987, 132쪽.

57) 「유신과 오늘」, 『한겨레신문』, 2013.5.18; 6월 민주항쟁계승사업회, 민주화운동기념사업회, 『6월 항쟁을 기록하다』, 6월 민주항쟁계승사업회, 민주화운동기념사업회, 2007, 51쪽.

58) 岩波편집부 엮음(황인 옮김), 『제5공화국』, 중원문화, 2005, 75쪽.

그러나 군부세력은 지금까지는 국민의 민주주의에 대한 열망 앞에 적어도 반민주주의적이라고는 보이지 않으려 해왔지만, 사회혼란을 방지한다는 구실 아래 드디어 그 정체를 드러내게 되었다.[59] 그리고 이를 계기로 그동안 정권장악의 기회를 노리고 있던 전두환을 비롯한 신군부세력은 박정희 대통령시해사건과 관련하여 1979년 12월 12일 김재규의 내란 방조죄로 정승화 육군참모총장 등 5명의 장성을 연행하는 12·12사태를 일으켰다. 즉 1979년 12월 12일 저녁 7시 전두환 소장(당시 보안사령관 겸 합동수사본부장)이 주축이 되고, 기존의 사조직인 '하나회'와 그들의 후원 및 지원세력 그리고 보안사 요원들이 주동이 되어 군의 통수권자인 최규하 대통령의 사전 허락 없이 전후방의 부대(주로 제9사단과 공수특전부대)를 불법으로 출동시켜 그들의 직속상관인 육군참모총장 겸 계엄사령관 정승화 대장을 그가 박정희 대통령 시해장소 부근에 우연히 있었다는 것을 기화로 마치 범인 김재규와 사전에 내통이 있었던 것처럼 사실을 날조하여 납치 구금했다. 이것은 계엄지역에서 육군정식지휘계통의 사전 승인을 받지 아니함은 물론, 명시적인 병력출동 금지명령을 무시하고 신군부세력의 지휘권 아래에 있는 병력을 동원하여 육군정식지휘계통을 공격하기로 한 것이다. 또한 정승화 총장의 체포에 대해 항의하는 수경사령관을 회유하고 신군부세력을 진압하기 위해 출동할 가능성이 있는 부대의 출동을 사전에 저지하며, 더 나아가 대통령의 재가 없이 무장한 병력을 이끌고 법률에 규정한 체포 절차를 밟지 않고 정승화 총장을 강제 연행한 것으로 위법한 행위이며, 대통령의 군통수권에 반항하는 행위로서 반란행위이자 일종의 하극상의 성격을 띤 쿠데타로 세칭 12·12사태라 부른다. 이는 군권장악을 목적으로 사전에 모의 준비한 군사반란으로서 정권탈취를 위한 선행단계의 쿠데타였다.[60]

---

59) 같은 책, 80쪽.

60) 『동아일보』 1980.4.14, 1980.4.30; 광주광역시5·18사료편찬위원회, 『5·18광주민

이처럼 전두환을 중심으로 한 신군부세력은 10·26사태 당시 김재규의 초청으로 암살현장 가까이에 있었던 육군참모총장 정승화를 조사한다는 이유로 대통령 최규하의 재가 없이 직속상관을 체포하는 12·12쿠데타를 일으켰다. 그리고 12·12쿠데타의 성공을 계기로 전두환 세력은 다시 정권 찬탈에 나서게 되었다. 이에 반대한 5·18광주민주화운동을 피로써 진압하고, 전두환·노태우가 차례로 대통령이 되어 12년 간 집권했다. 이로써 박정희 정권부터 치면 군사정권이 31년 간 계속된 것이다.[61]

그러나 미국 당국자들에게 더욱 설득력이 있었던 또 하나의 동기는 기존의 군 지도부가 야심만만하고 문제가 많은 전두환을 제거하기 위해 오지 사령부로 발령 내리려 했다는 것이었다. 이에 전두환과 그를 따르는 공모자들은 최규하 대통령의 재가도 받지 않는 등 법적 절차를 무시한 채 기습적으로 반란을 감행했다는 것이다.[62]

이때 미국이 사태를 방관하고 일부 소장 장교들이 쿠데타 진영에 합류함으로써 군의 정상적인 지휘권이 붕괴되고 유혈을 동반하면서 정승화 파가 숙청되고 전두환 파의 승리로 귀결되있다. 이는 한국 정치권력의 핵심인 군부세력이 전두환을 중심으로 한 신군부세력에 의해 장악되었음을 의미하는 것이었다.[63]

한국 내에서의 통제력을 완전히 상실한 글라이스틴과 위컴 장군은 최소한의 조치로서 미국 정부의 이름으로 성명서를 작성하여 국민 대다수의 지지를 받는 정부 구성을 방해하는 남한 내 모든 세력은 한미관계에 심각한

주화운동자료총서』 49, 광주광역시5·18사료편찬위원회, 2009, 560~566쪽; 대한민국재향군인회, 앞의 책, 137쪽, 170쪽.

[61] 강만길, 앞의 책, 332쪽.

[62] 돈 오버더퍼(이종길 옮김), 『두개의 한국』, 길산, 2002, 187쪽; Don Oberdorfer, 『The Two Koreas』, Basic Books, A member of the Perseus Books Group, 2001, p.117.

[63] 지병문·김용철·천성권, 앞의 책, 298쪽.

악영향을 미칠 것이라고 경고했다. 그러나 이러한 경고는 아무런 효력도 발휘하지 못했으며, 대부분의 한국인들은 반란군이 남한의 모든 언론매체를 장악했기 때문에 미국 측에서 이런 성명서를 발표한 사실조차 알지 못했다.[64]

이러한 12·12사태는 전두환·노태우 등 신군부세력의 계획된 군사반란이었다는 것이 검찰의 최종 수사결과였다.[65]

한편 박정희의 정치적 아들인 전두환이 10·26사태의 수사 책임자인 보안사령관이었다는 점은 향후의 사태 진전에서 결정적인 의미를 갖게 되었다.[66]

당시 윌리엄 글라이스틴이 며칠에 걸쳐 알아낸 것은 12·12사태를 일으키면서 전두환이 비밀리에 규합한 일단의 장교들이 군 장악을 위해 세심한 준비를 해왔다는 사실과 그들 숫자는 약 40명으로 육사 11기에서 13기의 경상도 출신이 주류라는 것, 육사에서 4년제 정규교육을 받은 첫 졸업생들이라는 점이었다. 육사 11기는 육사가 4년제로 바뀐 후 첫 번째 기수이자 또한 최초로 일본식에서 미국식으로 개편된 교과과정을 이수한 세대였다. 그런 만큼 육사 11기 동기생들은 특별한 유대관계를 유지하면서 선배들을 축출하는 12·12쿠데타의 주동세력이 됐다. 한국전 당시에는 너무 어렸지만 베트남 참전 경험이 있는 장교도 포함돼 있던 그들은 육사에서 단기 교육만 받은 선배 장교들을 무시하는 경향이 있었을 뿐만 아니라, 그들이 고위 중요 직책을 독점하고 있는 것을 못마땅해 했다. 주동자 그룹에서도 핵심 9명은 오랫동안 친구, 동기생, 부대 동료로 인연을 맺어온 사이였다. 특히 박정희가 그들을 키워주었으며, 박정희와 마찬가지로 그들 역시 대구 일원 출신이었고, 군대 내의 박대통령 신봉자로 알려져 있었다.[67] 특히 전두환

---

64) 돈 오버더퍼(이종길 옮김), 앞의 책, 188쪽; Don Oberdorfer, op.cit, p.118.

65) 『동아일보』 1994.10.30.

66) 「유신과 오늘」, 『한겨레신문』, 2013.5.18.

과 박정희 두 사람은 사이가 무척 각별하여 전두환이 박정희를 '아버지'라 부르기도 했다.[68]

전두환 그룹이 어떤 방법을 동원했건 그들은 수도권 일원의 야전 지휘관들을 포섭하고, 다른 부대의 여단과 대대장들이 상관을 배신하도록 해 거사 12시간도 못 돼 큰 충돌 없이 서울과 전국을 장악했다. 그 과정에서 그들은 성공적으로 수도경비사령부 병력을 무력화시키고 모든 터널과 한강 다리를 봉쇄하는 한편, 연합사의 지휘체계를 무시하고 전방의 9사단 기갑 연대 병력을 서울로 끌어들였다. 자신들의 행동이 미국과의 관계에 미칠 영향은 고려되지 않았다. 마찬가지로 북한의 행동에 미칠 영향도 묵살되었다.[69] 그리하여 위컴 사령관 등 주한미군장성들은 "전선방어는 미군한테 맡겨 놓고서는 안심하고 정치에 기웃거리는 군인답지 않은 군인"이라는 시각으로 전두환 그룹을 보았다.[70]

10·26사태에서 12·12사태 사이에 전두환과 함께 권력에의 의지를 다져가고 있던 핵심측근으로는 다섯 사람을 꼽기도 한다. 즉 전두환이라는 핵을 중심으로 가장 가까운 궤도에는 세 사람이 있었다. 허화평(許和平) 합수본부 비서실장, 허삼수(許三守) 총무국장, 이학봉(李鶴捧) 수사국장, 그 다음 궤도에는 장세동(張世東) 수경사령부 30단장과 김진영(金振永) 33단장이 있었다. 이 다섯 사람이야말로 제5공화국의 씨앗을 뿌리고 배태시킨 권력의 원천이었다. 장대령은 육사16기, 1김·2허 대령은 육사17기, 이중령은 육사18기였다. 이 다섯 명은 '하나회'라는 공통점 이외에 전두환과는 깊은 인간

---

67) 윌리엄 글라이스틴(황정일 옮김), 앞의 책, 122쪽; William H. Gleysteen, op.cit, pp.78~79.

68) 존 위컴(김영희 감수), 앞의 책, 64~65쪽; John A. Wickham, op.cit, p.32; 돈 오버더퍼(이종길 옮김), 앞의 책, 191쪽; Don Oberdorfer, op.cit, pp.119~120.

69) 윌리엄 글라이스틴(황정일 옮김), 앞의 책, 122쪽; William H. Gleysteen, op.cit, p.79.

70) 조갑제, 「정권을 향한 진격」, 『월간조선』 1990.9, 405쪽.

적 유대를 쌓은 사이였다.[71]

특히 12·12쿠데타에 참가한 것으로 밝혀진 34명의 장교들 중 하나회 소속은 3분의 2인 24명으로서 약 70%에 해당한다. 게다가 차규헌(車圭憲), 유학성(俞學聖), 황영시(黃永時) 등은 하나회 회원은 아니었지만 예전부터 꾸준히 하나회를 후원해 온 장군들이었다. 이들은 보안사와 서울 근교의 9사단, 20사단, 71사단, 공수부대, 그리고 청와대, 수경사, 육군본부, 국방부 등 군부의 요소요소에 포진해 있다가 12월 12일 밤 전두환의 연락을 받고 쿠데타에 가담했다.[72]

12·12사태에 참가한 사람들의 명단은 다음의 표와 같다.[73]

성명	직책	계급	육사	하나회
전두환	보안사령관	소장	11기	O
정도영(鄭棹永)	보안사 보안처장	준장	14기	O
권정달	보안사 정보처장		15기	-
허화평	보안사령관 비서실장	대령	17기	O
허삼수	보안사 인사처장	대령	17기	O
이학봉	보안사 대공처장	중령	18기	O
우국일	보안사 참모장	준장		-
차규헌	수도군단장	중장	8기	-
황영시	1군단장	중장	10기	-
노태우	9사단장	소장	11기	O
정호용(鄭鎬溶)	50사단장	소장	11기	O
백운택(白雲澤)	71방위사단장	준장	11기	O
박준병(朴俊炳)	20사단장	소장	12기	O
박희도(朴熙道)	1공수여단장	준장	12기	O
장기오(張基梧)	5공수여단장	준장	12기	O

---

71) 조갑제, 『제5공화국』, 월간조선사, 2005, 66~67쪽.

72) 서창녕, 앞의 논문, 국문초록, 68쪽.

73) 서창녕, 같은 논문, 67쪽 표3~4; 전진우, 「12·12출동 하나회 군부 전명단」, 『신동아』, 1993.7.

최세창(崔世昌)	3공수여단장	준장	13기	0
송응섭(宋膺燮)	9연대장	대령	16기	0
이필섭(李弼燮)	9사단 29연대장	대령	16기	0
구창회(具昌會)	9사단 참모장	대령	18기	0
안병호(安秉浩)	29연대		20기	0
이상규(李相珪)	2기갑여단장	준장		-
유학성	국방부 군수차관보	중장	8기	-
정동호(鄭東鎬)	청와대 경호실장 대리	준장	13기	0
고명승(高明昇)	청와대 경호실 작전과장	대령	15기	0
우경윤(禹慶允)	육본 범죄수사단장	대령	13기	0
성환옥(成煥玉)	육본 헌병감실 기획과장	대령	18기	0
이종민	육본 헌병대장	중령		-
박희모(朴熹模)	수경사30사단장	소장		-
장세동	수경사 30경비단장	대령	16기	0
김진영	수경사 33경비단장	대령	17기	0
김진선(金鎭渲)	수경사 33경비단		19기	0
최석립(崔石立)	수경사 33헌병대장	중령		-
조홍(趙洪)	수경사 헌병단장	대령		-
신윤희(申允熙)	수경사 헌병부단장	중령	21기	0

　요컨대 12·12사태는 일단의 군인들에 의한 계획된 권력탈취였다.[74] 그러나 12·12사태를 주도한 신군부세력은 권력의 핵심을 장악했지만 당장 표면에 등장하지는 않았다. 그들은 권력의 배후에서 실세를 장악한 채 자신들의 권력을 제도화할 수 있는 길을 암암리에 모색하고 있었다. 이들은 군대라는 물리력을 포함하여 엄청난 힘을 갖고 있었지만 정치적 지지기반은 매우 취약한 상태였기 때문이다.[75]

[74]　윌리엄 글라이스틴(황정일 옮김), 앞의 책, 133쪽; William H. Gleysteen, op.cit, p.88.
[75]　지병문·김용철·천성권, 『현대 한국정치의 새로운 인식』, 박영사, 2001, 300쪽.

서울과 전방의 많은 고위 장교들이 전두환에 대해 반감을 지니고 있었으며, 1980년 1월 마지막 주 약 30명의 장성급 장교들이 전두환 제거를 모의한다는 정보가 있었다. 더 나아가 미국의 완강한 태도로 정권탈취는 잠시 미루어 졌던 것이다. 글라이스틴 대사는 한국 육군의 분열이 북한으로부터의 침공을 초래한다고 강력히 경고하고, 미국은 이를 대단히 우려하고 있다고 지적하면서, 전두환에게 헌정질서를 유지하고 정치 자유화를 향한 진전이 중요하다는 점을 역설했다. 또한 위컴 장군도 한미연합사에 사전통고 없이 연합사 작전통제권 아래 있는 한국군 부대를 이동시킨 행위는 연합사가 북한으로부터의 침공을 막아낼 수 없게 만드는, 용납할 수 없는 위험한 행위라고 강경하게 말했다.76)

12·12사태에 대한 미국의 공식항의는 12·12사태에 대해 미국 측이 불쾌하게 생각하고 있으며, 앞으로 그런 일이 또 일어난다면 "우리의 긴밀한 협조 관계에 심각한 영향을 미치게 될 것"이라는 내용을 담은 카터 대통령의 친서로 표시되기도 했다. 카터 대통령은 12·12사태를 강력히 비판했으며, 미국은 12월 12일의 하극상과 지휘체계의 침해를 놓고 전두환 세력에 대한 비난을 계속했다. 그 후 수 주 동안 미국은 군부 지도자들에게 민주화 과정을 뒤엎는 일이 위험하다는 것과 함께 북한이 가해오는 계속적인 안보 위협에 대처하는 데 주력하지 않으면 위험하다는 것을 경고하면서, 최규하 대통령에 대한 지지와 민주화 일정 마련에 대한 지지를 표명했다.77)

76) 존 위컴(김영희 감수), 앞의 책, 295~296쪽; John A. Wickham, op.cit, pp.198~199.
77) 윌리엄 글라이스틴(황정일 옮김), 앞의 책, 135쪽, 140~141쪽, 145쪽; William H. Gleysteen, op.cit, p.89, pp.93~94, p.97; 존 위컴(김영희 감수), 앞의 책, 296쪽, 298쪽; John A. Wickham, op.cit, pp.199~200; 위컴 장군은 전두환 정권은 언론을 장악하여 미국의 입장을 왜곡하고 미국이 그들을 비난하는 것이 아니라 마치 지지하는 것처럼 묘사하는 데 이용했다고 주장했다. 광주에서의 특전사의 행동을 미국이 지지한다는 왜곡된 라디오 방송 보도를 하고, 광주문제를 협상으로 해결할 것을 지지한다는 미국의 성명을 담은 전단을 광주에 공중 살포하는 데 합의하고도 이를 어긴 행동은 그들의 기만적인 행동의 처음 몇 가지 사례에 불과하다고 회고했다. 존 위컴(김영희 감수), 같은 책, 318쪽; John A. Wickham,

그리하여 12·12사태 직후 전두환은 군부를 전격 장악했지만 최규하 정부를 해산시키지 않았다. 따라서 민주개혁 전망이 당장 흐려진 것은 아니었다.[78] 12·12사태 당시 완전히 소외됐던 최규하 대통령은 그가 공표했던 정치개혁 일정을 추진하려는 결의를 나타냈으며, 신현확(申鉉碻) 총리는 헌법개정을 조속히 마무리 짓고 1981년 초에는 새로운 헌법에 의거한 선거를 치를 수 있을 것이라고 언급하기도 했다. 더 나아가 최대통령은 김영삼 야당 총재 등 각계 인사들과 만나 그들의 의견을 들었다. 언론검열은 완화됐고, 대학들도 3월 1일을 기해 다시 문을 열고 학생들이 요구해온 시위와 자치권 일부가 허용됐다. 김대중은 3월 1일 공민권이 완전히 복권돼 정치적 자유를 되찾았다. 최 대통령은 12·12사태 이전 보다 계엄령 해제에 적극성을 보였다.[79]

　　대부분의 기존 정치지도자들은 12·12사태 여파에 대해 생각보다 덜 걱정하는 듯했다. 특히 김대중은 신군부세력과 정치상황에 대해 놀라울 정도로 낙관적인 것으로 보였다. 그는 최대통령이 제시한 정치일정을 그 정도면 괜찮은 것으로 받아들이면서 정부가 민주발전 과정을 진행시키는 동안은 국민들, 특히 학생들도 인내심을 발휘할 것으로 생각했다. 그리고 여당인 김종필 공화당 총재와 김영삼 신민당 총재는 12·12사태에 대한 우려를 표명하면서도 1980년 2월 중순 들어서는 정부가 개혁작업을 차질 없이 진행시킨다면 학생과 노동자들의 동요는 막을 수 있을 것으로 생각했다. 그리고 3김 씨는 모두 자신들이 차기 대통령이 될 전망을 점치기에 바빴다.[80]

　　이처럼 정치무대에 등장한 인물들의 조심스러운 태도와 국민들의 전반

---

　　op.cit, pp.210~211.

[78] 윌리엄 글라이스틴(황정일 옮김), 앞의 책, 29쪽; William H. Gleysteen, op.cit, p.4; 존 위컴(김영희 감수), 앞의 책, 149쪽; John A. Wickham, op.cit, p.93.

[79] 윌리엄 글라이스틴(황정일 옮김), 같은 책, 147~148쪽; William H. Gleysteen, op.cit, pp.99~100.

[80] 같은 책, 148쪽; Ibid, p.100.

적인 자제 분위기는 낙관론을 불러왔고, 그런 사회적 분위기로 인해 12·12사태 이전보다 한결 희망적인 관측을 낳게 했다.[81]

그러나 미국은 박정희 대통령의 사망 후, 전두환의 예상 밖의 폭주를 막지 못한 글라이스틴 주한미대사와 위컴 주한미군사령관의 책임을 전혀 불문에 붙였으며,[82] 쿠데타로 종결된 격동의 한국 상황을 현실로 받아들이면서 점차 그것에 순응해 갔다. 미국은 제재조치를 동원해 신군부세력과 맞서기 보다는 피해를 최소화하는 쪽을 택했다. 군사적 제재는 북한에 의해 이용당할 위험이 있었으며, 경제제재는 한국 국민 전체에게 피해를 입힐 가능성이 있었다. 또한 최규하 대통령의 신중함과 일부 학생들을 제외한 사회세력들이 신생권력의 중심부에 대항하는 모험을 감행하려 하지 않은 것도 미국의 행동을 제약했다.[83]

또한 이미 워싱턴포스트 1979년 12월 1일자 사설에는 "한국 정황을 주도할 수 있는 유일한 집단으로는 군부밖에 없다"고 지적하며, 한국 군부를 미국이 선택할 수 있는 박정희 대통령 후계가능세력으로 보았다. 그리하여 미국은 12·12사태에 대해 사전에 알고 있었으면서도 자국의 이익과 한반도의 안보와 안정을 우선시함으로써 사태를 관망하여 신군부세력을 정치적 실권세력이자 현실로 받아들였던 것이다. 특히 광주민주화운동에 대비하여 미국은 한국군 특수부대 이동의 사전 승인과 20사단 병력 이동을 통한 무력진압을 암묵적으로 지지함으로써 전두환 신군부세력의 지지라는 필연적인 결과를 낳게 되었다.[84] 그리하여 미국은 "한국의 정국이 전두환의 리더십으로 안정되어 간다면"이라는 은밀한 기대감에서 전두환의 독주를 묵인했던 것이다.[85]

---

81) 같은 책, 150쪽; Ibid, p.101.

82) 五島隆夫, 『제5공화국과 그 군부인맥』, 지양사, 1987, 61쪽.

83) 윌리엄 글라이스틴(황정일 옮김), 앞의 책, 30쪽; William H. Gleysteen, op.cit, p.5.

84) 신현익, 앞의 논문, 79쪽, 101쪽, 135쪽, 175쪽.

이러한 미국의 묵인 하에 최규하 대통령은 1980년 4월 14일 전두환을 중앙정보부 부장서리와 국군보안사령부 사령관으로 겸임 발령했다. 평상시 보안사를 견제할 수 있던 유일한 기관인 중앙정보부는 그 수장이 대통령을 살해함에 따라 완전히 역적기관으로 몰려 보안사에 장악되었고, 이로써 전두환은 양대 정보기구를 장악했다. 전두환이 정보부를 직접 장악한다는 것은 여러 가지 의미를 내포하고 있었다. 정보부의 국내정치 담당부서를 활성화시켜 정권인수 준비를 할 수 있을 뿐만 아니라, 정보부의 막대한 예산을 손에 넣을 수 있었다. 정보부 예산은 감사대상이 아님은 물론이고, 다른 기관의 예산 속에 숨겨두기도 하고, 정보부장이 쓸 때는 영수증 같은 데 별로 신경을 쓰지 않아도 되었다. 따라서 정보부의 장악은 자금줄을 장악한다는 뜻이기도 했다.[86]

이로써 전두환은 군의 지휘권과 국가의 정보기관을 실질적으로 완전히 장악하게 되었다. 즉 전두환 보안사령관이 국내외의 모든 정보를 독점하는 실력자로 부상하고 중앙정보부의 예산을 장악하게 되었을 뿐만 아니라, 공식적인 각료회의에도 참석할 수 있게 됨으로써 그 영향력은 군부에 국한되지 않고, 내각 등 정국을 주도하고 집권의 기반을 다질 계기를 마련했던 것이다.[87]

요컨대 전두환의 중앙정보부와 보안사령부의 장악은 스스로 대통령이나 막후 실세가 되려는 의중을 드러낸 것이었다.[88] 이러한 사실에 대해 미국, 일본의 유수한 언론에서는 "뒤에서 계엄행정을 지원해온 전두환 장군이 전

---

85) 五島隆夫, 앞의 책, 63쪽.

86) 조갑제, 『제5공화국』, 월간조선사, 2005, 147~148쪽; 「유신과 오늘」, 『한겨레신문』, 2013.5.18; 전두환 중앙정보부장 서리는 이후 중앙정보부의 개편이 완료되어 기능이 정상화됨에 따라 1980년 6월 2일 사표를 제출했다. 『경향신문』 1980.6.2.

87) 광주광역시5·18사료편찬위원회, 앞의 책, 584~585쪽; 대한민국재향군인회, 앞의 책, 223쪽.

88) 윌리엄 글라이스틴(황정일 옮김), 앞의 책, 158쪽; William H. Gleysteen, op.cit, p.109.

면에 등장한 것으로, 그가 어떤 진로를 선택할지 관심이 쏠리고 있으며, 전두환 중장을 중심으로 한 정치군인집단이 완전한 군부 내의 실권을 장악한 것"이라고 논평을 했다.[89] 또한 이 실력을 배경으로 전두환 세력이 정치표면에 나서게 되었음을 의미한다고 지적했다.[90] 더 나아가 미국 측은 전두환의 정보부장서리 겸직은 신군부세력의 정치개입을 알리는 확실한 신호라고 판단했으며,[91] 미 대사관 측은 이제 전두환이 대통령 자리를 넘보고 있음을 확신하게 됐다.[92]

2) 민주화운동

위와 같은 신군부세력의 정권장악 기도에 저항하여 민주화를 위한 투쟁들이 전개되었다. 신민당은 1980년 3월 15일 민주화촉진궐기대회를 열어 "조국의 민주화가 민족의 지상명령이자 역사의 도도한 흐름이며, 누구도 억누를 수 없는 온 국민의 열망임을 확인하고, 아직도 유신의 몽상 속에서 역사와 국민에 역행하는 어떠한 정치적 음모도 철저히 분쇄할 것"이라는 내용으로 된 6개항의 결의문을 채택했다.[93]

또한 때를 맞추어 근로자들의 요구도 봇물처럼 터지기 시작했다. 1980년 4월 9일 청계피복노동조합의 임금인상 요구 농성을 효시로 노사분규가 동시다발적으로 발생했다. 특히 4월 21일부터 4월 24일에 걸쳐 강원도 사북읍 동원 탄좌광업소 소속 탄광 노동자와 주민 5천 여 명이 "어용노조의 퇴진", "노조지부장 직선제", "비인간적 처우의 개선", "임금인상 및 도급제도의 개선", 기타 후생복지제도의 개선을 요구하며 경찰과 충돌한 후 사북지역 일

89) 『동아일보』 1980.4.14, 1980.4.30; 대한민국재향군인회, 앞의 책, 213쪽.
90) 지병문·김용철·천성권, 앞의 책, 303쪽.
91) 조갑제, 「정권을 향한 진격」, 앞의 잡지, 411쪽.
92) 돈 오버더퍼(이종길 옮김), 앞의 책, 197쪽; Don Oberdorfer, op.cit, p.124.
93) 『동아일보』 1980.3.15.

대를 점거하고 유혈사태로까지 발전된 사북항쟁을 일으켰다. 4일 간의 농성과 대치 후 노·사·정 대표는 협상을 통해 11개 항의 합의문을 작성하고 사태를 일단락 시켰다. 합의 이후 1980년 5월 6일부터 6월 17일까지 당시 1군 계엄사령부 지휘 하에 군·검·경으로 구성된 '사북사건합동수사단'은 수차례에 걸쳐 폭력 소요 혐의 관련자 총 200여 명을 정선경찰서로 연행하여 구금·수사하였고, 계엄군법회의는 그 중 이원갑 등 31명을 「계엄포고령」 위반, 소요죄, 특수공무집행방해치사, 「폭력행위 등 처벌에 관한 법률」 위반 등으로 처벌했다. 그러나 이 사건을 계기로 전국에서 노동조합 결성, 임금인상, 해고반대 등 노동조건 개선투쟁이 연이어 일어났고, 4월 말까지 전국에서 총 719건의 노사분규가 발생했다. 이는 1979년 한 해 동안의 분규건수보다 7배나 많았다. 5월에 들어서도 노사분규는 계속 확산될 조짐이 있었다. 그 결과 서울의 봄 시기 전개된 노동자 투쟁은 신군부세력에 의한 5·17군사쿠데타가 일어나기 직전까지 897건의 노동쟁의와 참가 총인원 20만 명에 달하는 폭발적인 모습을 보여 주었다.[94]

한편 학생운동은 학생회 부활운동으로 시작되었다. 유신정부 하에서 학도호국단으로 개편되어 정권의 통제 하에 있었던 학생회들이 유신의 붕괴를 틈타 자율적인 학생회로 부활하기 시작하여 전국으로 확산되었다. 그러나 이들은 과격한 투쟁을 절제하고 정치적 집회와 시위를 자제했다.[95]

그리고 1980년 4월부터 학원가에서 학내문제를 중심으로 한 이른바 학원의 자율화와 학원민주화운동이 전개되었다. 4월 중순에 접어들면서 병영집체훈련 거부문제가 이슈로 전면에 등장했다. 1976년부터 실시해온 병영집

---

94) 조갑제, 「5·17기습작전」, 『월간조선』, 1990.10, 433쪽; 진실화해를 위한 과거사정리위원회, 『진실화해위원회 종합보고서』 4, 진실화해를 위한 과거사정리위원회, 2010, 264~265쪽; 박호성, 「1980년대 한국 민주주의의 전개」, 한국학중앙연구원 편, 『1980년대 한국사회연구』, 백산서당, 2005, 123쪽; 대한민국재향군인회, 앞의 책, 214쪽; 정해구, 『전두환과 80년대 민주화운동』, 역사비평사, 2011, 39쪽.
95) 김영명, 『고쳐 쓴 한국현대정치사』, 을유문화사, 1999, 237쪽.

체훈련은 재학 중 10일 동안 전방에 입소하여 군사훈련을 받는 것으로 박정희 정권이 대학의 교련교육을 강화하기 위한 조처의 일환이었다. 그러나 각 대학의 학생들이 매년 4~5월에 각 대학별로 실시되었던 병영집체훈련을 정면 거부하고 나섬으로써 병영집체훈련 거부투쟁은 학생운동의 새로운 쟁점으로 떠올랐다. 그 와중에서 일부 학생들은 학장실 점거, 기물파괴, 화형식, 교수폭행 등 과격화 조짐을 보이기 시작했다.[96]

그리하여 대학가에서는 박정희 유신체제와 밀접한 관련을 맺고 있었던 총학장·어용교수·폭력·무능교수퇴진 및 족벌재단의 비리 척결, 병영집체교육 거부움직임이 잇달았다. 문교부는 이 같은 학원사태의 원인별 소요학교를 파악한 결과 1980년 4월 18일 현재 총학장 퇴진을 요구했거나 요구 중인 대학은 성대, 조선대, 한양대, 원광한의대, 전북대, 동덕여대, 경희대, 경기대, 중앙대 등 21개교나 되며, 어용·폭력·무능교수 퇴진을 요구한 학교는 전북대, 전남대, 중앙대, 고려대, 충북대, 경희대, 한양대, 삼육대, 전주대, 청주대, 제주대, 원광대 등 24개교였고, 휴강한 학교는 19개교, 철야 농성한 학교는 24개교나 된다고 밝혔다. 이밖에 이사장 퇴진 등 재단을 비판하는 학교는 세종대, 명지대, 전주대, 중앙대, 연세대를 비롯한 12개교, 시설확충을 요구하는 학교는 11개교, 학생회 부활·학내 언론자유 등 자율을 요구하는 학교는 조선대, 명지대, 강원대, 전북대, 충북대, 한신대, 공주사대, 부산대, 홍익대, 한성대를 비롯한 20개교 등이었다.[97]

1980년 5월에 들어서서는 서울대, 고려대 등 대학가의 시위가 더욱 격렬해지면서 규모가 점차 커지고 시위학생들이 내세우는 주장도 학내문제에서 민주발전 등 정치적 문제로 발전되었다.[98] 1980년 3월 대학이 다시 문을

---

96) 정해구, 앞의 책, 38쪽; 대한민국재향군인회, 앞의 책, 216쪽.
97) 『동아일보』 1980.4.18.; 정해구, 앞의 책, 38쪽; Chong-Sik Lee, 「SOUTH KOREA IN 1980: THE EMERGENCE OF A NEW AUTHORITARIAN ORDER」, 『Asian Survey』 January 1981, Vol XXI, Number 1, University of California Press, p.128.
98) 『동아일보』 1980.5.3.

연 것과, 야당과 재야진영의 조급함, 최규하 정부의 우유부단한 태도, 정부의 개혁일정 지연에 대한 학생들의 인내심이 한계에 도달했기 때문이다. 더 나아가 다시 캠퍼스로 돌아온 박정희 정권 시절 시위 주동자들의 조직력과 과격성향이 사태를 강경 일변도로 치닫게 했다.[99] 거기다가 학생들은 유신헌법과 계엄령을 연장하려는 정부의 지연책에 참을 수 없었으며, 전두환이 보안사령관과 같은 무서운 지위에다 중앙정보부장직까지 탈취한 것에 대해 화가 났던 것이다.[100] 이러한 전두환의 위상강화에 한국 국민들은 부정적인 반응을 보였다. 그들은 전두환의 위상강화가 민간부문에 대한 군부의 부당한 간섭을 초래하며, 아울러 정치자유에 대한 희망이 점차 사라져가는 것으로 보았던 것이다.[101]

학생들은 전두환 보안사령관을 중심으로 하는 정치군인세력의 정치개입이 민주화에 가장 큰 걸림돌이라는 이유로 입영훈련거부운동을 철회하는 대신에 계엄령 즉각 해제, 전두환을 포함한 유신잔당 퇴진, 1980년 말까지 정권이양을 완료할 것, 신현확 총리 사퇴, 정부주도 개헌 중단, 노동삼권 보장, 모든 양심수들을 석방할 것 등 정치문제를 본격적으로 내걸고 운동을 전개하기로 결정했다.[102]

그 대전환의 신호탄은 1980년 5월 1일 서울대학교로부터 올라갔다. 이날 밤 서울대학교 총학생회 운영위원회는 철야회의 끝에 복학생들의 충고를 받아들여 입영훈련거부투쟁을 철회하고, 2일부터 본격적인 정치투쟁을 전개하기로 결정했다. 성균관대학교와 서강대를 비롯한 다른 대학들도 투쟁

---

99) 윌리엄 글라이스틴(황정일 옮김), 앞의 책, 156쪽; William H. Gleysteen, op.cit, p.107.

100) Chong-Sik Lee, op.cit, p.128.

101) 윌리엄 글라이스틴(황정일 옮김), 앞의 책, 162쪽; William H. Gleysteen, op.cit, p.112.

102) 김삼웅 편저, 『서울의 봄 민주선언』, 한국학술정보, 2003; 대한민국재향군인회, 앞의 책, 216쪽; 윌리엄 글라이스틴(황정일 옮김), 앞의 책, 174쪽; William H. Gleysteen, op.cit, p.121; Chong-Sik Lee, op.cit, p.128.

노선을 전환했다.[103]

그리하여 대학생들의 시위가 비상계엄해제, 과도기간단축, 정치일정단축, 민주화일정촉진, 언론자유확대, 유신잔존세력 퇴진, 유신잔재 청산 등 민주화 시위로 양상이 바뀌었다. 대학가는 연세대, 이화여대, 동국대, 한신대, 외국어대, 숭전대 등 일부 대학들이 5월 6일 하루 동안 또는 6일에 이어 7일에도 민주화를 위한 요구를 하며 토론을 벌이거나 농성 데모를 벌였다. 대학가 시위는 그동안 조용했던 서울과 지방의 대학으로 확산되었으며, 정치·경제·사회 전반에 걸쳐 광범위한 요구사항을 내걸고 진행되었다. 학생들은 계엄해제를 놓고 「민주화투쟁의 달」, 「민주화실천주간」을 정해 단계적인 시위계획을 짜놓고 있어 학생시위는 점차 조직화하는 양상을 보였다. 그리하여 불과 10여 일 만에 시위가 전국 30여 개 대학으로 확산되었으며, 많은 대학이 비상계엄을 오는 5월 14일까지 해제할 것을 정해 만일 정부가 이 시한까지 계엄해제조치를 취하지 않을 경우, 15일 오전 학생들은 강력한 방법으로 투쟁하겠다는 결의를 하였으며, 15일 전후를 투쟁기간으로 정하고 각 대학 학생회장들이 모이는 등의 움직임을 보였다. 이때 서울과 지방의 23개 대학 총학생회장들은 1980년 5월 10일 "우리들은 당분간 평화적이고 비폭력적인 방법으로 교내시위를 하는 것을 원칙으로 한다"는 공동성명을 발표했다. 23개 대학 총학생회장들은 5월 9일 오후 5시부터 10일 오전 4시까지 11시간 동안 고려대 학생회관에서 모임을 갖고 시국과 학원, 언론 등 현안 문제를 논의한 뒤 발표한 이 성명서에서 비상계엄이 존속할 이유가 없다고 주장했다.[104]

그리고 5월 12일 월요일 격렬해진 학생들은 거리로 뛰쳐나왔다. 극단적인 구호를 내세운 학생들은 최규하 대통령과 신현확 총리, 그리고 전두환의 화형식을 벌였다.[105] 1980년 5월 13일 밤 9시경 연세대생들이 주축이 된

103) 조갑제, 「5·17기습작전」, 앞의 잡지, 432쪽.
104) 『동아일보』 1980.5.3, 1980.5.7, 1980.5.10.

서울시내 6개 대학 2천 5백 여 학생들이 세종로 일대에서 한 시간 반 동안 야간 시가지 시위를 벌였다. 이 가두시위에서 학생들은 계엄철폐 등의 구호를 외치며 곳곳에서 시위대열을 가로막는 경찰과 충돌했다. 또한 각 대학에서는 수업을 중단한 채 민주화 투쟁을 위한 시국성토대회를 열거나 교내 시위 및 철야농성을 했다. 특히 서울대 등 전국 27개 대학 총학생회장들은 13일 밤 10시부터 고려대 학생회관 회의실에서 학생시위의 가두진출 여부를 놓고 격렬한 토론을 벌인 후, "우리의 평화적인 교내시위는 이제 끝났다. 교문을 박차고 나가 싸울 것이다"라고 결의했다.[106]

이러한 결의에 따라 동년 5월 14일 낮부터 교문을 박차고 나온 서울시내 21개 대학의 가두시위는 때마침 내린 비를 무릅쓰고 밤 10시까지 10여 시간 동안 광화문 일대와 시내 곳곳에서 경찰과 밀고 밀리는 공방전을 계속했다. 이날 서울 시위와 발맞춰 지방대학생들도 도심지까지 진출하여 산발적인 데모를 벌였다.[107]

이처럼 1980년 봄부터 일기 시작한 학생시위는 전국적으로 2,300여 회에 걸쳐 120개 대학, 연 35만 명의 학생이 시위에 참가한 것으로 집계되었으며, 5월 13일을 기점으로 대학생들이 가두로 나오는가 하면 야간시위까지 벌이게 되었다. 5월 14일과 15일에는 전국 45개 대학 10여 만 명의 학생이 대규모 반정부시위를 전개했다. 특히 서울에서는 5월 15일을 기하여 학생시위가 극에 달하여 7만 여 학생들이 시청 앞, 남대문, 서울역 앞을 점거하고 야간시위까지 전개, 파출소 습격, 차량방화, 기물파괴 등의 행위를 자행하여 수백 명의 경찰관이 중경상을 입고 1명이 순사하는 불상사를 빚기도 했다.[108]

105) 윌리엄 글라이스틴(황정일 옮김), 앞의 책, 171쪽; William H. Gleysteen, op.cit, p.118.
106) 『동아일보』 1980.5.14.
107) 『동아일보』 1980.5.15.
108) 문화공보부, 『국보위 백서』, 국가보위비상대책위원회, 1980, 11쪽.

5월 15일 데모행렬의 주집결지인 서울역에는 한때 35개 대학에서 최고 7만 여 명의 학생들이 동시에 몰려 "비상계엄 해제하라", "언론자유 보장하라"는 등 10여 가지의 구호를 외쳤으며, 곳곳에서는 대학생들 간의 시국토론이 벌어지기도 했다. 충남대 및 전북대 학생 등 지방대도 거의 가두로 나가 시위했다.[109]

시위구호도 단순한 반정부구호를 넘어서서 "비상계엄 해제", "유신잔당은 인민의 적", "외세배격과 미제추방", "매판자본과 군발이 추방", "반공법과 국가보안법 철폐", "사회주의 통일국가 건설 촉구", "경찰과 공무원 타도", "언론자유 보장", "노동 3권 쟁취" 등의 방향으로 발전되었다.[110]

야당, 재야, 학생 운동권을 포함한 전 국민적인 민주화 실현에 대한 열망은 최규하 정권에 대해 명확한 정치일정을 요구하고 있었고, 신민당 총재 김영삼은 1980년 여름까지 개헌을 완료하여 직접선거에 의한 총선 및 대선을 실시할 것을 주장하며 최정권을 압박하고 있었다. 또한 김대중 역시 국무총리 신현확과 중앙정보부장 서리인 전두환의 사임을 요구하는 성명서를 발표하고, 계엄령을 즉시 해제하고 헌법개정을 국회에 맡기며 정치일정을 소상히 설명할 것을 요청했다.[111]

그러나 학생들은 시민의 적극적인 지지 획득에 실패하고, 더 나아가 쿠데타의 가능성을 감지하고 힘의 한계를 절감하여 시위를 중단하고 학교로 복귀할 것을 결의했다.[112] 특히 학생들은 휴전선에 북한군 약 6만 명이 재배치되어 북한이 공격할지도 모른다는 소문에 시위를 중단했다. 이는 미국에 의해 곧 부정되었다.[113] 이와 같은 노동자 및 학생시위로 인한 사회혼란

109) 『동아일보』 1980.5.16.

110) 문화공보부, 『국보위 백서』, 11쪽; 김영명, 『고쳐 쓴 한국현대정치사』, 을유문화사, 1999, 238쪽.

111) 신현익, 앞의 논문, 145~146쪽.

112) 김영명, 『고쳐 쓴 한국현대정치사』, 을유문화사, 1999, 238쪽.

113) Chong-Sik Lee, 「SOUTH KOREA IN 1980: THE EMERGENCE OF A NEW

은 신군부세력의 정권장악을 위한 쿠데타 발생의 빌미가 되었다.

당시 육군본부에서 펴낸 『계엄사』에 의하면 3김(김종필·김영삼·김대중)을 중심으로 한 자파의 주도권 장악과 차기집권을 겨냥한 극한투쟁과 흑백논리, 무책임한 대중선동 등의 정치적 혼란, 노사분규의 격렬화, 일부 언론 및 종교계의 무분별, 사회기강의 문란, 그리고 학원소요의 격화 등으로 인하여 국민들은 북한이 곧 쳐들어올지도 모르겠다는 위기의식에 사로잡혀 사회불안이 극도에 달하게 되었고, 국민경제는 파탄 지경에 이르게 됨으로써 대다수 안정을 바라는 국민들은 정부의 강경대책을 희구하게 되었으며, 계엄군에 의한 강력한 제재와 시급한 사회 안녕질서의 회복을 갈망하게 되었다고 주장했다. 따라서 정부는 5월 17일 24시를 기하여 비상계엄을 확대 조치했다는 것이다.114)

전두환은 북한이 뒤에서 학생시위를 조종하고 있으며, 남침의 결정적인 시기가 가까워졌을지도 모른다고 위컴 장군에게 말했다. 그러나 위컴 장군은 미국은 언제나 그러하듯 한국을 방위할 태세를 갖추고 있으나 북한으로부터의 침공이 임박했다는 징조는 없다고 응수했다. 그리고 위컴 장군은 전두환이 국내정세에 대해 비관적으로 평가하고 북한으로부터의 위협을 강조하는 것이 청와대의 주인이 되기 위한 구실에 불과한 것 같다고 보고했다.115)

훗날 한 한국인 정보담당 장교는 전두환의 측근들로부터 북한 위협설을 조작하라는 명령을 받았다고 폭로했다.116)

AUTHORITARIAN ORDER」, 〔Asian Survey』 January 1981, Vol XXI, Number 1, University of California Press, p.129.

114) 계엄사편집위원회, 『계엄사』, 육군본부, 1982, 115~124쪽.

115) 존 위컴(김영희 감수), 앞의 책, 300~301쪽; John A. Wickham, op.cit, p.201.

116) 돈 오버더퍼(이종길 옮김), 앞의 책, 199쪽; Don Oberdorfer, op.cit, p.125.

3. 5·17비상계엄 실시와 5·18광주민주화운동

1) 5·17비상계엄 실시

1980년 봄의 상황은 한국정치구조가 군사독재체제로 이어지느냐, 아니면 민주화로 진전되느냐 하는 분기점에 놓여 있었다. 당시 군부는 어떤 희생을 치르더라도 반드시 권력을 잡고 말겠다고 생각하고 있었다. 5·16군사쿠데타 이후 20년 가까이 누렸던 특권을 유지하고 지배권력을 계속해서 지속시키려 했던 것이다. 만약 민주정권이 들어서면 20년 간의 기득권은 무위로 돌아갈 수 있는 상황이었기 때문이다.[117] 그리하여 전두환과 그의 동조자들은 점점 거세지는 사회 불안을 막지 못하면 그들이 막 손에 넣은 권력을 송두리째 빼앗기고 말 것이라는 생각을 하게 되었다.[118]

그리하여 신군부세력의 쿠데타 준비는 충정훈련이라 불린 시위진압훈련을 통해 이루어졌다. 충정훈련이란 학생이나 대중시위가 경찰 통제의 수준을 넘어 격화되었을 때 군을 투입하여 이를 진압하는 훈련이었다. 1980년 2월 18일 육군본부는 충정부대 및 후방 주요부대에 충정훈련 실시의 지시를 내렸다. 이 지시에 따라 특전부대에서부터 대도시 부근에 주둔한 일반부대에 이르기까지 대규모의 군이 이에 참여했다. 충정훈련은 신군부세력의 주도로 이루어졌는데, 당시 특전사령관이었던 정호용이나 수경사령관이었던 노태우는 신군부세력의 핵심적인 인물이었다. 그런 점에서 신군부세력을 중심으로, 특히 대다수의 특전부대까지 동원된 가운데 실시된 충정훈련은 외견상으로는 시위진압을 위한 것이었지만, 그 내막은 향후 신군부세력의 쿠데타를 염두에 둔 군사동원 훈련이었다.[119]

충정훈련이 신군부세력의 쿠데타 과정에서 민주화 시위를 제압하기 위

---

117) 정경환, 『한국현대정치사연구』, 신지서원, 2000, 289~290쪽.
118) 존 위컴(김영희 감수), 앞의 책, 196쪽; John A. Wickham, op.cit, pp.127~128.
119) 정해구, 『전두환과 80년대 민주화운동』, 역사비평사, 2011, 40~42쪽.

한 준비였다면 7K-공작계획은 신군부세력의 권력 장악을 위한 언론대책공작이었다. 그들은 이미 1980년 2월부터 보안사에 정보처를 부활시켜 민간정보를 수집해왔으며, 3월에는 정보처 산하에 언론대책반을 두고 K-공작계획을 수립했다. 이 계획은 그 목적을 단결된 군부의 기반을 주축으로 지속적인 국력신장을 위한 안정세력을 구축함에 두었다. 그리고 이를 위해 언론계 간부들의 성향을 분석하여 협조 가능한 사람들을 포섭하려 했는데, 7대 중앙 일간지와 5대 방송사 그리고 2대 통신사의 사장, 주필, 논설위원, 편집·보도국과 부국장, 정치부장과 차장, 사회부장 94명이 그 일차적인 회유 대상이었다.[120]

이러한 상황에서 전두환 보안사령관 겸 중앙정보부장 서리는 최규하 대통령은 위기에 처한 정국을 주도할 능력이 없다고 일방적으로 판단한 후 권정달 보안사 정보처장에게 '시국수습방안' 마련을 제시했다. 이에 따라 이학봉, 허화평, 허삼수, 권정달 등은 수시로 만나 논의한 끝에 대학가의 시위를 강력히 제압하기 위해서는 군이 전면에 나서 지금의 지역계엄보다 한층 강화된 전국비상계엄을 실시하는 것과 동시에 과도정부 성격의 소극적인 내각을 통제하기 위해서는 비상기구의 설치, 그리고 계엄해제 요구를 결의할 가능성이 있는 국회의 해산이 필요하다고 판단하고 이를 시국수습방안으로 정리했다.[121] 따라서 비상기구인 국보위 설치 계획에는 전두환·노태우·정호용·박준병·허화평·허삼수·이학봉·권정달 등이 참여했고, 실무책임자는 권정달 보안사 정보처장이었다.[122]

즉 전두환 보안사령관은 5월 17일 권정달 보안사 정보처장을 주영복(周永福) 국방장관에게 보내 전군 주요지휘관들이 비상계엄 확대를 결의, 대통령에 건의토록 요청했다. 이에 따라 주장관은 이날 오전 11시 육·해·공군

120) 같은 책, 42쪽.
121) 대한민국재향군인회, 앞의 책, 224~225쪽.
122) 조갑제, 『제5공화국』, 월간조선사, 2005, 179쪽.

주요지휘관 43명이 참석한 가운데 회의를 열어 비상계엄 확대를 건의하기로 결론지었다. 그리고 최규하 대통령은 전두환, 주영복을 만나 장시간 시국수습방안을 논의한 뒤 오후 7시경 계엄확대를 수용했다. 그리고 오후 7시 35분경 신현확 총리는 중앙청에서 수경사 헌병단 소속 장교 17명과 사병 236명이 집총 도열해 있는 상황에서 국무회의를 소집, 8분 만에 5월 17일 밤 12시를 기해 비상계엄선포지역을 전국일원으로 변경하기로 의결하고, 육군본부는 5월 18일 오전 2시 30분경 전국 92개 대학과 국회를 포함한 136개 주요보안 목표에 계엄군 2만 5천 여 명을 배치하고, 최 대통령은 5월 18일 오후 4시 40분경 보안사가 만들어 온 자료를 토대로 계엄확대에 대한 특별성명을 발표했다.[123]

이처럼 신군부세력은 전군 주요지휘관회의를 소집하여 이를 통해 자신들의 쿠데타에 대한 군 전체의 지지를 확보하는 한편, 그 지지를 이용하여 최규하 대통령을 압박하고자 했다. 그 결과 전군주요지휘관회의에서는 비상계엄의 전국 확대 문제와 정치풍토쇄신 문제가 집중적으로 논의되었다.[124]

이에 따라 정부는 1980년 5월 17일 24시를 기해 임시국무회의장 주변에 장갑차 등으로 무장된 병력 600여 명을 투입하여 위압적인 분위기 속에서 비상계엄 전국 확대 선포안을 의결시켜 종전까지의 지역비상계엄을 제주도를 포함한 전국비상계엄으로 확대 실시했다.[125] 정부는 지난해 10월 27일 새벽 4시를 기해 제주도를 제외한 전국에 비상계엄을 선포, 지금까지 시행해왔으며, 이번 조치로 비상계엄선포지역에 제주도가 추가된 것이다. 계엄포고 제10호의 내용을 보면 다음과 같다. 즉 "국가의 안전보장과 공공의 안녕질서를 유지하기 위하여, 모든 정치활동을 중지하며, 정치목적의 옥내

---

123) 『동아일보』 1995. 7. 19.
124) 정해구, 앞의 책, 51~52쪽.
125) 대한민국재향군인회, 앞의 책, 209쪽.

외 집회 및 시위를 일절 금한다. 정치활동 목적이 아닌 옥내 외 집회는 신고를 하여야 한다. 단 관혼상제와 의례적인 비정치적 순수 종교행사의 경우는 예외로 하되 정치적 발언을 일체 불허한다. 그리고 언론·출판·보도 및 방송은 사전 검열을 받아야 한다. 각 대학은 당분간 휴교 조치한다. 정당한 이유 없는 직장이탈이나 태업 및 파업행위를 일절 금한다. 유언비어가 아닐지라도 전·현직 국가원수를 모독·비방하는 행위나 북괴와 동일한 주장 및 용어를 사용 선동하는 행위, 공공집회에서 목적 이외의 선동적 발언 및 질서를 문란시키는 행위는 일체 불허한다. 국민의 일상생활과 정상적 경제활동의 자유는 보장한다"는 등이다.[126]

이러한 비상계엄령 확대조치는 헌법기관인 국무총리와 국무회의의 권능 행사를 강압에 의하여 사실상 불가능하게 한 국헌문란행위이자 내란죄에 해당하는 것으로 전두환 일당에 의한 정권찬탈을 노린 군사쿠데타였던 것이다. 그리하여 1980년 서울의 봄으로 상징되는 민주화의 열기는 정권을 무력적인 수단으로 장악하려는 전두환 세력에 의해 무참히도 그 싹이 잘리고 말았다.[127]

요컨대 5·17비상조치 과정에서 주된 역할을 한 세력은 10·26사태 이후 12·12사태를 거쳐 5·17비상계엄에 이르는 동안 국가의 질서유지를 실질적으로 담당해 온 전두환과 그의 지원세력이었다. 따라서 5·17비상조치는 당시 최규하 대통령 정부 내부의 실세였던 이들 신군부세력을 공식화하는 계기가 되었다.[128]

이러한 5·17비상계엄 확대에 대해 당시의 상황을 보면 신군부 핵심 군인들에게는 위협적인 상황이었는지 모르겠으나, 국가적으로는 아무리 보아

---

126) 『동아일보』 1980.5.19.

127) 광주광역시5·18사료편찬위원회, 앞의 책, 586쪽, 591쪽; 정경환, 『한국현대정치사연구』, 신지서원, 2000, 283쪽, 291~292쪽.

128) 『실록 제5공화국』 6, 경향신문사, 1988, 62쪽.

도 첫째, 전쟁 또는 전쟁에 준할 사변에 있어서 적의 포위공격으로 인하여 사회질서가 극도로 교란된 상태는 아니었고, 둘째, 질서가 교란된 곳이 몇 곳 있었다 하더라도 전국적으로 질서가 교란된 것은 아니었으며, 셋째, 국민의 자유와 권리 및 법치주의에 대한 중대한 제한이 되는 이 계엄의 확대가 반드시 필요하지는 않았음에도 그것을 확대한 것은 명백히 위법·부당하다고 보고 있다.[129]

그러나 신군부세력에 의한 비상계엄의 전국적인 확대 조치에 따라 전국 31개 대학과 136개의 보안목표에 계엄군이 배치되었다. 이와 관련하여 주목할 것은 전국의 주요 대학에 특전부대들이 집중 배치되었다는 점이다. 그것은 대학이 군부의 쿠데타에 대한 저항 가능성이 가장 높다는 점, 그리고 특전부대는 혹 발생할지도 모를 대학에서의 저항을 분쇄하기 위한 중요한 수단이라는 점을 시사하고 있었다.[130]

그리고 계엄사령부는 5월 17일을 기해 전국 일원에 비상계엄령 확대실시 선포를 계기로 국민의 지탄을 받아 온 권력형 부정축재혐의자와 그동안 사회불안 조성 및 학생 노조소요의 배후조종혐의자 26명을 연행 조사했다. 계엄사는 또 이번 학생소요 직접 가담자 및 주동자도 연행조사 중이라고 밝혔다. 권력형 부정축재혐의자로 거론된 사람은 공화당 총재 김종필, 국회의원 이후락(李厚洛), 전내무부장관 김치열(金致烈), 국회의원 김진만(金振晩), 전청와대경제제2수석비서관 오원철(吳源哲), 전원호처장 장동운(張東雲), 전육군참모총장 이세호(李世鎬) 등이다. 이들 중에는 5·16군사쿠데타 이후 '날아가는 새도 떨어뜨리는' 입김의 소유자로 이름을 떨친 대상도 보이고, 박정희를 제외하고는 하늘 아래 무서울 게 없다고 큰소리를 친 '일인지하 만인지상형'의 강자 이름도 보였다. 즉 이들은 박정희 정권 아래에서

---

129) 이동과, 「국보위·입법회의법령에 관한 고찰」, 『법학논집』 3, 청주대학교 법학연구소, 1988.5, 5쪽.
130) 정해구, 앞의 책, 52쪽.

가장 유력한 인물들로서 활동했던 인물들이었다. 이들은 그들이 지닌 정치적, 재정적 파워의 복잡하고도 강력한 네트워크를 통해 전두환이 추구하는 독자적인 권력을 심각하게 방해할 세력이었다. 그래서 전두환은 일격에 이들을 거세시킴으로써 국민들 사이에 인기도 얻고, 동시에 그의 장애물의 하나를 제거할 수 있었다. 즉 이들은 국민의 지탄을 받아온 자들이자 제3공화국의 비리를 상징할 만한 거물급 인사들이어서 비상계엄확대의 명분을 높이는 데 이용되었을 뿐만 아니라, 이들에 대한 단죄를 통해 국민의 반사적 지지를 꾀하는 한편, 이들이 물러나는 데 따른 공백을 메울 세력에 대한 국민의 기대가 더 커지도록 했던 것이다. 또한 사회혼란조성 및 학생, 노조 소요관련 배후조종혐의자로 거론된 인물들은 김대중, 국회의원 예춘호(芮春浩), 연대부총장 김동길(金東吉), 시인 고은(高銀), 목사 인명진(印明鎭), 한양대 교수 이영희(李泳禧) 등이었다.[131]

가두로 진출한 학생들의 반정부운동을 처음부터 지지해 온 김대중은 미리부터 구속될 것이라고 예측했지만, 박정희의 후계자로 자인하는 실력자 김종필, 이후락, 박종규(朴鐘圭)가 돌연 체포된 데는 서울의 소식통도 놀라지 않을 수 없었다.[132]

2) 5 · 18광주민주화운동

1980년 5월 18일부터 시작된 광주시민들의 민주화운동은 날이 갈수록 격화되어 계속 유혈사태를 빚었다. 1980년 5월 17일 한국 전역에 걸쳐 군부에 의해 강압된 질서가 유지되고 있었으나 계엄령으로도 전라도 지방의 역사적 중심지인 광주의 학생시위를 중단시키지는 못했다. 광주에서 시위가 계속된 직접적인 원인은 서울에서 있었던 강경시위의 책임을 물어 전라도 지

---

131) 이현복, 「제5공화국의 산실」, 앞의 잡지, 162쪽; 『동아일보』 1980.5.19; 대한민국 재향군인회, 앞의 책, 239~240쪽; Chong-Sik Lee, op.cit, pp.130~131.
132) 五島隆夫, 『제5공화국』, 지양사, 1987, 39쪽.

역이 배출한 그들의 영웅 김대중을 체포한 데 있었다. 그러나 그 이면에는 오래 지속돼온 뿌리 깊은 지역감정이 자리 잡고 있었다. 서울의 지도층과 많은 한국인들은 전라도 사람들을 차별해 그들을 2등 시민 내지는 상대 못 할 인간으로 취급했다. 지역감정은 전라도와 경상도 사이가 특히 심했다. 계엄포고령을 무시한 광주학생들의 계속된 시위 배경에는 이런 원인들이 있었지만 정부의 무자비한 진압은 어떤 이유로든 정당화될 수 없었다. 그 것은 6·25전쟁 후 평화시 초유의 심각한 위기를 조성해 결국 이 나라에 씻을 수 없는 상처를 남겼다.133)

광주민주화운동은 당초 5월 18일에는 전남대생 등 학생을 중심으로 한 시국성토시위였다. 그러나 진압에 나선 군이나 경찰과 충돌하면서 사상자가 잇달아 나오자 격화되기 시작하여 점점 확대되어 19일부터는 시민이 가담하는 데모가 되었다. 시민들은 감정이 격화된 데다 데모시민들 사이에 갖가지 유언비어까지 끼어들어 20만 명에 가까운 시민이 드나드는 시내버스·트럭·택시 운전사들도 데모에 가담했다. 그리하여 각종 무기와 화염병, 각목, 철재 등을 들고 대항하는 등 사태가 극히 악화되어 갔다. 이들은 계엄철폐, 김대중 석방 등의 구호를 외치며 시위를 벌였다.134)

특히 5·18 고소고발사건에 대한 검찰 수사결과에 따르면 계엄군의 무차별 과잉진압이 광주시민들의 대규모 항쟁을 불러일으켰던 것이다. 당시 시위대는 계엄군의 집단발포가 있었던 1980년 5월 21일 오후부터 자위 차원에서 총기무장을 한 것으로 확인됐다. 검찰의 이러한 수사결과는 "시위를 과잉 진압한 적이 없으며, 계엄군의 발포는 시위대가 먼저 총격을 가해와 자위권을 발동했던 것"이라는 신군부세력 측의 주장을 뒤엎은 것이다. 검

---

133) 윌리엄 글라이스틴(황정일 옮김), 『알려지지 않은 역사』, 중앙 M&B, 1999, 182쪽; William H. Gleysteen, 『Massive Entanglement, Marginal Influence』, Brookings Institution Press, 1999, p.127.

134) 『동아일보』 1980.5.22~5.23.

찰은 "계엄군의 초기 과잉진압은 광주시민들의 공분을 유발하여 대규모 시위로 확산됐으며, 결국 무력충돌로 번져 엄청난 희생자가 발생했다"고 밝혔다.[135)]

검찰에 따르면 5·17계엄확대조치와 함께 광주에 투입된 7공수여단은 18일 오전 10시 반경 전남대 후문 앞에서 버스 승객들이 계엄군에게 야유를 보냈다는 이유만으로 승객들을 진압봉으로 마구 때리고 버스에서 끌어내 무릎을 꿇리는 등 과잉 진압했다는 것이다. 또 11공수여단은 19일 낮 12시경 시위 중이던 학생들이 광주 YMCA로 피신하자 학생들만 아니라 건물 안에서 일하던 신용협동조합 직원들까지 끌어내 진압봉 등으로 온몸을 마구 때린 것으로 드러났다. 11공수여단은 또 건너편에서 이를 바라보던 고시학원생들이 "때리지 말라"고 외치자 이 고시학원에 난입, 소총 개머리판 등으로 학원생들을 마구 때린 뒤 트럭에 실어 연행했던 것으로 밝혀졌다.[136)]

이에 19일 광주지역 기관장 회의에서 "계엄군이 어느 나라 군대인지 의심이 갈 정도로 진압행동이 너무 과격하다"며 과잉진압 중지를 요구했다. 그러나 공수부대원들은 이날 오후 4시경 광주 북동사무소 앞에서 시위대가 도망하자 가택수색까지 실시, 학생 차림의 사람은 모두 끌어내 마구 때린 것으로 드러났다. 공수부대원들은 또 이날 오후 5시 반경 광주일고 앞 광주공과기술학원에서 학원생들이 밖을 내다본다는 이유만으로 학원에 무차별 난입, 학원생과 사무직원 40여 명을 연행했던 것으로 밝혀졌다.[137)]

전남지역 향토사단장이 과잉진압 자제 지시에도 불구하고 공수부대원들이 과잉진압을 계속하자 19일 밤 11시경 11공수여단장 등 지휘관들에게 거듭 과잉진압 자제를 지시했던 것으로 확인됐다. 그러나 2군 사령부는 이날 밤 "시위대를 과감하게 타격할 것, 소요군중의 도피를 막을 것, 이적 행위자

135) 『동아일보』 1995.7.22.
136) 『동아일보』 1995.7.22.
137) 『동아일보』 1995.7.22.

를 단호 조치할 것" 등 오히려 과잉진압을 부추기는 지시를 내렸다. 그리고 계엄군의 과잉진압과 함께 시위가 점차 격화되자 모사단장은 21일 물리적인 방안보다는 정치적인 수습방안을 마련하는 것이 좋겠다고 2군 사령관에게 건의했다. 그러나 육본은 자위권을 발동, 무력으로 폭도소탕작전을 벌이기로 결정한 것으로 밝혀졌다. 이에 따라 21일 오후 전남 도청 앞에서 계엄군의 집단발포가 있었고, 시민들은 이에 자극받아 이날 오후부터 영광, 함평, 화순, 나주, 영암, 해남, 강진, 고창 등으로 진출해 무기를 확보함으로써 결국 엄청난 희생자가 발생했다고 검찰은 밝혔다.[138]

더 나아가 검찰수사결과 광주민주화운동 당시 보안사령부 사령관 전두환이 계엄군의 진압작전에 조직적으로 개입했던 사실이 드러났다. 검찰은 보안사의 진압작전 개입은 광주 시위상황이 유혈사태로 번진 5월 19일 광주지구 보안부대의 상황보고 및 조치가 미흡하다는 전두환 당시 보안사령관의 직접 지시에 따라 이루어졌다고 밝혔다. 그리하여 보안사는 기획조정처장 최준장을 광주현지에 급파하여 계엄군의 작전회의에 참석토록 하는 등 계엄군의 진압작전에 직접 개입한 것으로 드러났다.[139]

또한 보안사는 5월 20일 1군단 보안부대장 홍대령을 광주에 파견해 시위대의 위치, 무장상황, 이동 및 공격상황, 시민들과 수습대책위원회의 동정 등을 파악했던 것으로 드러났다. 이와 함께 보안사는 5월 22일 수사요원 30여 명을 광주에 파견, 시위관련자들을 직접 수사한 것으로 밝혀졌다.[140] 그리고 광주민주화운동을 진압하기 위해 투입된 정호용 특전사령관을 비롯한 3인의 공수여단장 그리고 제20사단장 등은 모두 '하나회원'이었다.[141]

광주민주화운동은 한때 광주를 중심으로 목포, 영암, 나주, 화순, 장흥을

138) 『동아일보』 1995.7.22.

139) 『동아일보』 1995.7.20.

140) 『동아일보』 1995.7.20.

141) 정순태, 「30년 군림, 하나회 인맥」, 『월간 중앙』 1993.6, 326쪽.

포함한 17개 지역으로 확산된 바 있다. 광주시내의 은행은 5월 20일부터 일주일째 문이 굳게 닫혀 있어 대기업체가 임금지불을 못 하고 있고, 수표나 어음거래도 일체 중단되었다. 중심가 상가나 백화점도 철시가 계속돼 상거래가 전혀 이루어지지 않았으며, 시내의 다방과 목욕탕 변두리 지역의 식료품점이 25일부터 조금씩 문을 열기 시작했다. 광주시내에서는 오토바이와 자전거가 유일한 교통수단으로 이용되었으며, 대부분의 시민들은 도보로 볼 일을 보는 등 통신두절과 더불어 교통문제가 가장 큰 불편을 이루었다. 그리고 광주시내 전화와 송정리까지의 시내 전화를 제외한 모든 통신수단이 계속 두절되고 있었다. 또한 전남대 의대 부속병원을 비롯한 시내각 종합병원은 외과수술용 약품과 총상치료약이 크게 모자라고 있었다. 링겔 등 수액, 혈액대용제, 마취제 등이 부족하고, 병실이 모자라 일반 환자의 입원은 거의 안 되고 있었다. 또 계획된 일반 환자의 수술이 긴급을 요하는 환자를 제외하고는 모두 취소됐다.[142]

5·18광주민주화운동은 10일 만인 1980년 5월 27일 새벽 계엄군이 투입을 개시, 오전 6시경 도청을 비롯한 주요 건물과 전 시가지를 완전 장악함으로써 끝났다. 계엄군은 이날 새벽 3시 반부터 군 투입을 개시하여 도청을 향해 진격했으며, 선무 라디오 방송을 통해 시민의 외출금지와 군 투입 협조를 당부했다. 군 투입과 함께 시내 전화는 완전 불통됐다가 이날 8시 50분 재개됐다. 도청을 중심으로 총격전은 산발적으로 있었으나 6시경부터는 완전히 멈추었다.[143]

계엄사령부는 1980년 5월 31일 "광주사태로 민간인 144명, 군인 22명, 경찰관 4명 등 170명이 사망했으며, 부상자는 민간인 127명, 군인 109명, 경찰관 144명 등 380명으로 모두 550명의 사상자를 냈다"고 발표했다.[144] 위컴

---

142) 『동아일보』 1980.5.26.
143) 『동아일보』 1980.5.27.
144) 『동아일보』 1980.5.31.

의 회고록에 의하면 적어도 152명의 사망자와 588명의 부상자가 발생했으며, 무기와 수류탄의 90%가 회수되었고, 1,800명에 달하는 사람이 체포되었다.[145]

이후 남한에서는 미국이 군 병력을 동원한 광주진압을 묵인 또는 사전 승인했다는 비난이 끊임없이 제기됐다. 이에 대해 미국 측에서는 다음과 같은 주장을 하고 있다. 5월 16일 계엄령이 선포되기 전 한국 군 당국은 남한군 20사단 휘하의 2개 부대를 한미 연합사령부의 작전통제권에서 제외시켰다는 방침을 사전 규정에 따라 연합사 측에 통보했다. 또한 한국 군당국은 광주를 재탈환하기 위해 20사단을 광주에 파병하기 전 위컴 장군에게 이를 승인해 달라고 요청했다. 그러나 당시 이 20사단은 이미 미군의 작전통제권에서 벗어나 있었으므로 그런 승인은 불필요한 것이었다. 워싱턴 정부의 의사를 타진한 다음 위컴과 글라이스틴은 미군의 통제 하에 놓였던 적이 없는 잔혹한 공수부대를 파견하느니 20사단을 파견하는 것이 보다 바람직하다는 결론을 내렸다. 전두환의 정치 선전기구들은 이 사실을 십분 활용해 미국이 광주항쟁의 무력진압을 지지했다고 선전했다는 것이다.[146]

이러한 것이 사실이라고 해도 광주민주화운동 진압에 있어서 미국의 책임이 경감되는 것은 아니다. 어쨌거나 미국의 위와 같은 사실은 폭력적 진압을 자행한 전두환 및 신군부세력의 행동을 방조 내지는 묵인하는 결과를 낳았기 때문이다.

그리고 신현확 국무총리를 비롯한 전국무위원은 1980년 5월 20일 최근 국내소요사태에 대한 책임을 지고 최규하 대통령에게 일괄 사퇴서를 제출

---

145) 존 위컴(김영희 감수), 『12·12와 미국의 딜레마』, 중앙M&B, 1999, 222쪽; John A. Wickham, 『Korea on The Brink- A Memoir of Political Intrigue and Military Crisis』, Brassey's, 2000, p.146.

146) 돈 오버더퍼(이종길 옮김), 『두개의 한국』, 길산, 2002, 206쪽; Don Oberdorfer, 『The Two Koreas』, Basic Books, A member of the Perseus Books Group, 2001, pp.129~130.

했다.[147) 아울러 1980년 5월 초 보안사령부는 전두환의 지시 아래 시국을 수습한다는 명목으로 비상계엄 전국 확대, 국회해산, 국가보위 비상기구 설치 등을 골자로 하는 집권시나리오를 기획했다. 그리고 5월 16일 비상전군 주요지휘관회의에서 국보위 설치문제가 토의 결정되었다. 신군부는 5월 17일 시국수습방안의 재가를 최규하 대통령에게 요구했는데, 이 중 비상기구 설치안은 대통령으로부터 거절당했다. 이후 보안사령관인 전두환은 수차례 보안사령부 정보처장 권정달과 대공처장 이학봉을 최규하 대통령에게 보내 비상기구 설치의 필요성을 역설했다. 그리고 전두환은 대통령 자문기구 형식으로 최규하 대통령을 위원장으로, 자신을 국보위 상임위원장으로 하는 국보위를 출범시켰다.[148)

국보위 의장인 최규하 대통령은 "나는 국가비상시국에 대처하여 대통령으로서 또한 국군통수권자로서 헌법에 명시된 바 국가보위의 책임을 완수하고 국민의 생명과 재산을 보호하기 위해 헌법과 관계법령에 입각하여 대통령 자문보좌기구로 국가보위비상대책위원회를 설치한 것"이라고 밝혔다. 또한 그는 이어서 "광주사태는 그 원인이야 어떻든 결과적으로 국법질서를 교란하고 국기마저 위태롭게 할 위험성을 내포한 중대한 사태였다"고 말하고, "우리나라의 안전보장태세의 강화와 국가보위를 위해서는 물론 국민생활의 안정과 경제난의 타개를 위해서도 공공질서의 유지와 사회안정이 긴요함은 더 말할 나위가 없다. 우리 모두가 국가를 보위하고 3천 7백만 국민의 생존권을 수호하는 데 합심 노력할 것을 대책위원회 여러분과 함께 다짐한다"고 말했다.[149)

이처럼 국보위는 1979년 10월 26일 박정희 대통령의 충격적인 서거 이후

147) 『동아일보』 1980.5.21.

148) 조갑제, 『제5공화국』, 월간조선사, 2005, 181~190쪽; 이승규 편, 『제5공화국 정치 비화』, 보성사, 1988, 137~145쪽.

149) 『경향신문』 1980.5.31.

야기된 정치적·사회적 불안과 1980년 봄부터 악화되었던 학생들의 시위와 노사분규, 그리고 광주민주화운동 등 국가적 위기에 대처하여 국가보위의 임무를 충실히 수행하고 계엄당국과 행정부 간의 긴밀한 협조로 조속한 위기극복과 안정 기반 구축으로 국가발전의 기틀을 튼튼하게 하기 위한 사명을 띠고 설치된 것으로 주장되었다. 특히 국보위는 10·26사태 이후에 조성된 극심한 사회적 혼란과 소요사태 속에서 그 설치의 불가피성과 타당성을 찾을 수 있다고 주장되었다.[150]

그러나 실제로 국보위는 10·26사태 이후 민주화를 요구하는 사회 전반적인 움직임 속에서 12·12쿠데타, 5·17쿠데타를 일으킨 전두환을 비롯한 신군부세력이 전국비상계엄 하에서 광주민주화운동을 무력으로 진압하고, 1980년 5월 31일 유신체제를 파기하고 새로운 국가지배체제를 구축한다는 미명 아래 5·16군사쿠데타 직후 설치되었던 국가재건최고회의를 토대로 정치세력을 재편하고 정치권력을 사유화하며, 국가를 보위하기 위한 국책사항을 심의, 의결하여 대통령의 자문에 응하거나 대통령을 보좌한다는 명분으로 설치 운영된 임시행정기구이자 예비정부적인 정치권력이었다.

즉 신군부세력은 이른바 12월 12일 군사반란으로 군의 지휘권과 국가의 정보기관을 실질적으로 완전히 장악한 뒤 정권을 탈취하기 위해 1980년 초순부터 비상계엄의 전국 확대, 비상대책기구설치 등을 골자로 하는 이른바 시국수습방안 등을 마련하고, 그 계획에 따라 5월 17일 비상계엄을 전국적으로 확대하는 것이 전군지휘관회의에서 결의된 군부의 의견인 것을 내세워 그와 같은 조치를 취하도록 대통령과 국무총리를 강압하고, 병기를 휴대한 병력으로 국무회의장을 포위하고 외부와의 연락을 차단하여 국무위원들을 강압·외포시키는 등의 폭력적 불법수단을 동원하여 비상계엄의 전국 확대를 의결·선포하게 함으로써, 국방부장관의 육군참모총장 겸 계엄

---

150) 문화공보부, 『국보위 백서』, 국가보위비상대책위원회, 1980, 9쪽; 문화공보부, 『국가보위비상대책위원회는 왜 설치되었는가』, 문화공보부, 1980.

제1장 국가보위비상대책위원회 설치 배경 · 73

사령관에 대한 지휘감독권을 배제했다. 그 결과로 비상계엄 하에서 국가행정을 조정하는 일과 같은 중요 국정에 관한 국무총리의 통할권, 그리고 국무회의의 심의권을 배제시키고, 5월 27일 그 당시 시행되고 있던 계엄법 제9조 제11조 제12조 및 정부조직법 제5조에 근거하여 국보위 및 그 산하의 상임위원회를 설치했던 것이다.[151]

요컨대 계엄 하에서 대통령이 군부실력자인 신군부세력의 조종에 따라 국정을 펴나가게 하고, 대통령의 실권을 더욱 약화시켜 조속히 그 직에서 밀어내어 신군부세력이 최고 권력을 명실 공히 장악하는 발판을 마련하기 위하여 국보위를 설치했던 것이다. 그리고 그 법적 근거를 마련하고자 국보위설치령을 제정 공포하게 되었다.[152] 그리하여 국보위의 설치는 신군부세력이 입법 · 행정 · 사법의 삼권을 장악한 세 번째의 쿠데타였다. 그리고 신군부세력은 후술하는 바와 같이 새로운 지배구조 구축을 위한 작업을 신속하게 추진했다.

전두환은 정치적 권력을 완전 장악하는 다음 단계로 새로 창설된 국보위를 이용하려는 것이었다.[153] 그리고 미국은 국보위 설립 및 운용과정에서 나타난 전두환의 대표성을 그대로 인정했다.[154]

---

151) 『동아일보』 1997.4.18.

152) 이동과, 「국보위 · 입법회의법령에 관한 고찰」, 『법학논집』 3, 청주대학교 법학연구소, 1988.5, 5~6쪽.

153) 존 위컴(김영희 감수), 앞의 책, 223쪽; John A. Wickham, op.cit, P.146.

154) 신현익, 「전두환 군부정권 성립과정에서의 미국의 역할」, 고려대학교 대학원 정치외교학과 박사학위논문, 2006, 213쪽.

제2장

국가보위비상대책위원회의
설치와 인적구성

1980년 5월 31일 정부 대변인 이광표(李光杓) 문공부장관은 "전국비상계엄 하에서 대통령이 계엄업무를 지휘 감독하고 내각과 계엄당국 간의 협조체제를 긴밀하게 하기 위해 대통령의 자문보좌기관으로 국가보위비상대책위원회를 설치한다"고 발표했다. 이장관은 국보위는 위원장(최규하 대통령), 국무총리 등 당연직 16명과 대통령이 임명하는 10인 이내의 위원으로 구성한다고 밝혔다. 그리고 이 위원회 설치는 계엄법 제9조, 11조, 12조 및 동법 시행령 7조, 정부조직법 5조에 근거를 둔 것이며, 국보위는 계엄업무를 지휘 감독함에 있어서 대통령을 보좌하고 국가를 보위하기 위한 국책사항을 심의하기 위하여 대통령 소속 하에 설치되었다고 했다. 또한 국보위가 위임한 사항을 심의·조정·통제하기 위해 국보위 상임위원회를 설치한다고 밝혔다. 이날 최규하 대통령은 전두환을 국보위 상임위원장으로 임명했다.[1]

국보위의 주도세력들은 국보위를 이중 구조로 조직했다. 즉 대통령 자문기구로 내세운 국보위의 얼굴은 의장인 최규하 대통령이며, 그 실권은 국보위 상임위원회 위원장을 맡게 된 전두환 중장이 갖는 구조였다.[2] 따라서 국보위 상임위원회가 실세 기구였으며, 보안사령관 겸 중앙정보부장 서리였던 전두환은 상임위원장을 맡으며 권력 인수를 명시화했다.[3] 이후 국보

1) 『동아일보』 1980.5.31.
2) 대한민국재향군인회, 『12.12/5.18 실록』, 대한민국재향군인회 호국정신선양운동본부, 1997, 328쪽.
3) 『동아일보』 1980.6.5; 「국가보위비상대책위원회」, 『한국어 위치백과사전』.

위 상임위원회는 행정 각 부를 통제하는 권력기구로 운영되었다. 이는 사실상 기존의 정부나 국무회의를 대신하는 새로운 정부였던 것이다.[4] 그래서 심지어는 현직 대통령으로 최규하 대통령이 있었음에도 불구하고 당시의 실력자인 전두환을 '국보위 위원장 각하'라고 부르는 사람도 있었다.[5]

국보위 인선문제에 있어서는 토론 끝에 몇 가지 원칙을 정하였다. 즉 대통령 임명케이스인 국보위 위원 10명은 군의 현직을 고려해서 임명하고, 상임위원회 분과위원장은 군 출신과 직업 관료를 균배하며, 상임위원회 분과위원은 각계에서 영입하되 배신하지 않을 사람을 선발한다는 것 등이었다. 국보위 인선과 출범 준비를 논의한 회의의 핵심세력은 이른바 3장군으로 불리던 전두환 중장, 노태우 소장, 정호용 소장과 보안사의 허화평, 허삼수 대령 등이었다. 군 출신 상임위원들은 주로 보안사 참모들을 중심으로 한 대령들이 천거한 명단을 3장군이 검토 수락했다.[6] 그 결과 국보위와 국보위 상임위원회는 전두환을 중심으로 하는 신군부 강경세력으로 구성되었다.

즉 국보위는 당연직과 임명직을 포함하여 총 140명으로 구성되었는데, 상임위원급 이상 52명 중에서 군 출신이 30명으로 57%를 차지했으며, 이중 하나회 출신이 9명이었다.[7]

당연직 16명은 내각과 계엄사가 8대 8로 반분했다. 그러나 임명직 10명은 김경원(金瓊元) 특보 1명을 제외한 9명 모두가 현역 장성이었다. 그러나 이런 숫자 비율은 의미가 없는 것이었다. 국보위설치령 제5조에서 30명 이내의 상임위원회를 구성하여 14개의 분과위원회를 둘 수 있도록 했기 때문이다.[8]

---

4) 정해구, 『전두환과 80년대 민주화운동』, 역사비평사, 2011, 78쪽; 임상혁, 「삼청교육대의 위법성과 민사상 배상」, 『법과 사회』 제22호, 법과 사회이론학회, 2002 상반기, 85쪽.

5) 장석윤, 『탱크와 피아노-육사11기는 말한다』, 행림출판, 1994, 71쪽.

6) 대한민국재향군인회, 앞의 책, 327~329쪽.

7) 서창녕, 앞의 논문, 국문초록, 71쪽.

국보위 위원의 명단은 다음과 같다.9)

〈당연직 위원: 16직위〉
대통령: 최규하(위원장)
국무총리 서리: 박충훈(朴忠勳)
부총리 겸 경제기획원 장관: 김원기
외무부장관: 박동진
내무부장관: 김종환
법무부장관: 오탁근
국방부장관: 주영복
문교부장관: 이규호
문공부장관: 이광표
중앙정보부장 서리: 전두환
대통령비서실장: 최광수
계엄사령관: 이희성
합동참모회의 의장: 류병현
육군참모총장: 이희성(겸)
해군참모총장: 김종곤
공군참모총장: 윤자중
국군보안사령관: 전두환(겸)

〈임명직 위원 10명〉
백석주(육군 대장)
김경원(대통령 특보)
진종채(육군 중장)
유학성(육군 중장)

---

8) 6월 민주항쟁계승사업회, 민주화운동기념사업회, 『6월 항쟁을 기록하다』, 6월
민주항쟁계승사업회, 민주화운동기념사업회, 2007, 139쪽.

9) 『동아일보』 1980.5.31; http://cafe.never.com/haksanysw/1750.

윤성민(육군 중장)

황영시(육군 중장)

차규헌(육군 중장)

김정호(해병 중장)

노태우(육군 소장)

정호용(육군 소장)

국보위 상임위원 명단은 다음과 같다.[10]

〈임명직 위원 (16명)〉

전두환: 국군보안사령관(상임위원회 위원장)

이회근: 공군 중장

신현수: 육군 중장

차규헌: 육군 중장

정원민: 해군 중장

강영식: 육군 중장

박노영: 육군 중장

김윤호: 육군 중장

권영각: 육군 소장

김흥한: 육군 소장

노태우: 육군 소장

김인기: 공군 소장

안치순: 대통령 정무비서관

민해영: 대통령 경제비서관

최재호: 대통령 민정비서관

신현수: 대통령 사정비서관

<hr>

10) 『동아일보』 1980.6.5; 『경향신문』 1980.6.5.

〈당연직 위원 (분과위원장 등 14명)〉
운영위원장: 이기백(육군 소장)
법사위원장: 문상익(대검찰청 검사)
외무위원장: 조내원(외무부 기획관리실장)
내무위원장: 이광노(육군 소장)
경과위원장: 김재익(기획원 기획국장 2갑)
재무위원장: 심유선(육군 소장)
문공위원장: 오자복(육군 소장)
농수산위원장: 김주호(농수산부 차관보)
보사위원장: 조영길(해군 준장)
교체위원장: 이우재(육군 준장)
건설위원장: 이규효(건설부 기획관리실장 1급)
상공자원위원장: 금진호(상공부 기획관리실장 1급)
정화위원장: 김만기(중앙정보부 감찰실장 1급)
사무처장: 정관용(중앙공무원 부원장 1급)

　　상임위원회는 위원장과 30인 이내의 위원으로 구성된다. 상임위원회의 위원장은 국보위 위원 중에서 대통령이 지명하며, 상임위원회 위원은 대통령이 임명 또는 위촉한다. 최규하 대통령은 국보위의 상임위원 30명을 임명하고, 1980년 6월 5일 그 명단을 상임위원회 공보실을 통해 발표했다. 상임위원회는 전두환 상임위원장 외에 임명직 16명과 13개 분과위원장 및 사무처장 등 당연직 케이스 14명 등 모두 30명이다. 이 가운데 신군부 인물인 현역장성들이 노태우, 정호용, 김복동(金復東), 차규헌, 황영시, 유학성, 이희성, 유병현 등 18명이며, 이 중 12·12 주도세력이 황영시, 차규헌, 정호용 등 3명이나 포함되었다. 그리고 각 부처 고급 공무원은 12명이다. 상임위원회 산하의 분과위원회는 운영, 법사, 외무, 내무, 경제, 과학, 재무, 문공, 농수산, 보사, 교체, 건설, 상공, 정화 등 13개이며, 각 분과위원회는 분야별 소관사항에 관한 기획·조정·통제업무를 관장하였다. 그리고 상임위원회

의 실무처리를 위해 상임위원장 직속으로 사무처를 두고 있다.[11]

운영위원회는 비상대책위원회의 운영 및 총무처 소관에 관한 사항을 다루고, 법제사법위원회는 법무부, 법제처, 헌법위원회, 법원, 군법회의 등 사법행정에 관한 사항을 다루며, 외무위원회는 외무부, 국토통일원의 소관사항을 다룬다. 내무위원회는 내무부, 중앙선거관리위원회, 서울특별시 및 새마을운동에 관한 사항을 다루며, 재무위원회는 재무부 소관사항을 다룬다. 경제과학위원회는 경제기획원, 과학기술처, 경제과학심의회의 소관사항을 다루며, 문교공보위원회는 문교부, 문화공보부 소관사항을 다루고, 농수산위원회는 농수산부 소관사항을 다룬다. 상공자원위원회는 상공부, 동력자원부 소관사항을 다루고, 보건사회위원회는 보건사회부, 원호처의 소관사항을 다룬다. 교통체신위원회는 교통부와 체신부의 소관사항을 다루고, 건설위원회는 건설부 소관사항을 다룬다. 그리고 사회정화위원회는 감사원 기타 사정담당기관사항 및 민원업무, 중앙정보부, 합동수사본부 소관사항을 다룬다.[12]

각 분과위원회에는 1명에서 5명까지 전문위원(총 33명)을 두었으며, 1명에서 3명까지 행정요원(총 18명)을 배치했다. 각 분과위원회의 위원 명단은 아래와 같다.[13]

> ▲ 운영분과위원회(위원장 이기백): 최평욱(崔枰旭: 육사 16기), 조용암(趙龍岩: 발탁 당시 대령), 문희갑(文憙甲: 경제기획원 차관), 안영화(安永和: 중령), 정문화(鄭文和: 총무처 소청 심사위원장), 김면수(金冕洙: 3급 공무원)이

11) 『동아일보』 1980.6.5; 천금성, 「국보위 설치와 5공 탄생 내막」, 『월간 다리』, 1989.11, 105쪽; 지병문·김용철·천성권, 『현대 한국정치의 새로운 인식』, 박영사, 2001, 341쪽.

12) 문화공보부, 『국가보위비상대책위원회는 왜 설치되었는가』, 문화공보부, 1980, 27~28쪽.

13) 이승규 편, 『제5공화국 정치비화』, 보성사, 1988, 148~152쪽; 이현복, 「제5공화국의 산실」, 『정경문화』 1985.5, 158~159쪽.

임명되었다.

▲ 법제사법분과위원회(위원장 문상익-金永均); 김성훈(金成勳; 육사 16기 대령), 김용균(金容鈞; 중령 국회사무처 행정차장), 이종남(李種南; 안기부장 특별보좌관), 손보곤(孫普坤; 서울고법판사), 최영광(崔永光; 서울지검검사), 이건웅(李健雄; 서울고법판사), 우병규(禹炳奎; 국회사무총장)가 임명되었다.

▲ 외무분과위원회(위원장 노재원); 정만길(丁萬吉; 대령), 최창윤(崔昌潤; 대령), 박용옥(朴庸玉; 대령), 이상열(李相悅; 주 버마 대사·주 리비아 대사), 김세진(金世珍; 상공부 차관), 이계철(李啓哲; 주 버마 대사)이 임명되었다.

▲ 내무분과위원회(위원장 이광노); 민병돈(閔丙敦; 대령), 최윤수(崔崙壽; 헌병대령), 이상배(李相培; 경북지사), 권정달(보안사 정보처장·대령), 현홍주(玄鴻柱; 안기부 제1차장), 박종관(朴鍾寬; 치안본부 제3부장), 김상조(金相祚; 청와대 정무제2비서관), 윤정석(尹正錫; 중앙대 정외과 교수), 박원탁(朴源卓; 한국외대 교수), 최환(崔桓; 대검검사)이 임명되었다.

▲ 재무분과위원회(위원장 심유선)에는 박판제(朴判濟; 환경청장), 조관행(趙寬行; 서울지방국세청장), 한승수(韓昇洙; 서울대 경제학과 교수), 김종인(金鍾仁; 서강대 경상대 교수)이 임명되었다.

▲ 보건사회분과위원회(위원장 조영길); 정동우(鄭東佑; 노동부노정국장·노동부 기획관리실장), 조광명(趙光明; 육사 20기·육사 부교수 중령), 최병삼(崔炳三; 대구지방원호청장·대한지적공사 사장), 윤성태(尹成泰; 보사부 사회보험국장·청와대 정무제2비서관), 하상락(河相洛; 서울대 문리대 교수)이 임명되었다.

▲ 경제과학분과위원회(위원장 김재익); 최상진(崔相鎭; 육사 17기·대령), 오관치(吳寬治; 육사 21기 국방관리연구원장), 윤덕용(尹德龍; 과학기술원 교수), 김안제(金安濟; 서울대 교수), 유갑수(劉甲壽; 육사 13기, 국민대 경제학과 교수), 조경목(趙庚穆; 과기처 차관)

▲ 문교공보분과위원회(위원장 오자복); 김상준(金相駿; 육사 비서실장 대령), 허문도(許文道; 중앙정보부장 비서실장, 국토통일원 장관), 김행자(金幸子; 이대 교수), 허만일(許萬逸; 문공부 공보국장), 안병규(安秉珪; 동아공업 부사장, 민정당 의원), 염길정(廉吉正; 감사원 공보관, 민정당 의원), 정태수

(鄭泰秀; 문교부중앙교육연구원장), 권숙정(權肅正; 청와대 정부비서관)

▲ 농수산분과위원회(위원장 김주호-朴鍾汶); 박효진(朴涍鎭; 육사 12기, 국회사무총장), 전영춘(田永春; 발탁 당시 대령), 김동준(金東俊; 농수산부 농정경제국장), 전영우(全永愚; 새마을지도자), 이찬현(李瓚鉉; 서울대 농대 교수, 입법회의 경제제1분과 전문위원), 성배영(成培永; 서강대 교수 및 입법회의 전문위원)

▲ 상공자원분과위원회(위원장 금진호); 유종열(柳鍾烈; 육사 17기, 육사 부교수 청와대 경제비서관), 오명(吳明; 육사 18기, 청와대 경제비서관), 차수명(車秀明; 상공부중공업차관보, 변호사), 강이수(姜二秀; 숭실대 무역과 교수), 한광수(韓光秀; 육사 19기, 육사 부교수 중령)

▲ 교통체신분과위원회(위원장 이우재); 권혁승(權赫昇; 대령), 최성웅(崔盛雄; 해병대 중령), 이해욱(李海旭; 체신부 차관), 배동조(裵東祚; 한국통신기술주식회사 사장), 부철웅(部哲雄; 육사 20기 및 중령), 윤성진(尹成鎭; 공군중령), 최규영(崔圭永; 교통부 중앙해난심판원장)이 임명되었다.

▲ 건설분과위원회(위원장 이규효); 안무혁(安武赫; 육사 14기·대령), 최창한(崔暢限; 육사 17기·대령), 황명찬(黃明燦; 건국대 교수), 안상영(安相英; 서울시종합건설본부장), 윤용남(尹龍男; 육사 19기·중령), 정순호(鄭淳虎; 건설부 국토계획국장)가 임명되었다.

▲ 사회정화분과위원회(위원장 김만기-李春九); 강상진(姜相珍; 대령), 허삼수(許三守; 육사17기·대령), 서완수(徐完秀; 대령), 정경식(鄭京植; 대검공안부장), 강두현(姜斗鉉; 내무부 소방국장), 김헌무(金憲武; 서울고법 부장판사), 임두순(任斗淳; 감사원4국장)

이처럼 상임위원장 이하 30인의 상임위원 중 18명이 현역군장성인데다가 분과위원회 간사들이 모두 영관급 장교로 구성되었다. 특히 '하나회' 출신 국보위원은 전두환 상임위원장, 노태우 상임위원, 정호용 상임위원, 이춘구 사회정화위원, 안무혁 건설위원, 민병돈 내무위원, 최평욱 운영위원, 허삼수 사회정화위원, 서완수 사회정화위원 등이다.[14]

또한 내무분과위원회 산하에는 시·도 연락조정관과 새마을 기획단이 포진했다. 또 상임위원장 비서실과 군과의 연락을 위한 연락실은 따로 설치되었는데, 비서실장에 청와대경호실차장을 역임한 김병훈(金炳薰)이, 연락실장에는 서동열(徐東烈) 공군준장이 각각 임명됐다. 연락실에서는 김태원(金泰源) 해군대령, 최일영(崔一永) 공군대령, 이년신(李年新) 육군대령이 각 국의 연락책임을 맡았다. 정부 각 부처와의 연락을 위해 주로 대령급 군인들로 구성된 연락관이 각 부처에 상주했던 것도 특기할 만한 일이었다. 그리고 사무처에는 공보실과 민원실이 설치되어 활동을 벌였다. 그런데 여기에 상임위원장의 자문에 응하는 자문위원회라는 기구가 덧붙여졌다. 사회문화, 정치, 경제, 언론, 법률 등 분야별로 자문위원이 위촉되었다.[15]

13개 분과위원회 중 사회정화위원회는 사회 불신풍조의 가장 큰 요인이 되고 있는 권력형 부정부패를 일소한다는 목표 아래 사회지탄을 받거나 해바라기성 고급공무원에 대한 숙정을 전담하는 기구여서 앞으로 이 정화위원회의 활동이 두드러질 것으로 관측되었다. 사회정화위원회는 위원장 이춘구와 8인의 위원으로 구성되었으며, 전문위원 11명을 포함한 별정직 16명, 일반직 30명, 기능직 5명, 고용직 45명 등 총 93명으로 출발했다. 그 후 2회에 걸친 기구 및 인원조정을 거쳐 1986년 현재 총인원 105명으로 구성되어 운영되었다. 또한 각급 정화추진위원회는 시·도에서부터 통·리·반·부락에 이르기까지 지역중심으로 설치하는 한편, 각종 직능·직장 및 학교단위로도 설치되었는데, 1980년 12월 현재 지역위원회 67,555개, 직능·직장위원회가 15,365개로 총 82,920개의 방대한 위원회가 전국에 설치되었다. 각급 정화위원회는 5~30명의 위원으로 구성되며, 전국적으로 위원수가 총 131만 6천 명에 달했다. 국보위는 이러한 전국적 규모의 방대한 조직을 설치 운영

---

14) 이승규 편,『제5공화국 정치비화』, 보성사, 1988, 153쪽, 157쪽; 서창녕, 앞의 논문, 72쪽.

15) 이승규 편, 같은 책, 153쪽, 157쪽; 자문위원의 명단에 대해서는 같은 책, 154~157쪽 참고.

함으로써 국보위 활동에 대한 대국민 참여 홍보 및 지지를 유도했다.[16]

특히 상임위원회는 국보위 아래에 있는 기구이나 13개 분과위원회의 상위기관인데다 실무적인 총괄기능을 갖고 있기 때문에 실질적으로는 가장 핵심적인 조직으로 활발한 활동을 펼 것으로 보았다. 위원장을 비롯한 31명의 상임위원 가운데 전두환 위원장과 차규헌 육군 중장, 노태우 육군 소장, 정호용 육군 소장 등 네 위원은 국보위 위원을 겸하고 있다. 그리고 국보위를 운영하는 핵심 중의 핵심은 전두환 상임위원장, 노태우 상임위원, 허화평, 허삼수 대령 등이었다.[17] 더욱이 신군부세력은 국보위 전체회의를 단 두 차례밖에 열지 않고, 정부부처와 장관의 고유권한이거나 국무회의 의결을 요하는 사항까지도 모두 상임위원회 차원에서 결정하고 집행했다.[18] 즉 모든 국가업무를 상임위원회 중심으로 운영했으며, 상임위원회는 국정집행의 핵심기구이자, 그 후 제5공화국의 권력엘리트들의 요람이 되었다.[19]

특히 상임위원장직은 박정희가 국가재건최고회의 의장에서 대통령이 된 예가 보여주듯이 차기 대통령에의 최단거리였다.[20] 요컨대 경복궁 맞은편의 작은 건물 안에 조직된 상임위원회는 인근에 소재한 청와대보다 커다란 영향력을 발휘했던 '그림자 정부'였다.[21]

---

16) 『동아일보』 1980.6.5; 대한민국재향군인회, 『12.12/5.18 실록』, 대한민국재향군인회 호국정신선양운동본부, 1997, 330쪽; 서재영, 「제5공화국의 정치적 특성에 관한 연구」, 한양대학교 대학원 정치외교학과 석사학위논문, 1999, 136~137쪽.

17) 『동아일보』 1980.6.5; 대한민국재향군인회, 위의 책, 330쪽.

18) 6월 민주항쟁계승사업회, 민주화운동기념사업회, 『6월 항쟁을 기록하다』, 6월 민주항쟁계승사업회, 민주화운동기념사업회, 2007, 139쪽.

19) 박기정, 「제5공화국의 권력엘리트들」, 『신동아』 1983.10, 180쪽.

20) 五島隆夫, 『제5공화국과 그 군부인맥』, 지양사, 1987, 60~61쪽.

21) 돈 오버더퍼(이종길 옮김), 『두개의 한국』, 길산, 2002, 209쪽; Don Oberdorfer, 『The Two Koreas』, Basic Books, A member of the Perseus Books Group, 2001, pp.131~132.

그리하여 권력의 중심은 순식간에 청와대에서 전두환 국보위 상임위원장과 그 주도세력으로 옮겨지고, 상대적으로 최규하 대통령의 권한은 미약해졌다. 국보위 발족 전에는 군 인사를 제외하고 대통령의 권한행사가 이루어졌으나, 국보위 발족 이후에는 내각의 권한마저 거의 국보위가 장악하게 되었다. 이로써 대통령 자문기관으로 발족한 국보위는 의장에 대통령을 앉혀놓고 실권은 전두환 보안사령관이 위원장인 상임위원회가 장악, 계엄사를 지휘했고, 내각은 국보위의 결정사항을 수행하는 실무 집행기구로 전락했던 것이다.[22]

이상과 같은 국보위의 인적 구성을 보면 군을 비롯한 행정부, 학계 등 다양한 출신성분을 보이고는 있지만 계엄 하라는 당시의 특수상황으로 인해 자연히 군을 중심으로 운영되었다.[23] 즉 국보위는 군인 우위에다 '하나회' 그룹을 핵으로 하고, 민간 지식인들을 들러리로 안배하고 있었다.[24]

그리고 국보위를 주도한 개혁세력이나 행정부 및 학계 등에서 차출된 인사들의 연령층은 거의 40대 초반에서 맴돌아 비교적 신진세력들이 많이 참여했고, 행정부의 경우 당시의 기획관리실장이 대거 발탁되었다. 그리고 지역별로 보면 반 이상이 영남지역 출신으로 집계되었다.[25]

특히 국보위에는 대통령과 국무총리를 포함하여 주요 행정부처의 장관이 모두 구성원으로 들어가며, 실질적인 집행권을 상임위원회가 가지고, 관장하는 업무가 국정 전반에 걸치는 것을 볼 때, 기존의 행정부를 제쳐두고 새로운 정부를 구성한 것이라 할 수 있다.[26]

---

[22] 대한민국재향군인회, 앞의 책, 329쪽.
[23] 「제5공화국의 권력엘리트들」, 『신동아』 1983.10, 182쪽.
[24] 이달순, 『현대 정치사와 김종필』, 박영사, 2012, 318쪽.
[25] 「제5공화국의 권력엘리트들」, 『신동아』 1983.10, 192쪽.
[26] 임상혁, 「삼청교육대의 위법성과 민사상 배상」, 『법과 사회』 제22호, 법과 사회 이론학회, 2002년 상반기, 84쪽.

결국 국보위는 대통령 긴급조치에 의한 비상기구보다는 행정 각부를 통제하는 권력기구로 운영됨으로써 전두환이 국정의 주도자임을 내외에 과시하는 데 이용됐다.[27] 이로써 최규하 대통령과 청와대 그리고 대부분 장관들의 정책결정 역할은 종식됐다. 그들이 예우를 받으면서 나름대로의 역할을 하려 했지만 주요 정책결정을 위한 핵심그룹에서는 제외돼 있었다. 그들은 국보위 상임위원회인 부하 직원들이나 다른 곳으로부터 할 일이 무엇이라는 것을 알곤 했다. 이전에 내각에 책임을 지던 행정조직은 국보위의 지시를 받았다. 최규하 대통령은 국가 대변인과 외빈을 맞는 접견자로서의 의전적 역할을 떠나 공식적인 자리에 모습을 드러내는 일은 급격히 줄어들었다. 국민들의 시선은 국보위를 통해 국정을 운영하기 시작한 새로운 지도자들에 집중됐다.[28]

---

27) 이철호, 「국가폭력과 인권침해」, 『공법논총』 6호, 한국국가법학회, 2010.8, 182쪽.
28) 윌리엄 글라이스틴(황정일 옮김), 『알려지지 않은 역사』, 중앙 M&B, 1999, 205~206쪽; William H. Gleysteen, 『Massive Entanglement, Marginal Influence』, Brookings Institution Press, 1999, pp.145~146.

제3장

국가보위비상대책위원회의 활동

1. 기본목표와 시행지침

정부는 국보위 발족은 군정이나 계엄의 장기화를 뜻하는 것이 아니며, 정치일정 추진에 도움을 주기 위한 것이고, 앞으로 정부를 「국민이 믿고 따르는 정부」, 「국민의 신뢰 위에 일하는 정부」, 「난국을 타개하고 국가의 안전을 책임지는 강력한 정부」로 만들고, 「안정 속에 번영하는 사회」, 「정의로운 사회」를 만드는 데 목적이 있는 것으로 밝혔다. 그리하여 국보위는 앞으로 사회질서의 회복, 경제적인 안정회복, 해이된 국가기강의 확립, 고질적 병폐인 부조리의 속 시원한 척결, 가치관과 사회개혁을 통해 정의와 이성이 지배하는 정의로운 사회의 건설, 흐려진 정치풍토의 개선에 앞장서 정치, 경제, 사회 등 모든 분야에서 안정 기반을 유지하고 발전시켜, 국가보위태세를 확고하게 굳힐 방침이라고 설명했다.[1]

전두환을 비롯한 신군부세력은 우리 사회는 지난 35년 간의 일본침략의 잔재와 해방 이후의 국토분단, 6·25전쟁, 1960년대 이후의 급속한 경제성장 과정에서 우리도 모르는 사이에 좋지 못한 생활태도나 의식구조를 가지게 되었고, 이에 따른 사회병리현상이 두드러져 국가발전의 장애요소로 등장했다고 보았다. 그리하여 신군부세력은 이러한 장애요소를 극복하기 위해 인간답고 복된 사회를 만들기 위해서 사회정화운동이 필요하다고 주장했다. 본질적으로 사회정화운동은 우리 사회에 존재하는 바람직하지 못한 제도나 환경 등 사회의 여러가지 비합리적 요소를 제거하려는 사회개혁운

---

[1] 「국보위 사회개혁 단행 방침」, 『경향신문』 1980.6.13.

동이라는 것이다.[2]

　전두환 국보위 상임위원장은 1980년 8월 6일「국가와 민족의 장래를 위한 조찬기도회」에서 "지난 해 10월 국가원수가 졸지에 서거한 비극적 사태로 엄청난 비상시국을 맞아 정부와 국민은 조금도 침착성을 잃지 않고 슬기와 예지로 난국을 극복하는 데 최선을 다했다"고 말하고, "그러나 지난 봄부터 나라의 기본질서를 위태롭게 했던 일부 정치인들의 과열된 정치활동, 사회기강의 해이를 통한 갖가지 비리, 그리고 일부 학생들의 몰지각한 활동으로 우리사회는 큰 혼란에 빠졌으며, 급기야는 불순분자들의 배후조정에 의해 불행한 광주사태까지 일어났던 것"이라고 지적했다.[3]

　전두환 국보위 상임위원장은 이러한 상황은 실로 국가존립과 국민의 생존여부를 좌우하는 국가적 위기였다고 말하고, 6 · 25전쟁 이후 가장 위급했던 이 위기를 극복하고 국민의 생명과 재산을 보호하기 위해 정부는 비상계엄을 전국적으로 확대 선포해서 북한으로부터의 위협에 대처하고 사회질서를 회복하여 국가의 안정 기반을 구축하는 다음과 같은 일련의 조치들을 취하지 않을 수 없었다고 설명했다.[4]

　그리하여 전두환 정권의 국정지표는 첫째, 민주주의의 토착화, 둘째, 복지사회의 건설, 셋째, 정의사회 구현이다. 이러한 3대 국정지표가 사회정화를 통해서 이루어진다는 것이다. 구체적으로 민주주의의 토착화는 과거와 같이 선동 · 비리 · 파쟁 · 부정 · 부패를 일삼아 온 구정치인을 정리하여 정치과열을 방지하며, 장기집권을 금지하여 평화적 정권교체를 이룩한다는 것이다. 이를 정치적 정화작업이라 했다.[5]

　복지사회의 건설은 권력형 부정축재나 부의 편재, 부유층의 사치, 도의의

2)　사회정화위원회,『인간답게 잘 사는 길』, 사회정화위원회, 1982, 2~3쪽.
3)　『동아일보』 1980.8.6.
4)　『동아일보』 1980.8.6.
5)　한승조,「사회정의와 새 시대의 논리」,『정화』창간호, 사회정화위원회, 1981.2, 54쪽.

타락과 황금만능주의, 나만 잘 먹고 잘 살면 된다는 이기주의적 사고방식을 씻어냄으로써 이룩하고자 하는 것이다.[6] 그리고 이중에서도 가장 특징적인 이념은 '정의사회의 구현'이었다. 빛나는 역사는 내외적 시련에 대해 창조적인 적응을 통해서 이룩되는 것이며, 따라서 새 이념이란 당면한 민족적 과제를 풀어 나가는 데 있어서 우리 모두의 정신적 지표가 되는 것이라고 주장했다. 그리하여 그동안 일시 잠들었던 우리 민족의 의로운 기상을 다시 일깨워 불의를 추방하고 신의를 되찾으려는 국민적 열망이 응집되어 전국 각 지역·직장·학교에서 '정화추진위원회'가 결성되었으며, 이에 따라 정부는 이 땅에서 비리와 폐습을 영원히 추방하고 새 사회, 새 역사를 창조하려는 사회정화운동을 적극 지원하기 위한 개혁의지의 표상으로서 '사회정화위원회'를 설치한다고 설명했다.[7]

그리하여 사회정화운동이란 궁극적으로 정의사회를 구현하기 위한 실천운동이며, 정의사회란 불신과 무질서와 혼란을 방지하여 국가안보에 기여하고, 합리성과 업적을 존중하기 때문에 지속적인 경제발전에 기여하며, 동시에 법과 질서, 공공윤리가 확립됨으로써 민주주의의 토착화가 추진될 수 있다고 주장했다.[8]

사회정화운동의 개념에 대해 사회정화위원회는 "우리 사회의 모든 부정과 비리를 추방하고 잘못된 의식을 바꾸어 궁극적으로 정의가 지배하는 사회를 이룩하려는 범국민정신운동이요, 하나의 사회발전운동이다"라고 정립했다. 여기서 정의사회는 서로 믿고 바르게 살며, 인간답게 사는 사회를 말한다.[9] 특히 의식개혁운동은 나 자신부터 실천하고, 쉬운 것부터 착수하여 절실하고 파급효과가 큰 문제로 확산하며, 협동적 창의적 방법으로 계발한

---

6) 같은 논문, 54쪽.
7) 김충남, 「사회정화운동의 이념과 추진방향」, 사회정화위원회, 『사회정화운동의 이념과 실천』, 사회정화위원회, 1982, 3~5쪽.
8) 같은 논문, 5~6쪽.
9) 사회정화위원회, 『사회정화운동사』, 사회정화위원회, 1988, 55~57쪽.

다는 원칙을 세워 진행되었다.[10] 즉 자기정화는 사회정화의 첫 단계이며, 작은 질서, 작은 도덕의 실행이 큰 애국으로 발전할 수 있으며, 모든 작업을 조급함이 없이 원대한 목적을 가지고 지속적으로 추진할 때 정의사회가 구현된다는 것이다.[11] 요컨대 의식개혁운동은 민족생존운동이며 국가발전운동이라는 것이다.[12]

또한 정의사회는 정직·질서·창조를 그 3대 이념으로 하였으며, 4대 원칙으로 첫째, 도덕성의 원칙, 둘째, 공익성의 원칙, 셋째, 공정성의 원칙, 넷째, 합리성의 원칙을 제시했다.[13] 정직은 개인양심의 회복과 공정한 사회제도의 확립, 국가의 정당성 구현에 있었으며, 질서는 자기 분수에 맞는 자리에 위치하며 생활을 영위하는 상태인 '위치질서'와 자신이 맡고 있거나 자신에게 부여된 사명을 철저히 수행해 나가는 '역할질서', 상호 간에 맺고 있는 계약이나 약속을 충실히 이행해 나가는 '관계질서'를 의미했다. 그리고 창조는 이미 존재하고 있는 질서의 기반 위에서 출발하여 우리 민족의 시대사적 요구에 의해 자주적으로 성숙된 새로운 질서로 옮아가는 것을 말한다. 구체적으로 창조는 창조적 지성과 진취적 기상을 의미했다.[14]

이처럼 사회정화운동의 기본방향은 정직을 바탕으로 한 성실한 개인, 질서를 앞세우는 유대감 짙은 사회인, 창조적으로 국제사회의 변동에 적응할 수 있는 생산적인 한국민으로서의 새로운 가치관을 뿌리내리게 하는 정신개혁운동으로서 이를 민족사적 소명과업으로 승화시키고 지속성 있게 꾸

10) 김충남(사회정화위원회 연구실장), 「의식개혁을 통한 사회정화」, 사회정화위원회, 『의식개혁의 필요성과 실천방향』, 사회정화위원회, 1982, 19~28쪽.
11) 이상훈, 「자기정화는 사회정화의 첫 단계」, 『정화』 4, 사회정화위원회, 1981.5, 90~91쪽.
12) 사회정화위원회, 『인간답게 잘 사는 길』, 사회정화위원회, 1982, 15쪽.
13) 김충남(사회정화위원회 연구실장), 「사회정화운동의 이념과 추진방향」, 앞의 책, 6~12쪽.
14) 현대사회연구소 편, 『사회정화운동의 이념과 방향』, 신현실사, 1981, 27~50쪽.

준히 추진시켜나가려 했다.[15]

또한 사회정화의 4대 원칙인 도덕성의 원칙은 개개인의 일상행동이 자신의 양심의 가책을 받지 않아야 하며, 언제나 양심이 자기행동을 규제할 수 있어야 하는 것이다. 그리고 공익성의 원칙은 개인이나 집단의 활동은 최소한 주위에 있는 사람들에게 손해를 끼치지 않아야 할 것이며, 나아가서 전체의 이익을 증진시킬 수 있도록 하는 것이다. 공정성의 원칙은 개인이나 집단의 성공은 사회에서 인정된 규범체계를 위반하지 않고, 정정당당한 노력과 실력으로 이루어져야 한다는 것이다. 또한 무엇을 결정하고 판단함에 있어서도 기준에 따라 공정해야 한다는 것이다. 합리성의 원칙은 목적을 달성하는 데 가장 효과적인 수단을 선택하는 문제이다. 합리성은 운명론이나 미신과는 대립되며, 경제성·과학주의·창의성과 통한다.[16]

특히 전두환 정권은 정의사회구현을 위해서는 삼대 부정심리를 추방해야 한다고 주장했다. 즉 지난날의 부패심리, 물가오름세 심리(인플레 심리), 무질서 심리 등이 그것이다.[17]

그리하여 사회정화운동의 추진방향은 크게 첫째로 정치·행정 분야에서 정치권력 지상주의의 극복과 신뢰받는 공직자상의 확립, 민주행정의 실현, 민주적 시민의식의 고양, 둘째로 경제 분야에서 공정한 소득분배의 실현과 기업윤리의 확립, 상도의·질서의 함양, 셋째로 교육 분야에서 건전한 교육관의 확립과 존경받는 스승상의 확립, 건실하고 정직한 학생상의 확립, 건전한 교육환경의 조성, 넷째로 사회·문화 분야에서 가정윤리의 회복, 질서

---

15) 『제주정화5년』, 사회정화운동제주도추진협의회, 1985, 8쪽.

16) 김충남, 「사회정화운동의 단계와 추진방향」, 『정화』 창간호, 사회정화위원회, 1981.12, 51쪽.

17) 김충남(사회정화위원회 연구실장), 「3대 부정심리 추방과제와 실천방법」, 사회정화위원회, 『의식개혁의 필요성과 실천방향』, 사회정화위원회, 1982, 187~192쪽; 현대사회연구소 연구부, 「사회정화운동의 배경과 이념」, 『정화』 11, 사회정화위원회, 1981.12, 19쪽.

와 준법의 생활화, 공익우선의 풍토조성, 직업윤리의 함양, 명랑한 생활환경의 조성 등이었다.[18]

특히 전두환 대통령은 1981년 11월 30일 사회정화국민운동 전국대회에서 정의사회 구현을 위해 해결해 나가야 할 과제들을 다음과 같이 제시하였다. 첫째로 우리 사회에 아직도 잔존해 있는 모든 사회악을 제거하며, 법과 질서가 존중되는 밝고 명랑한 사회를 만드는 것입니다. 둘째로 사회의 구조적 모순에서 파생되는 부당한 특권, 즉 불공정과 파벌을 점차 일소해 나감으로써 성실하고 근면하여 정직한 사람이 응분의 대가와 대우를 받아 잘 살 수 있는 사회를 건설하는 것입니다. 셋째로 우리 사회에서 물질적 궁핍과 정신적 빈곤을 추방하는 일로서 국민 각자가 타고난 자질을 최대한 발휘할 수 있도록 객관적 여건이 균등하게 보장되어야 할 것입니다. 넷째로 정의사회 구현은 장기적인 안목에서의 국민 의식개혁과 생활태도의 개선이 수반되어야 할 것이며, 이를 추진함에 있어 법치주의와 같은 서구적 합리성뿐 아니라, 근검절약, 그리고 상부상조 정신과 같은 우리의 아름다운 전통적 장점을 잘 배합시켜 나가야 하는 것입니다.[19]

이상과 같은 국정지표 아래 국보위는 기본목표를 첫째, 국내외 정세에 대처하여 국가안보태세를 강화하고, 둘째, 국내외 경제난국의 타개에 능동적으로 대처하기 위한 합리적인 경제시책을 뒷받침하며, 셋째, 사회안정의 확보로 정치발전을 위한 내실을 다지는 한편 넷째, 부정부패, 부조리 및 각종 사회악의 일소로 국가기강을 확립하는 데 두었다.[20]

그리고 그 시행지침은 ① 각계에 잠재한 안보적인 불안요인과 국민적 단합을 깨뜨리는 계급의식의 선동이나 정부 전복 기도 등을 근본적으로 제거

---

18) 사회정화위원회, 『사회정화운동의 실천방향』, 사회정화위원회, 1981.
19) 전두환, 「사회정화는 국가차원의 개혁의지」, 『정화』 11, 사회정화위원회, 1981. 12, 3쪽.
20) 문화공보부, 『국가보위비상대책위원회는 왜 설치되었는가』, 문화공보부, 1980, 28~29쪽.

하며, ② 학원의 자율성은 보장하되 불법시위 및 소요행위 등 사회혼란을 통해 북괴를 이롭게 하는 행위는 근절시키고, ③ 권력형 부조리 등 사회적 비리를 과감히 척결하고, 사회의 불신풍조를 불식하여 노력하는 사람만이 정당한 대가를 받는 사회적 기틀을 확립하는 데 힘쓰며, ④ 문란된 정치풍토를 쇄신하여 부정과 불의에 대하여는 자유로운 비판이 가능한 도의정치를 확립하고, ⑤ 언론에 있어서는 국가이익이 우선하고 윤리와 도덕이 존중되는 건전풍토를 조성하며, ⑥ 종교 및 신앙의 자유는 보장하되 종교를 빙자한 정치활동은 통제돼야 하고, ⑦ 건전한 노사관을 확립함과 동시에 기업인의 비윤리행위, 노조의 불법활동은 시정하며, ⑧ 밀수, 마약, 폭력, 부정식품, 강력범 등 각종 사회악을 근절하고 사회정화를 기하고, ⑨ 학원의 기업화와 과외 과열 등 비뚤어진 교육풍토를 바로 잡아 도의사회를 구현한다는 등 9항목이다.[21]

이상 9가지 기능은 국보위의 기본목표를 구현하기 위한 구체적인 업무 추진방향이었을 뿐만 아니라, 사회 전반에 걸친 국정개혁으로 국가안보와 안정기반을 다지는 데 있어서 시급히 해결해야 할 당면과제로 제시된 것이었다.[22]

위와 같은 전두환 정권의 국정지표 및 국보위의 기본목표와 시행지침에 따라 국보위는 난국에 처한 국가를 구해야 하겠다는 각오 아래 정치, 경제, 사회, 교육 등 국정전반에 걸친 사회정화운동 및 국정개혁을 단행했다.

---

21) 『동아일보』 1980.6.13; 「사회정화는 어디까지 왔나」, 『정화』 창간호, 사회정화위원회, 1981.2, 32쪽.
22) 계엄사편집위원회, 앞의 책, 575쪽.

2. 국가안보태세 강화

국보위는 무엇보다 국가의 안전보장을 강화하기 위하여 각계에 잠재한 안보면의 불안요인과 저항적 요소를 근원적으로 제거하는 작업에 착수했다. 이로써 국보위는 권력 확보와 집권의 정당성 창출을 위하여 대규모 숙청과 기구 개편을 단행하면서 신군부세력의 권력창출에 걸림돌이 되는 요소를 하나하나 제거했다.[23] 우선 광주민주화운동을 전후하여 사회안정을 저해하고 학원, 노조운동을 배후에서 조종하여 사회혼란을 가중시켜 왔다는 죄목으로 김대중 등 재야 문제인물과 그 추종세력을 색출, 검거했다.[24]

또한 계엄사는 1980년 6월 17일 공화당 소속 국회의원 오치성(吳致成), 신민당 소속 국회의원 이용희(李龍熙) 등 정치인을 비롯해서, 대학교수, 목사, 전 현직 언론인, 학생 등 모두 329명을 국기문란, 부정축재, 시위주모 및 배후조종 학원시위, 광주사태 관련 유인물 제작살포 등 혐의로 지명 수배했다고 발표했다. 계엄사는 이날 「학생시위 등 관련자 자수기간 설정」이라는 계엄공고 제20호를 발표하면서 수배자 명단을 밝혔다. 수배자 중 부정축재 혐의로 수배중인 사람은 오치성 의원 1명뿐이고, 시위에 관련된 대학생들이 가장 많았다. 수배된 사람들 중에는 두 명의 국회의원 외에 장을병(張乙炳) 성대 교수를 비롯해 전남대 이석연, 송기숙(宋基淑), 김정수 교수 등과 김홍업(金弘業; 김대중 아들) 등 정치단체 관련인, 언론인과 대학생들이 많이 포함되었다.[25]

그리고 1980년 7월 4일 계엄사령부는 김대중과 그의 추종세력이 이른바 '국민연합'을 주축으로 전위세력으로 하여금 막대한 사조직을 형성하고 주로 복학생을 행동대원으로 내세워 대중선동에 의한 학원소요사태를 일으

---

23) 문화공보부,『국보위 백서』, 국가보위비상대책위원회, 1980, 21쪽; 지병문 · 김용철 · 천성권,『현대 한국정치의 새로운 인식』, 박영사, 2001, 342쪽.
24) 문화공보부,『국보위 백서』, 21쪽.
25)『동아일보』1980.6.17.

키고 이를 폭력화하여 전국적으로 일제히 민중봉기를 통한 유혈혁명사태를 유발하고, 현 정부를 타도한 후 김대중을 수반으로 하는 과도정권을 세우려 했다는 내란음모사건과 관련하여 지난 5월 17일 연행돼 수사를 받아온 김대중 등 37명을 내란음모, 국가보안법, 반공법, 계엄포고령, 외국환관리법위반 등의 혐의로 계엄보통 군법회의 검찰부에 구속 송치할 방침이라고 밝혔다.[26] 이어서 동년 7월 31일 김대중을 비롯한 24명의 인사들을 내란음모, 정부전복 기도, 계엄법 위반 등의 혐의로 구속기소하여 8월 14일 이들에 대한 첫 공판이 열렸다.[27] 그리고 육군본부계엄보통군법회의는 동년 9월 17일 김대중 등 내란음모사건공판을 열고 김대중에게 사형선고를 내렸다.[28]

또한 계엄공고 제20호에 따르면 6월 18일부터 6월 30일까지를 자수기간으로 설정하고 "이 기간에 자수하지 않는 자는 학생의 경우 학적에서 제적조치하고, 적발되는 경우 엄중 처벌한다"고 말하고, "국민 여러분은 현재 도피자 중 내란선동 및 살인혐의자가 포함돼 있어 이들에 대한 공소시효는 최고 15년이라는 점을 감안할 때 계속 은둔생활이 불가능하다는 것을 주지하시고, 발견 즉시 신고해 주실 것은 물론 동관련자를 도피 방조 및 은닉할 때는 형법 제151조에 의해 처벌된다는 것을 알려드린다"고 밝혔다. 자수기관은 각급 경찰관서, 각 군 계엄분소이고, 자수절차는 본인이 자진 출두하거나 가족 또는 친지의 대리 신고도 무방한 데, 자수기간 중 자수한 자에 대해서는 형을 감경(減輕)하거나 면제 처리할 것이라고 계엄사는 밝혔다.[29]

특히 신군부세력은 학원 안정을 꾀한다는 명분 아래 시위 관련 학생들을 학원으로부터 격리시키기 위해 강제징집이라는 비상수단을 동원했다. 강제

---

26) 『경향신문』 1980.7.4.

27) 『동아일보』 1980.8.1, 8.14.

28) 『동아일보』 1980.9.17.

29) 『동아일보』 1980.6.17.

징집은 1980년 9월부터 1984년 11월까지 학생운동에 관여하였다가 제적, 정학 및 휴학 등에 의해 강제로 학적이 변동된 대학생을 대상으로 국방부 등 정부 각 부처에서 역할을 분담하여 병역법이 정한 소정의 절차를 거치지 않고, 당사자의 의사와 무관하게 조기 징집시킨 것을 말한다. 1960~70년대부터 주로 조기 징집시키는 수준이었으나, 1980년 9월 4일 계엄포고령 위반자 64명을 집단 입영한 것을 계기로 본격적인 강제징집이 시행되었다. 이들은 녹화사업 대상자로 편입되었다. 강제징집은 1981년 12월 1일 「소요 관련 대학생 특별조치 방침」이 마련되면서부터 시위현장에서의 검거 등의 사유가 발생하면 경찰서 등에서 학생을 군부대로 직접 인계하는 등 제도화되었다.[30] 이는 병역의무를 학생운동 탄압수단으로 악용한 대표적인 사례이다.

한편 계엄사령부는 1980년 6월 9일 "언론인의 조직적인 외부 불순세력과의 연계와 사주에 따라 악성적 유언비어를 유포시켜 국론통일과 국민적 단합을 저해하고 있는 혐의가 농후하여 부득이 8명의 현직 언론인을 연행 조사할 방침"이라고 밝혔다. 이들 8명의 현직 언론인들은 "고려연방제는 통일을 위한 밑거름이다. 김일성 치하에서 살아보았느냐. 현통치보다는 김일성 치하가 나을 것이다. 학생데모는 민족의 역사를 바른 길로 이끌어주려는 인민해방운동이다. 광주사태는 권력에 짓눌려온 민중의 의거이며, 민중의 의거가 전국에 확산된다면 궁극적으로 통일이 될 수 있다. 월남이 망했다고 하나 분명히 분단월남은 통일되지 않았는가. 계엄군이 여학생의 유방을 도려냈으며, 광주시민을 대검으로 무수히 찔렀다. 계엄군에게 환각제를 먹여 얼굴이 벌겋게 된 군인이 광주 시내를 누볐다" 등의 발언과 주장을 서슴지 않았으며, 이를 행동화하려는 선동과 유포행위를 자행했다는 것이다.[31]

---

30) 국방부 과거사진상규명위원회, 『국방부 과거진상규명위원회 종합보고서』 제2권, 국방부 과거사진상규명위원회, 2007, 7쪽; 이에 대한 구체적인 내용은 같은 책 참고.

그리하여 8명의 언론인들, 즉 서동구(경향신문 조사국장), 이경일(외신부장), 노성대(문화방송 보도부국장), 홍수원, 박우정, 표완수(경향신문 외신부 기자), 오효진(문화방송 사회부 기자), 심송무(동아일보 사회부 기자) 등이 구속되었다. 노성대는 회의석상에서 광주시민을 폭도로 모는 것에 이의를 제기한 적이 있다는 이유만으로 구속되었다.[32]

한편 문화공보부는 1980년 7월 31일 사회정화를 위해 주간, 월간, 계간지 등 172개의 정기간행물의 등록을 취소했다고 발표했다. 등록이 취소된 간행물 중에는 기자협회에서 발행해 온 기자협회보(월간)와 저널리즘(계간), 중앙일보사 발행의 『월간 중앙』을 비롯해서 『씨을의 소리』(월간), 『뿌리 깊은 나무』(월간), 『유신정우』(계간), 『창작과 비평』(계간), 『문학과 지성』(계간), 『주간국제』, 『주간부산』 등이 포함돼 있으며, 한양대학교의 『한양타임스』, 동덕여대의 『동대학보』, 서강대의 『서강타임스』, 인하대의 『인하헤럴드』, 세종대의 『세종헤럴드』 등 대학간행물도 들어 있었다.[33]

문공부는 발표에서 이번 등록이 취소된 간행물들은 각종 비위·부정·부조리 등 사회적 부패요인이 돼오거나, 음란·저속·외설적 내용으로 청소년의 건전한 정서에 유해한 내용을 게재했으며, 계급의식을 격화 조장, 사회 불안을 조성해 온 간행물들이라고 지적하면서, 발행목적을 위반했거나, 법정발행실적을 유지 못했기 때문에 신문 통신 등의 등록에 관한 법률 8조에 의거하여 등록을 취소했다고 밝혔다. 등록이 취소된 간행물은 유가지(有價誌) 120개(전체 유가지 456개의 26.3%), 무가지(無價誌) 52개(전체 978개의 5.3%)로 전체적으로는 『월간통신』을 제외한 총 정기간행물 1,434개지의 12%에 해당됐다.[34]

---

31) 『동아일보』 1980.6.9.
32) 강준만, 『한국현대사 산책-1980년대 편』 1, 인물과 사상사, 2003, 211~212쪽.
33) 『동아일보』 1980.7.31.

이는 현대판 분서갱유에 해당하는 것이었다. 특히 『창작과 비평』의 경우는 이영희, 강만길(姜萬吉), 박현채(朴玄埰), 송건호(宋建鎬), 백낙청(白樂晴) 등 민족과 민중을 이론의 중심에 두었던 일군의 비판적 맹장들이 포효하던 근거지를 도려내버린 '잡지학살'을 강행한 것이다. 이로써 국민의 눈귀와 의식을 대리하는 모든 수단은 신군부세력의 손아귀에 장악되었다.[35]

3. 국가기강의 확립과 사회정화작업

1) 정치풍토개선과 사회기강확립

국보위 상임위원회는 1980년 6월 17일 국가기강의 확립을 위한 사회정화작업의 추진과 관련하여 국민의 민원 애로사항을 광범위하게 청취하여 국가정책에 반영토록 하기 위해 민원실을 설치하고 이날부터 활동에 들어갔다. 국보위 민원실은 ① 난국타개에 대한 민심의 파악, ② 국가기강확립과 사회정화에 참고 되는 자료의 수집, ③ 사법행정의 집행상 시정돼야 할 사항, ④ 기타 국정의 개선을 위한 의견 등을 종합하여 정부 내 관련기관과의 면밀한 협조를 통해 신속히 처리하게 될 것이라고 전두환 국보위 상임위원장이 6월 16일 오자복(吳滋福) 문공위원장을 통해 발표했다.[36] 민원실은 8월 30일까지 75일 간 운용했다.

민원실에 접수된 각종 민원은 국보위 상임위원회에서 집계, 사안별로 분류되어 해당 분과위원회로 이첩, 정부 내 관련기관과의 협조를 통해 처리하게 된다.[37] 국보위 민원실이 접수한 민원은 총 34,009건으로 그 중 우편

---

34) 『동아일보』 1980.7.31.

35) 6월 민주항쟁계승사업회, 민주화운동기념사업회, 『6월 항쟁을 기록하다』, 6월 민주항쟁계승사업회, 민주화운동기념사업회, 2007, 143쪽, 164~165쪽.

36) 『동아일보』 1980.6.17.

37) 『동아일보』 1980.6.18.

을 이용한 민원이 총 19,904건(58.5%), 방문에 의한 것이 10,619건(31.2%)이며, 전화를 통한 민원은 3,486건(10.3%)이다. 접수된 민원을 유형별로 분류해 보면 행정처분시정 및 개인적 편의욕구 등 국민생활과 밀접히 관련된 요망사항이 20,626건(60.6%)으로 가장 많고, 공직자 비리와 사회부조리 고발이 7,499건(22.1%)이며, 정책개선 및 난국수습을 위한 의견 등 건의사항이 5,884건(17.3%)이었다.[38]

특히 계엄사령부는 1980년 6월 18일 권력형부정축재자에 의한 수사결과를 발표했다. 이 발표에 따르면 지난 5월 17일 김종필 공화당 총재, 이후락 국회의원, 이세호(李世鎬) 예비역 대장, 김진만 국회의원, 김종락(金鍾珞) 코리아타코마 사장, 박종규 국회의원, 이병희(李秉禧) 국회의원, 오원철 전청와대 경제수석비서관, 장동운(張東雲) 전원호 처장 등 이른바 시대를 대표하는 권력형 부정축재자 10명을 연행 조사한 결과 이들의 부정축재 총액은 모두 8백 53억 1천 1백 54만 원이라고 밝혔다. 계엄사령부가 그동안의 수사과정에서 밝혀낸 개인별 부정축재 액수를 보면 김종필 2백 16억 4천 6백 48만 원, 이후락 1백 94억 3천 5백 10만 원, 이세호 1백 11억 5천 1백만 원, 김진만 1백 3억 3천 7백 6만 원, 김종락 92억 2천 9백 87만 원, 박종규 77억 3천 3백 42만 원, 이병희 24억 1천 8백 50만 원, 오원철 21억 7천 8백 94만 원, 장동운 11억 8천 1백 17만 원 등이다.[39]

또한 계엄사 수사당국은 1980년 7월 19일 정치적 비리와 부패행위로 국가기강을 문란케 해온 여야 정계인사와 전직 장관급 인사 등 모두 17명을 연행 조사 중이라고 발표했다. 이들 17명은 길전식(吉典植) 등 공화당고위간부겸 국회의원 6명, 고흥문(高興門) 등 신민당 간부겸 국회의원 8명, 구자춘(具滋春) 등 전고위관료 3명이다. 계엄사수사당국은 이 발표에서 "이들 정계·관계 저명 인물들은 그동안 정치권력과 영향력을 악용, 온갖 비리와

---

38) 문화공보부, 『국보위 백서』, 190쪽.
39) 『경향신문』 1980.6.18; 『서울신문』 1980.6.18.

부패행위로 정치풍토를 오손시켰을 뿐만 아니라 사회기강을 타락케 했으며, 나아가서는 국가기강마저 문란케 해온 장본인들"이라고 지적하고, "당국에서는 수차 일련의 의지를 표명했음에도 부정재산의 자진헌납이나 누적된 위화감 해소를 위한 자체 정리를 소홀히 함으로써 아직 일반 국민들의 지탄 속에 국민적 단합을 저해하는 위화요소로 잔존돼왔다"고 말했다.[40]

이 발표는 이어 "이에 계엄사 수사당국은 국가보위비상대책위원회의 방침에 따라 앞서 단행했던 권력형 부정축재자 및 고급 공무원 숙정과 같은 차원에서 과감한 사회정화 조치를 희구하는 국민적 여망에 부응해 정치풍토개선과 사회기강 확립을 기하기 위해 일단 다음 대상자를 연행 조사하게 된 것"이라고 설명했다.[41]

그리고 계엄사 당국은 "국보위 방침에 따라 이들의 부패·비리행위와 함께 국회의원직을 포함한 일체의 공직사퇴 의사표명 사실을 국민 앞에 공표함으로써 새 시대가 요구하는 정치풍토 개선과 국가기강확립을 위한 계기로 삼고자 수사전모를 발표한다"고 밝혔다.[42]

한편 민관식(閔寬植) 국회의장 대리는 1980년 7월 3일 5·17비상계엄 이후 권력형 부조리와 관련되어 당국의 조사를 받아온 김종필 공화당 총재를 비롯한 9명의 국회의원 사직서를 수리, 사직을 허가했다. 사직서가 처리된 국회의원은 공화당과 무소속, 그리고 신민당과 통일당 등 야당 의원 4명이 포함됐다. 즉 5·17 이후 계엄사에서 권력형부정축재혐의로 조사를 받아온 김종필 외에 이후락(무소속), 김진만(무소속), 박종규(무소속), 이병희(공화당), 그리고 5·17 이후 계엄사령부에 의해 사회혼란 조성 및 학생, 노조 소요관련배후조종혐의로 연행돼 조사를 받고 있는 야당 의원 4명인 예춘호(신민당), 이택돈(李宅敦; 신민당), 손주항(孫周恒; 신민당), 김녹영(金祿永;

40) 『동아일보』 1980.7.19.
41) 『동아일보』 1980.7.19.
42) 『동아일보』 1980.8.20.

통일당) 등이다.[43] 또한 8월 13일에는 상도동 자택에 연금당한 김영삼 신민당 총재가 총재직 사퇴와 정계은퇴를 발표했다.[44] 전두환 보안사령관은 1980년 7월 30일경 권정달 정보처장이 배석한 가운데 이학봉 대공처장에게 김영삼 신민당 총재의 정계은퇴선언을 종용하라고 지시했다.[45]

특히 계엄당국의 권력형부정축재자 수사 및 처리결과 발표는 단순히 부정축재자 몇 명을 조치했다는 선에서 그치는 것이 아니라, 한 걸음 더 나아가 앞으로 새로이 정립될 정치질서의 방향을 제시하고 공직자 재산등록, 권력형 부조리 발본 등 권력층 부정부패 척결의 기본입장을 천명했다는 점에서 주목되었다. 계엄당국의 관계자들은 그동안 기회 있을 때마다「정의로운 사회건설」을 위해 기회주의적이거나 금력과 야합하는 부정공무원의 숙정, 공익성이 강조되는 기업윤리의 확립, 사회혼란 및 타락 부패요인이 근본적으로 제거된 정치체제의 확립을 강조해 왔는데, 이번 발표에서 이를 명확히 천명했다. 이 같은 기본방침은 국보위 상임위원회를 통해 앞으로 하나하나 구체화 될 것이었다.[46]

이러한 조치들은 신군부세력의 개혁적 이미지 창출을 위한 작업으로 그들이 결여한 정치적 정당성을 구축하려는 의도를 지니고 있었다.[47] 더 나아가 신군부세력은 전두환의 집권에 장애요소가 될 수 있는 세 김 씨와 그 휘하의 주요 정치인들을 모두 제거하는 일석이조의 효과를 노린 것이었다.[48]

요컨대 사회정화는 기존 정치권에 대한 혐오를 유발하여 신군부세력에 대한 상대적 지지를 획득하기 위한 전술이었다.[49]

---

43) 『동아일보』 1980.6.18, 1980.6.25, 1980.7.2~7.3; 『경향신문』 1980.6.25.

44) 6월 민주항쟁계승사업회, 민주화운동기념사업회, 앞의 책, 142쪽.

45) 『동아일보』 1995.7.19.

46) 『동아일보』 1980.6.18.

47) 지병문·김용철·천성권, 앞의 책, 342쪽.

48) 6월 민주항쟁계승사업회, 민주화운동기념사업회, 앞의 책, 142쪽.

2) 공무원 숙정사업

정부는 공무원의 기강확립과 관련하여 앞으로 ① 지도급 인사의 이권개입, 압력, 청탁 ② 공무상의 기밀누설 ③ 인허가 민원업무에 관련된 부조리 ④ 조세부과 업무상의 부정 ⑤ 수사 지도단속상의 부조리 ⑥ 기회편승, 책임전가, 직장이탈 등 공무기강문란행위 ⑦ 허위투서행위 등으로 인한 무고행위 등을 7대 비위 및 부조리 유형으로 단정하고 중점적으로 척결키로 했다. 즉 정부는 1980년 6월 5일 중앙청에서 열린 사정장관회의를 통해 10·26사태 이후 공무원 기강해이실태와 금년도 1.4분기 서정쇄신추진상황을 분석하고, 이같이 방침을 정했다. 정부는 또 일부 몰지각한 공직자들이 10·26사태 이후 일시적 사회혼란을 틈타 공직자의 사명감을 망각하고 있다고 판단하고, 이는 국가적 난국극복을 위한 정부의 노력과 국민적 화합을 저해하는 것으로 앞으로 이 같은 비위와 부조리와 기강문란행위는 지위고하를 막론하고 전 사정기관을 총동원하여 다스리기로 했다.[50]

특히 정부는 공직자를 비롯한 사회지도급인사의 부정축재 등 사회 각 분야의 권력형 부조리를 제거하기 위해 사회정화작업을 강력히 전개할 방침이라고 밝혔다. 정부의 한 고위소식통은 1980년 6월 7일 "국민이 정부를 믿지 않는 사회부실풍조의 큰 요인은 국회의원 등 정치인, 고위공무원 그리고 사회지도급 인사의 부조리에 있으며, 정부도 그에 대한 책임이 있다"고 지적하고, "공직을 이용한 권력형부정축재자, 기회주의자 그리고 국민을 괴롭히는 인사 등은 이번 기회에 철저히 가려내어 뿌리를 뽑아야 할 것"이라고 강조했다. 그리고 이 같은 사회정화작업은 국보위 상임위원회 아래에 설치된 사회정화분과위원회에서 담당하게 될 것이라고 밝혔다.[51]

그리하여 사회정화작업은 정부와 국보위의 사회정화분과위원회가 함께

---

49) 조동준, 「전두환, 카터를 농락하다」, 『월간조선』, 1996.8, 385쪽.
50) 『경향신문』 1980.6.6.
51) 『경향신문』 1980.6.7.

추진했으며, 가능한 한 관련기관의 자율숙정을 원칙으로 하되, 자체숙정이 어려운 분야나 자체숙정이 미진하거나 빠진 부분에 대해서는 국보위의 사회정화분과위원회가 개입하여 숙정을 매듭지을 방침이었다.[52]

이러한 원칙 아래 부정·비위 공무원에 대한 대대적인 숙정작업이 시작됐다. 공무원 숙정작업은 각 부처 장관의 책임 아래 활발히 진행되었다. 정부 각 부처는 장관실과 감사관실을 중심으로 구체적인 숙정대상자에 대한 방증수집을 보강하고, 증거가 드러난 대상자에 대해서는 인사조치를 취하고, 각 부처 산하의 일부 협회 및 조합 등도 조사했다.[53]

예를 들어 국세청은 1980년 6월 20일 세무부조리척결을 위해 비위공무원에 대한 자체 숙정방안을 마련, 실시토록 전국 각 지방청장에게 지시했다. 서울민형사지법 등 재경법원도 사법부 내의 각종 부조리를 뿌리 뽑고, 법원 주변을 정화하기 위한 실천계획을 마련하여 부조리 제거 작업에 나섰다. 이러한 부조리 일소작업은 정부의 부정 공무원 숙정방침에 따른 것으로 앞으로 이들 관서 이외에 각급 기관으로 숙정작업이 확산될 것으로 알려졌다. 그리고 서울형사지법은 6월 20일 공무원 부조리사범을 신속히 엄중 처벌하기 위한 '공무원부조리사범 전담재판부'를 설치하기로 했다.[54]

국보위 설립과 함께 그동안 정부가 여러 차례에 걸쳐 밝혀온 공무원 정화 숙정사업은 1980년 6월 5일 국보위사회정화분과위원회가 설치되면서 본격적으로 시작되었다. 7월 1일 정부가 지난 10년 간의 적폐를 척결하기 위해 단행한 중앙정보부요원 3백 여 명에 대한 숙정은 기실 태풍의 예보였다. 중앙정보부의 대대적인 자가 숙정은 대부분은 간부급으로서 중앙정보부 창설 이래 처음 있는 일대 인사쇄신이며, 국보위 사회정화적업에 솔선수범한다는 차원에서 이루어진 것이다.[55]

52) 『경향신문』 1980.6.27.
53) 『경향신문』 1980.7.1.
54) 『동아일보』 1980.6.20.

그리고 본격적으로 공무원 숙정작업은 1980년 7월 9일 이루어지기 시작했다. 즉 국보위 상임위원회는 7월 9일 그동안 사회정화분과위원회가 주도하여 추진해 온 2급 이상 고급공무원에 대한 숙정작업 결과를 발표했다. 정화대상자는 이미 자진사퇴한 자를 포함하여 장관 1명, 차관 6명 등 모두 232명이며, 이 가운데 15명은 당국에 조사를 받았다. 정화대상자 232명을 직급별로 보면 장관 1명, 차관급 37명, 1급 34명, 2급 160명이며, 삼부별로는 행정부는 장관 1명(정재석 전 상공부장관), 감사원 사무총장 1명, 대검 차장 1명, 차관 6명, 청장 5명, 도지사 3명, 교육감 3명 등 차관급 이상 32명과 1급 28명, 2급 150명 등 210명이며, 국회사무처와 법원이 각 11명씩이다.[56]

7·9공직자숙정선풍은 고위공무원 12.1%가 한꺼번에 현직을 떠났다는 사실만으로도 건국 후 초유의 최대 숙정이었다. 숙정이 행정부의 2원 14부 4처 15청 4외국 3위원회의 전 기관과 함께 국회, 법원까지 대상으로 했다는 점과 전국의 2급 이상 행정부 공무원 1천 912명(검사 포함) 등 약 11%인 210명이 숙정됐다는 사실 등이 그 충격의 심도를 말해 주었다.[57]

이번 숙정회오리는 지난 5·17비상계엄과 함께 있었던 권력형 부정축재자 수사와도 맥을 같이 하는 것이었다. 정부는 지난 유신체제기 1975년부터 서정쇄신이라는 이름 아래 공무원 사회의 정화작업을 벌여 왔으나 1975년부터 1979년까지 사이에 서정쇄신의 대상이 된 2급 이상의 고급 공무원은 전체의 0.5%에 불과하였다. 더구나 1978년, 1979년의 2년 간에는 거의 실적이 없는 실정이었다. 따라서 이때까지의 서정쇄신 작업은 주로 하위직 공무원에 대해서만 시행되었고, 고위직 공무원이나 특수권력층에 대해서는 거의 손을 대지 않아 형식에 치우쳤다는 비난을 받기도 했다.[58]

55) 『경향신문』 1980.7.10; 『동아일보』 1980.7.10; 『서울신문』 1980.6.21.
56) 『경향신문』 1980.7.10; 『동아일보』 1980.7.10.
57) 『동아일보』 1980.7.10.
58) 같은 신문.

이번 숙정작업은 부정부패에 중점을 두고 서정쇄신이란 차원에서 여러 가지 사항을 고려한 복합적인 기준을 원용한 것으로 알려졌다. 구체적으로 부정부패, 기밀누설, 무사안일, 무능, 고령 외에 '후진을 위해서'란 이유 등이 다각적으로 검토됐다. 특히 주목할 점은 지탄을 받아온 상당수의 사람들이 포함됐다는 사실이다. 숙정대상자 윤곽이 드러난 이후부터 공무원들 사이에는 "그 사람 말이 너무 떠돌더니"라는 촌평이 무성했다. 실제로 숙정대상자 조사과정에서도 각 부처별로 "말이 많이 떠도는 사람들"에 대해 중점이 주어졌고, 이 부류의 인물들은 거의 숙정대상에 포함됐다.[59]

국보위는 우선 정화대상에 오른 공무원을 공직에서 물러나게 하는 한편, 이들이 재직 중 유관사기업에 채용되는 것을 금하고, 이들 중 직권을 이용하여 축재한 자 등 비위가 현저한 자는 조사 후 처리할 것이라고 발표했다.[60]

또한 정부는 1980년 7월 15일 제2단계로 전국 3급 이하 행정부 공무원 4천 760명을 숙정했다고 발표했다. 이로써 공무원 사회에 대한 정화작업을 모두 마무리 지었다. 이는 건국 후 미증유의 규모였다. 비율로는 행정부의 전국 공무원 55만 6천 793명의 0.85%이지만 그 절대 수치가 주는 느낌은 역시 충격적이 아닐 수 없었다. 내무부의 경우 본부서기관급 4명을 비롯해서 10개 시·도를 포함한 산하에서 서기관 및 사무관급 250명과 주사급을 포함하여 1천 200명에 달하는 것으로 알려졌다. 또한 총경 79명, 경정 1백 명 등 경찰간부가 200여 명에 이르고 있으며, 서울시는 서기관 20명, 사무관 70명 선에 4급 이하 300명 등 모두 392명 선, 감사원도 1백 명 미만이나 상당수에 이르렀다. 직급별로는 3급이 1천 264명이고, 4급 이하가 3천 496명이었다. 그리고 직능별로는 국가공무원 859명, 지방공무원 2천 12명, 경찰 소방공무원 1천 355명, 국세 관세공무원 534명으로 집계됐다. 이번 숙정이 대상으로

---

59) 같은 신문.
60) 『경향신문』 1980.7.10.

한 3급 이하 중하급직은 정부행정조직에서 볼 때 중앙행정기관의 보조기관에 해당하는 것으로 416개의 실국, 851개의 과, 128개의 훈련 및 연구소, 3천 902개의 국세 철도 등의 특별지방행정기관 등 모두 5천 297개의 보조기관 수와 연관시켜 볼 때 어림잡아 1개 보조기관에서 1명씩이 숙정대상에 오른 셈이 되었다. 고위직 보다 숙정대상의 비율은 낮지만 인원수는 상당수에 달했다.[61]

이상과 같이 건국 후 최대 규모인 1980년 7월 9일의 2급(국장급) 이상 공무원과 7월 15일의 3급 이하 공무원에 대한 정부의 정화작업 결과 전국의 각급 공무원 5천 44명이 숙정된 것으로 나타났다. 7월 21일 동아일보사가 각 부처별로 집계한 바에 따르면 이번 1, 2차에 걸친 숙정대상은 전국의 행정, 입법, 사법부 공무원 56만 4천 58명의 0.89%에 해당하는 5천 44명이었고, 직급별로는 2급 이상이 234명(당초 발표 232명에서 국무총리실 2乙 2명 추가), 3급 이하가 4천 810명(행정부 발표 4천 760명에서 사법부 50명 추가)으로 드러났다. 이 수치에는 2차 숙정 때까지 취합이 안 된 문교부의 교육공무원은 제외됐다.[62]

또한 문교부는 초·중·고 교원, 교육장, 장학직, 연구직 등 교육전문직과 시도교육위원회 산하 일반직 공무원에 대한 정화를 1980년 7월 31일로 마무리 지었다. 숙정내용을 보면 전국적으로 교장, 교감을 포함한 교원이 390명, 교육전문직 28명, 일반직 공무원 193명 등 모두 611명이다. 문교부는 이로써 교육계 부조리에 대한 일괄적인 정화는 끝났으나 앞으로도 정부서 정쇄신정책의 일환으로 이번 정화기준에 따라 개별적인 부조리 제거 작업은 계속 추진해나갈 방침이었다.[63] 숙정작업에는 신군부세력의 일원인 허삼수가 깊이 관여한 것으로 알려져 있다.[64]

---

61) 『동아일보』 1980.7.15~7.16; 『경향신문』 1980.7.14~7.15.

62) 『동아일보』 1980.7.21.

63) 『동아일보』 1980.8.1.

이러한 공무원 숙정에 대해 당시 정부는 권력 및 민원부서의 고질적인 환부를 도려냈다는 데 특징이 있다고 보았다. 그리고 새 시대의 전환기에서 정부가 공무원 사회에 대해 이처럼 가혹할 정도의 대수술을 한 것은 국민의 신뢰 속에 새 사회를 건설하기 위한 정지작업인 동시에 새로운 시대에 부응하는 공무원상을 정립하는 데 목적이 있다고 주장되었다.[65]

이밖에도 정부는 공무원 숙정에 이어서 1980년 7월 22일 정부투자기관 등 산하단체 임원 및 직원 1,819명을 숙정했다고 발표했다. 정부투자 127개 기관에 대해 단행된 이번 숙정작업에서 이사급인 임원은 정원의 23%인 167명, 직원은 정원의 1.4%인 1,652명이 각각 숙정돼 전체적으로는 정원 11만 7천 683명의 1.5%가 정화된 것으로 집계됐으며, 특히 간부급에 대한 숙정비율이 높은 것으로 나타났다. 이를 기관성격에 따라 분류하면 한국은행 등 정부투자기관이 25개 기관에 892명, 축산진흥회 등 개별법에 의한 기관이 10개 기관에 209명, 성업공사 등 재투자기관이 12개 기관에 150명, 사립학교 교원연금관리공단 등 출연보조기관이 23개 기관에 115명, 대한지적공사 등 기타 기관이 58개 기관에 453명 등이었다.[66]

또한 정부는 금융기관을 비롯하여, 보험 증권기관의 임직원 431명을 1980년 7월 19일 무더기로 해임했다. 아울러 26개 정부투자기관임직원에 대해서도 이날 안으로 모두 숙정을 끝낸다는 방침 아래 주공사장을 비롯하여, 9개 국영 기업체장, 농협부회장 등 임원 등의 사표를 수리하는 등 대대적인 숙정작업을 진행했다. 정부 고위 소식통에 따르면 이번 숙정으로 국영기업체와 금융기관 이사급 이상 전체 임원의 30% 가량인 72명이 해임됐다는 것이다.[67]

---

64) 허영섭, 「정화되어야 할 정화위원회」, 『엔터프라이즈』 48, 1988.9, 339쪽.

65) 문화공보부, 『국보위 백서』, 국가보위비상대책위원회, 1980, 23쪽.

66) 『동아일보』 1980.7.22; 『경향신문』 1980.7.22; 은행 등 금융기관에서는 한국은행 부총재, 국민은행장, 중소기업은행장, 주택은행장, 서울신탁은행장 등을 포함, 모두 431명이 해임됐다. 허영섭, 「정화되어야 할 정화위원회」, 앞의 잡지, 339쪽.

한편 정부는 1980년 8월 8일 공직자들의 부조리를 척결하기 위해 동년 7월 1일 이후 사정기관 또는 자체 조사에 의해 공직부적격자로 인정되어 파면 또는 의원면직된 공무원, 정부투자기관임직원, 출자법인 및 출손 단체 임직원, 기타 단체 임직원 등에 대해 2년 이내에 정부투자기관이나 관련업체에 취업하지 못하게 하는 「비위관련 퇴직공직자의 공직취업제한기준」을 제정했다. 이 기준은 또 당해 퇴직공직자들이 변호사, 공인회계사, 세무사 등 자격을 보유했을 때도 2년 동안 근무지 시·도와 서울특별시에서의 개업을 하지 못하도록 규정했다.(68)

김용휴(金容休) 총무처 장관은 취업제한기준을 발표하면서 "정부는 매년 1회 이상 비위공직자의 취업여부실태를 점검할 것"이라고 밝히고, 이 제한기준을 위반한 기관·단체·기업에 대해서는 해당자의 해직을 요구하며 불응시에는 적절한 조치를 취할 것이라고 말했다.(69)

또한 국보위 상임위원회는 1980년 7월 24일 중앙 및 지방행정관서의 민원담당공무원에 의한 창구부조리를 일소하고 신속 명랑한 민원행정을 구현하기 위해 민원담당공무원에게 승진우선권을 부여하고, 그 근무수당도 평균 100% 인상 지급하는 것을 골자로 한 민원행정의 쇄신지침을 마련하여 관계부처로 하여금 즉각 반영토록 시달했다. 국보위 상임위원회는 이날 발표한 지침에 따른 각 행정기관의 민원처리과정을 때때로 암행 감사할 계획이며, 각급 행정기관에서도 자체적으로 암행감사를 실시토록 할 방침이었다.(70)

그러나 당시 미 대사관 측은 전두환과 그의 측근들이 추종자들에게 자신들이 정화한 선임자들보다 훨씬 많은 돈을 뿌리고 있음을 알고 몹시 실망했다.(71)

---

67) 『동아일보』 1980.7.19.
68) 『동아일보』 1980.8.8.
69) 같은 신문.
70) 『동아일보』 1980.7.24.

3) 범국민적 사회정화운동

정치인과 공무원 등 공직자 사회의 정화에 이어 국영기업체, 정부산하단체 등에 오랫동안 누적되어 온 병폐들을 도려낸 이 사회개혁작업은 범국민적 사회정화운동으로 승화되어 경제계, 언론계, 교육계, 종교계 등 사회의 모든 분야에서 새 시대를 맞기 위한 준비 작업으로 활발히 전개되어 갔다.[72]

즉 국보위가 단행한 일련의 강력한 사회정화작업에 부응하여 사회 각계각층에서 사회정화의 필요성을 인식하고 사회정화운동에 적극 참여함으로써 이 운동은 범국민운동으로 확산되었다.[73] 구체적으로 국보위가 단행한 사회악 일소특별조치 등 일련의 사회개혁을 지지하는 지역정화운동이 전국 곳곳으로 번져 나갔다. 밝고 정의로운 새사회건설을 위해 각종 사회악을 일소하고 부조리를 척결하는 데 주민 스스로가 앞장서자는 움직임이 각 지역별로 일어났던 것이다. 사회정화운동은 1980년 8월 9일 경기도 수원시 경기도민의 자발적인 지역정화운동추진결의대회를 계기로 불붙기 시작하여 동년 9월 13일까지 한 달 동안 전국에서 12,900여 회의 결의대회와 연인원 1백 31만 5천 여 명이 참여하여 각종 사회적 비리를 척결하고 국민의식 개혁에 앞장설 것을 다짐했다.[74]

그리고 1980년 9월 후술하는 바와 같이 지역·직장·학교별 민간조직(각급 정화추진위원회)을 편성하고, 1980년 9월 제5공화국의 11대 대통령으로 취임한 전두환 대통령 취임 직후인 10월 28일 대통령령 제10054호에 의거하여 국보위가 추진해온 부정적 요소의 척결과 각급 정화추진위원회의 편

---

71) 돈 오버더퍼(이종길 옮김), 『두개의 한국』, 길산, 2002, 212쪽; Don Oberdorfer, 『The Two Koreas』, Basic Books, A member of the Perseus Books Group, 2001, p.133.

72) 문화공보부, 『국보위 백서』, 국가보위비상대책위원회, 1980, 23쪽.

73) 같은 책, 49쪽.

74) 같은 책, 49쪽; 『동아일보』 1980.8.9; 사회정화위원회, 『사회정화운동사』, 19쪽.

성을 토대로 국무총리 소속에 사회정화운동에 대한 지원업무와 개혁업무를 담당할 중앙행정기관인 '사회정화위원회'를 창설함으로써 사회정화운동은 본격적인 출발을 보게 되었다.[75]

'사회정화위원회'는 1980년 10월 27일 국보위가 해체됨과 동시에 출범하여 그 바통을 이어 받았다. 특히 당시 국보위 사회정화분과위원장이던 이춘구 준장이 개혁주도세력의 일원으로 추대되어 사회정화위원장을 그대로 이어받았다는 점에서 '사회정화위원회'는 제5공화국의 체제를 안정시키는 전위기구로서의 막중한 역할을 맡게 되었다.[76]

특히 위원회 형태로 하게 된 큰 배경은 위원회 형태로 하게 되면 대통령령으로 손쉽게 설치할 수 있다는 편의성에 근거했다는 점이다. 그리고 이 기관이 지닌 기능 및 권능에 있어서 국보위 당시 시행된 각종 사회개혁작업을 지속적으로 추진하고 마무리 짓기 위해서 국보위 당시의 서슬 퍼런 기능을 담당할 수 있는 강력한 통치기구여야 한다는 주장이 반영되어 '사회정화위원회'가 출범했던 것이다.[77]

이에 따라 '사회정화위원회'는 출범 당시부터 헌법기관이 아닌 정부조직법 상 특수한 업무를 담당키 위해 설치된 일시적인 중앙행정기구에 불과했지만, 정의사회 구현의 책임을 맡은 사정(司正)의 중추기관으로서 어떠한 헌법기관보다도 더한 막강한 영향력을 행사하는 제5공화국의 전위대 역할을 했다.[78]

'사회정화위원회'는 위원장 1명과 3명 이상 5명 이하의 위원, 4개부와 행

75) 김진구, 「기관형성의 관점에서 본 사회정화운동」, 고려대학교 정책과학대학원 도시 및 지방행정전공 석사학위논문, 1990, 15쪽; 「사회정화위원회」, 『인터넷 다운 백과사전』; 「사회정화는 어디까지 왔나」, 『정화』 창간호, 사회정화위원회, 1981.2, 33쪽.
76) 윤재걸, 「정화돼야 할 怨府(원부) 사회정화위원회」, 『신동아』 343, 1988.4, 235쪽.
77) 같은 논문, 236~237쪽.
78) 허영섭, 「정화되어야 할 정화위원회」, 앞의 잡지, 332~333쪽.

정실, 8명 이내의 전문위원, 10명 이상 20명 이하의 자문위원, 약간 명의 고문으로 구성되었다. 위원장은 국보위 제2대 사회정화분과위원장을 맡고 있던 이춘구를 초대 위원장으로 하여 정식으로 업무에 들어갔으며, 역대 위원장들이 모두 전두환 대통령의 신임을 받은 인물이었고, 육사 또는 검찰 출신이라는 점에서 눈길을 끌었다. 위원으로는 서완수(육군 대령), 정경식(대검 검사), 강두현(내무부 소방국장), 임두순(감사원 4국장), 강상진(국보위 사회정화분과위원) 등이 위촉됐다. 홍보위원으로는 언론인인 윤상철이 발령을 받았다. 전문위원으로는 기획실장에 이충길(감사원 감사관), 연구실장에 김충남(육군 중령), 조정담당관에 서출수(육군 중령), 학교담당관에 정용술(장학관) 등이 임명됐다.[79]

'사회정화위원회'의 직무는 ① 사회정화 업무 연구 및 기획, ② 대통령 및 국무총리의 명에 대한 사회정화 업무관계, 행정기관 공공단체 및 그 산하단체에 대한 조정과 통제, ③ 사회정화운동 추진을 위한 교육 및 홍보, ④ 기타 사회정화에 대한 수명(受命) 사항 등으로 규정되었다. 이를 각 부별로 보면 제1부가 기획 및 연구를 담당하며, 제2부가 각 부처 간의 조정 및 업무를, 제3부가 지역, 직장, 사회단체 등을 담당했다. 그리고 제4부는 사회교육과 학교교육을 담당하며, 제5부는 홍보업무를 맡도록 짜여 있었다. 이밖에 특별히 부정행위(과외공부를 포함) 신고센터를 두었다. 또한 정부는 사회정화운동을 범국민의식구조 개혁운동으로 승화 발전시켜 나간다는 취지 아래 1981년 5월 사회정화위원회의 산하기구로 '현대사회연구소'를 법인체의 순수민간기구로 독립시켜 전문학자들을 대거 참여시킴으로써 사회정화운동을 이념적으로 뒷받침하고, 구체적인 실천방안을 마련하는 연구활동을 벌이도록 확대 개편했다. 이 '현대사회연구소'의 초대 소장으로는 고영복(高

79) 「사회정화위원회」, 『인터넷 다운 백과사전』; 허영섭, 「정화되어야 할 정화위원회」, 앞의 잡지, 335~336쪽, 343쪽; 윤재걸, 「정화돼야 할 怨府(원부) 사회정화위원회」, 앞의 잡지, 234~235쪽.

永復) 서울대 교수가 취임했다.[80]

사회정화위원회는 필요에 따라 다른 기관의 공무원을 겸임시키거나 파견근무를 하게 할 수 있었으며, 관계 행정기관, 공공단체 등에 대하여 필요한 자료, 정보 또는 의견 제출 등의 협조를 얻을 수 있도록 사회정화위원회 설치령(10월 28일 국회에서 의결)에 규정돼 있어 어느 행정부처, 감찰 수사 기관 이상으로 영향력을 행사할 수 있었다.[81]

이는 박정희 대통령의 새마을운동과 유사 내지 동일한 것이었다. 다만 사회정화위원회의 핵심적 동원대상은 새마을운동과 달리 농촌이 아니라 도시였으며, 그것의 추진주체는 사회변화의 동력을 담아내려는 의도가 내면에 놓인 것으로 농촌의 새마을지도자가 아니라 도시의 직능 대표 및 사회단체의 사회정화추진위원이었다. 요컨대 전두환과 신군부세력은 사회정화위원회를 통해 자신들의 취약한 정치적·도덕적 정당성을 위장하고자 했던 것이다. 즉 사회정화위원회는 제5공화국 체제를 안정시키는 전위기구였다.[82]

한편 정화추진위원회는 다음과 같은 행동강령을 정하여 이에 따라 정화추진위원들은 자기 혁신의 자세, 희생봉사의 자세, 깨끗하고 건전한 생활, 겸손하고 신중한 언행으로 이웃과 사회로부터 신망과 존경을 받도록 했다.[83]

우리는 정직·질서·창조의 이념을 실천하는 사회정화의 역군임을 자부하고 자아혁신의 정신과 희생봉사의 자세로 우리 사회의 부정 비리와 무질서를 추방하여 정희사회 구현의 역사적 사명을 완수할 것을 다짐하면서 다음과 같이 행

---

80) 「사회정화위원회」, 『인터넷 다운 백과사전』; 허영섭, 「정화되어야 할 정화위원회」, 위의 잡지, 335쪽, 341~342쪽.
81) 허영섭, 「정화되어야 할 정화위원회」, 위의 잡지, 335쪽.
82) 「사회정화위원회」, 『인터넷 네이버 지식백과사전』.
83) 사회정화위원회, 『사회정화운동사』, 37쪽.

동지표를 밝힌다.
- 우리는 나 스스로를 먼저 정화하고 이웃과 직장 사회에 확산한다.
- 우리는 정직과 성실로써 신뢰하는 사회를 이룩하는 데 앞장선다.
- 우리는 질서를 생활화함으로써 조화로운 사회를 이룩하는 데 앞장선다.
- 우리는 창조의 정신을 발휘하여 발전하는 사회를 이룩하는 데 앞장선다.
- 우리는 밝고 바른 사회기풍이 이 땅에 정착될 때까지 혼신의 노력을 경주한다.

이처럼 신군부세력은 사회정화운동을 범국민적 운동으로 확산시키기 위하여 무엇보다도 대중적 기반을 마련해야 한다는 판단 아래 체계적인 조직 편성 작업에 들어갔다. 조직화 작업은 국보위 사회정화분과위원회에서 주관하고 내무부, 문교부, 서울시 등 관계 기관에서 행정적 지원을 받아 이루어졌다. 그리하여 사회정화운동을 범국민 정신개혁운동으로 승화 발전시키기 위한 핵심적 조직체로서 각급 지역·직장·학교단위로 민간조직인 정화추진위원회를 구성했다. 지역단위는 행정구역별로, 직장은 일정 규모별 기업체 또는 단체 종사원을 중심으로, 학교는 유치원을 비롯하여 초·중·고 및 대학 등 학교별로 교사와 학생, 학부모가 공동 참여하는 방식으로 추진되었다. 그 결과 1980년 8월부터 동년 9월까지 사이에 대체적인 편성이 완료되었다.[84]

1980년 9월 30일 현재 지역조직은 총 67,567개 위원회에 위원 수 1,131,051명, 직장·직능 단체는 총 21,612개 위원회에 위원 수 240,375명, 학교의 경우는 총 231,907개 위원회에 위원 수 4,137,058명으로 방대한 조직체계가 이루어졌다.[85] 그리하여 지역·직장·학교 등 총 위원회 수는 모두 32만 5천 348개에, 정화추진위원 수는 무려 5백 50만 8천 499명에 달했다. 여기서 특히 지역정화추진조직만을 보면 시·도(11개), 시·군·부(221개), 읍·면·동

---

[84] 사회정화위원회, 『사회정화운동사』, 20쪽, 25~26쪽, 41쪽; 김진구, 앞의 논문, 19쪽.
[85] 김진구, 위의 논문, 19쪽.

(3,067개), 통·반(2,854개), 부락단위(35,715개) 등 전국의 모든 행정단위를 망라했다. 총 6만 7천 567개 위원회에 정화추진위원 1백 13만 1천 51명이었다. 이들 추진위원들은 그 지역사회에서 행세깨나 하는 지역유지가 대부분을 차지했으며(58.8%), 어쩔 수 없이 당국(특히 세무서, 경찰서 등)의 눈치를 봐야만 하는 업소대표가 20.1%로 그 다음을 차지했다.[86]

특히 이러한 정화위원회와 위원들의 막대한 숫자나 확대는 대통령선거용이나 국회의원선거용으로 이용될 수 있는 정치적 목적을 내포한 것으로 예삿일로 넘길 수 없는 일이기도 했다.[87]

이러한 조직체계 아래 지역정화추진경기도민결의대회에는 각 부락민과 시민이 주축이 돼 각급 지역단위에서 자발적으로 구성된 지역정화위원회 위원 8천 명과 기업체 종사원, 시민 등 3만 여 명이 참가했다. 경기도민들은 "우리는 모든 사회악을 하루 속히 제거하고 명랑한 사회를 건설하는 데 앞장선다. 우리는 지역정화운동이 범국민운동으로 승화발전, 토착화 할 수 있도록 꾸준히 실천한다. 우리는 근면성실하며 정직한 사람이 잘 살 수 있는 참된 복지사회를 실현한다. 우리는 새 시대, 새 사호 건설의 역군이 되어 국가보위를 더욱 공고히 한다"는 4개항을 결의하는 한편, "사회악 일소하여 정의사회구현하자"는 등 8개 항의 구호를 제창하고 박수갈채로 이 운동을 강력히 실천해 나갈 것을 다짐했다.[88]

이 운동을 시작으로 해서 1980년 8월 11일 부산을 비롯해서 지역정화운동경남도민결의대회가 개최되었다. 그리고 8월 12일 서울을 비롯해서 진주, 충주, 성남 등 시군단위지에서 주민들 스스로가 지역정화에 적극 앞장설 것을 다짐하는 지역정화운동추진결의대회가 개최됐다. 특히 1980년 8월 12일 세종문화회관에서 서울지역정화운동추진결의대회를 개최했다. 이를 기

---

86) 윤재걸, 「정화돼야 할 怨府(원부) 사회정화위원회」, 『신동아』 343, 1988.4, 241쪽.
87) 같은 논문, 240쪽.
88) 사회정화위원회, 『사회정화운동사』, 19쪽; 『동아일보』 1980.8.9.

점으로 서울시내에서 직장·직능단체의 정화결의대회가 잇달아 열리고 있는 가운데 19일에는 서울시 산하 종로구를 비롯한 13개 구청에서 모두 70여만 명의 시민이 참가한 구지역정화운동추진결의대회가 일제히 열렸다. 이날 오전 10시와 11시 각 구청별로 열린 정화결의대회에서 참가시민들은 "국보위의 사회악 일소 특별조치 등 일련의 사회개혁운동을 전폭적으로 지지하고 지역정화운동에 자율적으로 참여, 밝고 정의로운 새 시대, 새 사회건설에 주역이 될 것"을 결의했다.[89]

시민들은 또 "내가 먼저, 새 스스로, 내 주변의 부조리를 완전히 뿌리 뽑아 내 마을, 내 직장정화에 핵심적인 역군이 되자"는 등 4개 항의 결의문을 채택하고, 대회를 끝낸 다음 구청별로 플래카드와 피켓을 앞세우고 관내 중심가를 돌며 시가행진을 벌였다.[90]

1980년 8월 12일 평택에 이어 13일 포항과 구미 및 군산에서도 지역정화운동실천추진대회가 열렸다.[91] 8월 15일에도 지역사회정화를 위한 군민결의대회가 경기도내 여주, 가평, 양주 등에서 3만 여 명의 주민들이 참가한 가운데 열렸다.[92] 또한 사회악 일소와 주변 부조리의 척결을 다짐하는 시·군지역정화운동추진결의대회가 8월 16일에도 경기도 부천과 강릉, 영주, 제천, 이리 등지에서 모두 13만 명의 주민들이 참석한 가운데 열렸다.[93] 이밖에도 지역정화운동으로 19일 제주도민결의대회와 안양시 시흥군민지역정화운동추진결의대회가 열렸다. 공주·부여·홍성 등에서 충남도내 4개 지역정화운동추진결의대회가 열렸으며, 순천시나 삼척군에서도 19일 지역정화운동추진결의대회가 열렸다.[94]

---

89) 『동아일보』 1980.8.11~8.12, 1980.8.19.

90) 『동아일보』 1980.8.19.

91) 『동아일보』 1980.8.13.

92) 『동아일보』 1980.8.15.

93) 『동아일보』 1980.8.16.

94) 『동아일보』 1980.8.19.

이처럼 국민 스스로가 이 운동을 지속적으로 추진하기 위하여 일선 통·리·반으로부터 중앙에 이르기까지 행정구역단위와 각 직능·직장 단위로 정화추진위원회를 결성하고 정화운동을 자율적으로 추진하기에 이르렀다.[95] 정화운동은 시·군·구·읍·면·동 등 각 지역별로 정화추진위원회를 구성하고, "내가 먼저, 내 주변부터 정화하자"는 슬로건 아래 각종 불량배에 대한 자수권유, 신고 순화 및 계도활동을 펴고, 불량배에 대한 사후관리책을 마련, 그들을 밝은 사회에서 따뜻하게 받아들임으로써 새로운 삶의 길을 열어주며, 지역 및 직장별로 사치·방종·유혹 등 비리 요인을 색출 척결하고, 내 고장, 내 직장, 내 학교를 내가 스스로 밝고 명랑하게 만들어 서민생활을 괴롭히는 모든 병폐와 비리적 의식구조를 말끔히 씻어내자는 것이다. 이 운동은 주민들이 국보위에서 반사회적 행위자를 일제히 검거하는 등 사회정화작업을 펼치는 것을 환영하면서 주민들도 스스로 발 벗고 나선 것이다.[96]

그러나 이러한 움직임이 자발적인 의도에 따른 것으로 알려지고 있으나, 각 지역, 직장별 정화위원회가 전국적으로 단시일 내에 결성되고, 또 예외가 없이 대부분 결성되었다는 점에서 결코 자발적으로만 이뤄진 것이 아니라는 점이 반증적으로 증명되고 있다. 특히 영화인들의 정화결의대회에서는 전국의 흐름을 반영이라도 하듯 당시 전두환 국보위 상임위원장에 대한 국가원수 추대 성명서가 발표되는 등 이미 사회정화운동과 통치권과의 관계가 맞물려 돌아가고 있음을 느낄 수 있었다.[97]

더 나아가 후술하는 「사회악일소특별조치」에 따라 각 급 학교에 사회정화추진위원회가 구성됐고, 일부 대학에서는 면학풍토조성결의가 있는 등 사회정화에 대한 학생들의 적극적인 참여가 권장되었다. 그 결과 비극적인

---

95) 문화공보부,『국보위 백서』, 국가보위비상대책위원회, 1980, 49~50쪽.
96)『동아일보』1980.8.9.
97) 허영섭,「정화되어야 할 정화위원회」, 앞의 잡지, 334쪽, 341쪽.

광주민주화운동을 겪은 전남지역에서부터 사회정화를 위한 범국민운동이 불붙여져 1980년 8월 3일 광주시내에서 전남대, 조선대 등 학생대표 1천 여명이 참가한 '전남지역 대학생반공궐기대회'가 열렸다.[98]

이러한 상황에서 전두환 국보위 상임위원장은 1980년 8월 19일 "앞으로 어떤 상황에서도 학원 내외의 소요사태는 일체 용납하지 않을 것이며, 이 기회에 가두시위의 악습은 다소의 희생을 감수하고서라도 근절시키고 말 것"이라고 밝히고, 이제부터 새로운 면학분위기 조성이 필요하다고 강조했다.[99]

한편 사회 각계에서 번지고 있는 사회정화운동에 발맞춰 체육인들도 자체적으로 정화작업을 펴기 시작했다. 문교부는 1980년 8월 8일 대한체육회를 비롯한 그 산하가맹단체 각종 체육협회 등 70여 개 단체 관계자회의를 소집하고 체육계의 부조리를 스스로 척결해 나가도록 시달했다. 이날 회의에 참석한 체육인들은 스스로 '정화협의회'를 구성하여 체육단체의 재정이나 인사부조리 등 자체 정화에 앞장서는 한편, 선수선발 및 심사 선수훈련과정에서의 각종 부조리를 제거하고 경기장에서의 폭력사태 등을 근절함으로써 건전한 스포츠맨십 확립에 노력하기로 했다. 정화운동을 펴게 되는 체육단체는 대한체육회와 그 산하의 33개 단체, 각종 프로경기단체, 협회 등 모두 70여 개 단체에 이르는 것으로 알려졌다.[100]

또 한편 국보위는 의료부정행위의 적발, 부정의약품에 대한 강력한 단속을 비롯해서 1980년 7월 29일 병원이나 의원에서 구급환자진료를 거부하는 행위 등 인명보다 돈만을 따지는 의료부조리를 제거하기 위해 도시와 지방이 각급 의료기관에서 일어나는 인술부조리를 강력히 단속하도록 내무부

---

98) 『경향신문』 1980.8.5.

99) 『경향신문』 1980.8.19.

100) 『동아일보』 1980.9.9.

에 시달했다. 국보위는 일부 의료기관에서 구급환자를 보고도 보증금 유무를 따지고, 공휴일이라는 핑계 등으로 응급처치나 진료를 거부함으로써 사회적 물의를 일으키는 일이 많으므로, 이번 단속은 사회정화작업의 하나로 추진케 되었다고 밝히고, 적발되는 사범에 대해서는 강력한 처벌과 함께 행정조치를 병행하도록 했다.[101]

내무부는 이에 따라 1980년 8월 1일부터 31일까지 한 달 동안을 구급환자 진료거부행위 특별단속기간으로 설정하고, 검찰, 경찰, 보사부 등 관계부처 공무원으로 합동단속반을 편성해서 전국의료기관에 대한 일제 적발단속을 실시키로 했다. 이번 단속기간의 주요 단속대상은 구급환자를 응급 처치함이 없이 진료를 기피하거나 거부하는 행위, 의료보호대상자 또는 의료보험환자에 대한 진료거부행위 등이며, 단속에서 적발되면 위반자에 대한 엄중한 처벌과 함께 관계기관에 통보하여 면허취소, 자격정치 등의 행정처분을 함께 받도록 한다는 것이다.[102]

내무부는 이번 특별단속의 실효를 거두기 위해 지역별로 각급 의사회에서 자체 정화운동을 벌이도록 보사부에 협조 요청하는 한편 국민들은 고발정신을 발휘해서 적극적으로 신고해 줄 것을 당부했다. 의료부조리를 신고할 때는 각급 단속기관이 민원창구(검찰, 경찰, 보건기관)에 구두, 서면, 또는 전화로 할 수 있으며, 반상회를 통해 피해 또는 범죄사실을 제보해도 된다.[103]

종교계에서도 국보위의 주도 하에 범국민적으로 추진된 사회정화운동에 호응하여 자율정화위원회를 구성하고, 종교계 자체에 내재하고 있는 비리와 일탈행위 등 부정적 요소를 과감히 제거함으로써 스스로 사회정화운동에 동참하는 노력을 했다. 종교계는 특히 새 시대, 새 역사 창조라는 사명

---

101)『동아일보』1980.7.29; 문화공보부,『국보위 백서』, 24쪽.

102)『동아일보』1980.7.29.

103) 같은 신문.

을 재인식하고 종교계의 풍토를 개선했다. 종교인들은 각종 행사를 통해 호국안보의 정신자세와 정의사회 구현을 솔선 다짐함으로써 바람직한 종교인상의 정립에 새로운 전기를 마련했다.[104] 1980년 8월 5일 낮에는 전한국불교회 주최로「국민화합시국안정호국기원대법회」가 서울 세종문화회관에서 열려 국보위의 활동을 지지하고 호국안민에 기여할 것을 다짐했다.[105]

또한 한국신문협회와 한국방송협회에서도 1980년 7월 30일 언론자율정화 및 언론인자질향상에 관한 결의문을 채택했다. 이 결의를 실질적으로 뒷받침하기 위해 언론은 스스로 언론인 자체 정화와 언론구조의 개편 및 자기개혁, 전 언론인에 대한 교육실시 등을 단행했다.[106] 여기에는 1980년 6월 국보위 문공분과위원회 언론과가 작성한『언론계 부조리 유형 및 실태』라는 문서가 적잖은 영향을 미쳤다. 이 문서에 따르면 언론사를 설립해 공익과 언론창달 보다는 사리 및 치부수단으로 악용하는 언론사주들이 많았고, 사리를 위한 의도적 보도로 정부 정책방향의 전환을 유도하거나 간접적 압력을 행사하는 경우가 많다는 것이었다.[107]

이러한 자율정화결의에 따라 수백 명의 기자가 해직되었다. 언론인 대량해직은 국보위의 지시에 따라 보안사 준위 이상재(李相宰)가 보도검열단에 가담해 만든 언론대책반이 언론계 자체 정화계획서를 작성해 이루어진 것이었다. 이 문건에 따르면 해직대상은 "언론계의 반체제 인사, 용공 또는 불순한 자, 이들과 직간접적으로 동조한 자, 편집제작 및 검열 주동 또는 동조자, 부조리 및 부정축재한 자, 특정정치인과 유착되어 국민을 오도한 자" 등이었다. 이 기준에 따라 보안사는 언론사에 출입 중인 언론대책반 요원들

---

104) 문화공보부,『국보위 백서』, 104쪽.

105)『경향신문』1980.8.5.

106) 문화공보부,『국보위 백서』, 94쪽.

107) 강준만,『한국현대사 산책-1980년대 편』1, 인물과 사상사, 2003, 211쪽.

을 통해 해직대상자를 선정했으며, 치안본부, 중앙정보부 등과 합동으로 작성한 명단은 모두 336명이었고, 이 가운데 해직된 사람은 모두 298명이었다. 그런데 언론사에서 실제 해직된 사람은 933명이나 됐다. 무려 635명이 언론사 자체의 끼워 넣기에 의해 해직된 것이다. 언론사들의 끼워 넣기에 의한 해직자들은 대개 언론사 내 파벌싸움의 희생자들이거나 고령자들이었다. 또 하나 주목할 만한 사실은 지역적으로 호남출신이 큰 피해를 보았다는 점이다. 신군부세력은 이미 K공작을 실행에 옮기면서 만든 「언론저항의 현황과 대책」이라는 문건에서 호남출신 기자와 입사경력이 적은 기자들이 주동역할을 하고 있다는 점을 지적했다. 이는 이후 벌어진 언론대학살에서 호남출신을 대거 해직시키는 근거가 되었다.[108]

앞서 언급했듯이 이철 의원이 폭로한 국군보안사령부의 'K공작계획'이라는 비밀문서는 1980년 2~3월 중순경 작성된 것으로 추측하고 있으며, 언론조종을 통해 전두환 보안사령관의 대권장악을 위한 정지작업을 시도했던 것이다.[109]

따라서 앞서 언급했듯이 12·12쿠데타 당사자들은 12·12사태를 10·26시해사건 수사과정에서 발생한 우발적 사건이라든가, "구국의 일념에서 발생한 것으로 집권할 의도가 없었기 때문에 쿠데타가 아니다"라고 강변해 왔으나, 신군부세력은 이미 10·26사태 직후부터 집권을 꿈꿨다는 주장이 있다. 그 증거로 12·12쿠데타 전부터 당시 보안사 즉 합동수사본부내에 언론대책반을 운영하여 새로운 권력을 창출하기 위해서 12·12쿠데타로 물리력을 장악한 후 명분과 정당성을 보태기 위해서 여론, 즉 언론의 지지를 얻기 위한 작업을 보도검열을 통해 추진해 나갔다고 제시하고 있다.[110]

즉 12·12쿠데타로 권력기반의 물리력, 즉 군권을 장악한 신군부세력은

---

108) 같은 책, 212~214쪽.
109) 신동아 편집실, 「K공작 언론인 94명 포섭계획」, 『신동아』 1990.2, 445쪽.
110) 김기철, 「신군부는 10·26직후부터 집권 꿈꿨다」, 『신동아』 1993.7, 309~311쪽.

권력을 공고화해 나가는 데 필요한 지지세력을 확보하기 위해서 언론을 제1차적인 목표로 설정했다. 그리하여 국보위의 주요 책무의 하나로 「국익 우선의 건전언론육성」이란 항목을 설정했다. 그리고 1980년 7월부터 단행된 언론인 강제해직조치를 앞두고 언론계 자체정화계획이라는 정화지침서를 작성하여 언론대책반으로 보냈으며, 언론대책반에서는 이 지침에 따라 1980년 여름 실제로는 1천 여 명에 육박하는 언론종사자들을 해직시켰던 것이다.[111]

12·12쿠데타와 5·17비상계엄으로 권력을 움켜쥔 신군부세력은 그들이 장악한 권력을 공고화하기 위하여 개혁과 정화를 내세워 권력장악과 유지에 걸림돌이 될 수 있는 언론을 먼저 길들여 놓기 위해서 언론인 정화와 언론사 통폐합을 단행했던 것이다.[112]

4) 경제계와 노동계 정화작업

전두환을 비롯한 신군부세력은 박정희 정권 하의 경제정책 20년에 대한 공과를 밝히면서 경제개발이 본격화된 1962년부터 1980년까지를 '개발연대'로 통칭하면서, 이 시대의 성격은 민족의 저력이 점화되어 물질적 기초를 구축하는 시발점이 된 시기로 평가할 수 있지만, 이 기간 중에 많은 과제와 부정적 측면이 발생하여 1980년대로 이월되었다고 주장했다.[113]

특히 이 시기에 이루어진 4차례에 걸친 경제개발5개년계획은 거점개발방식과 고도성장전략 및 정부 주도적 선성장·후분배개발전략으로서 단기간 내의 경제규모 신장과 절대빈곤 문제의 해결에 크게 기여한 측면이 있으나, 부의 집중화 현상과 소득의 분배가 균점되지 못함으로 인해 산업 간, 대기업과 중소기업 간, 도시와 농촌 및 소득계층 간의 격차를 심화시켰으

---

111) 같은 논고, 314~315쪽.
112) 같은 논고, 323쪽.
113) 『실록 제5공화국』 2, 경향신문사, 1987, 30쪽.

며, 국민 간의 위화감이 조성되었고, 물질만능주의와 배금사상이 팽배하였고, 인플레심리와 부동산 투기 등 경제발전에 따른 여러 가지 부작용과 갖가지 요소들이 복합되어 인간의 존엄성은 외면당하였고, 부정부패 비리가 독버섯처럼 돋아나는 매우 저주할 만한 사회병리현상이 나타났으며, 대한민국의 경제체질을 약화시킨 본질적인 요인 중의 하나였다고 주장했다.[114]

그리하여 신군부세력은 국민생활의 균등한 향상과 국력의 신장 및 물가안정, 그리고 능률향상 및 산업합리화, 국토의 균형발전, 사회개발의 확충 등을 1980년대 국가경제발전의 궁극적인 목표로 제시했다. 그리고 1980년대 제2의 도약을 이룩하기 위해 우리 경제의 발전단계에 맞게 경제운용방식을 전환하고 불확실한 국제여건 변화에 효율적으로 대응할 수 있도록 경제의 저력을 배양해야 한다는 고려 하에 안정, 능률, 균형을 이념으로 삼고 그 목표와 발전전략을 설정했다. 구체적인 발전전략으로는 안정화, 자율화, 개방화를 내세웠다.[115]

제5공화국이 출범하면서 민주주의의 토착화, 복지사회 건설, 정의사회 구현 및 교육혁신과 문화창달이라는 4대 국정지표를 내걸고, 정치·경제·사회 각 분야에서 광범위한 자율화 바람이 불었다. 그런데 자율화란 바로 정치적으로는 자율과 참여기반의 확대, 경제적으로는 능률의 향상, 사회적으로는 기회균등을 의미했다. 경제적으로 자율화란 경제운용방식을 과거의 정부 주도적인 방식에서 국민주도방식으로 전환하고 시장메커니즘에 의한 경쟁원리를 도입, 활성화시켜 나가는 것이다. 시장메커니즘에 의한 민간주도 운용방식이란 대외적으로는 개방 확대를 통한 해외경쟁력을 적극 도입하는 한편, 대내적으로는 산업지원의 기회균등, 금융자율화, 경쟁촉진으로 특징지을 수 있다.[116]

---

114) 『실록 제5공화국』 2, 37쪽, 42~52쪽, 62쪽; 계엄사편집위원회, 『계엄사』, 육군본부, 1982, 587쪽.
115) 『실록 제5공화국』 2, 61~82쪽.

이러한 경제의 발전전략에 따라 우선 국보위는 기업풍토를 개선하고자 했다. 즉 국보위는 1980년 6월 19일 "사회정의구현 및 기업윤리의 정화를 위해 사회의 지탄을 받고 있는 동명목재 사주 강석진(姜錫鎭) 회장과 그의 아들 강정남(姜政男) 사장 그리고 강회장의 부인 고고화(高古華) 등 3명을 18일 정화분과위원회에서 조사 중"이라고 발표했다. 정화분과위원회가 이들 3명을 조사하게 된 것은 국내 최대의 합판생산수출회사인 동명목재의 재무구조를 개선하여 안정된 조업기를 마련함으로써 기업을 살리고, 3천 7백 명의 종업원의 생업을 보장하는 데 1차적 목표가 있다고 국보위는 밝혔다.[117]

또한 사회개혁을 위한 숙정의 일환으로 행해지는 경제계의 정화작업에 따라 대한상의, 전경련, 무역협회, 중소기협중앙회 등 경제 4단체는 1980년 7월 16일 오전 서울 장충동 국립극장에서 박충훈(朴忠勳) 국무총리 서리를 비롯하여, 관계국무위원과 1천 5백 여 명의 기업인 대표가 참석한 가운데 기업풍토쇄신을 위한 '기업인대회'를 열었다. 이날 대회장인 김영선(金永善) 대한상의 회장은 대회사를 통해 정부가 대대적인 사회정화운동을 전개하는 과정에서 기업인에 대해 특별히 관용을 베푼 것은 기업의욕의 저하, 물가의 앙등, 실업의 누증이라는 어려운 경제현실을 감안한 것으로 보이나, 다른 한편으로는 기업인들이 이를 자성의 계기로 삼아 실업흡수와 생산증가에 박차를 가함으로써 경제난국 극복에 전력을 기울일 것을 바라는 때문이라고 말하고, 모든 기업인들이 합심 협력하여 경제발전과 국가안보에 기여함으로써 국민과 정부의 기대에 부응하자고 호소했다.[118]

이날 대회에서 기업인들은 6개항의 기업윤리강령을 채택, 기업인 모두가 ① 국제수지방어와 인플레 수속(收束)을 위해 생산성 향상과 품질고급화를

116) 같은 책, 76~77쪽.
117) 『동아일보』 1980.6.19.
118) 『동아일보』 1980.7.16.

통한 수출증대 및 물가안정에 전력을 다하고, ② 기업의 사회성을 재인식, 기업회계의 독자성 유지, 기부접대비 지출의 합리화를 기하는 동시에 소유와 경영의 분리를 바탕으로 하는 전문경영체제를 확립할 것을 다짐했다. 또한, ③ 원만한 노사관계를 확립, 근로자의 소득증대와 복지증진을 통한 노사협조체제를 강화하고, ④ 대기업에 의한 지나친 기업집중, 중복투자나 불공정 거래 등 경제질서를 교란하고 사회적 낭비를 가져오는 행위를 지양하는 한편, ⑤ 기업의 사회적 책임이 정상이윤의 지속적 극대화를 통한 국민경제발전에의 공헌에 있으므로 정부지원이나 타인자본에 의한 무리한 사업 확장과 인플레에 편승한 투기 등 비정상적인 영리행위를 불식하겠다고 밝혔다. 이와 함께 ⑥ 어떠한 불의와도 타협함이 없이 정직하고 성실한 사람이 잘 사는 복지사회건설에 앞장설 것도 아울러 다짐했다.[119]

또한 정부는 1980년 9월 27일 기업체질강화대책을 발표하고 은행돈을 쓰고 있는 일정규모 이상의 대기업 소유 부동산에 대해서는 앞으로 2주 안에 모두 자진신고토록 하는 한편, 비업무용부동산의 처분촉진 및 소유제한 재벌그룹소유, 계열기업의 정리, 법인세율인하 등의 기업과세제도의 합리화 조치를 단행키로 했다.[120]

더 나아가 국보위는 서민생활을 보호하기 위한 지원 대책으로 영농(營農)자금과 영어(營漁)자금 등 농수산 자금 지원을 확대했으며, 어민의 안정조업을 뒷받침하기 위해 소형어선을 건조하도록 하고, 어구의 관세 감면 조치 등을 강구했다. 그리고 고용과 생산 면에서 국민생활의 안정기반이 되는 중소기업을 보호육성하기 위해 영세기업에 대한 자금지원 규모를 증가하고, 신용대출 및 보증을 확대했다. 또한 그동안 과잉 중복 투자로 문제가 되어온 일부 중화학 공업 분야의 투자를 재조정했으며, 수출 진흥을 뒷받침하기 위하여 그동안 절차의 복잡성으로 수출업체에 많은 부담과 애로를

119) 같은 신문.
120) 『동아일보』 1980.9.27.

주어 왔던 수출입 절차를 대폭 간소화하였고, 종래의 정부 회계제도는 가격 산정기준에 비현실적인 요인이 많아 정부와 납품 또는 공사계약에 많은 불편을 주어 왔기 때문에 정부 입찰시 덤핑 방지를 위한 입찰제도의 개선, 정부 원가계산 방식의 기업회계 방식으로의 전환, 지방 중소기업체의 보호 육성 등을 내용으로 하는 정부 회계제도를 개선했다. 아울러 농정의 과감한 개혁과 민원 행정의 쇄신을 포함한 서민생활 안정시책 등은 괄목할 만한 개혁이기도 했다.[121]

한편 노동청은 국보위의 방침에 따라 17개 특별검사반을 편성하고 연인원 729명을 동원하여 해방 이후 누적된 부조리를 파헤친다는 명분 아래 1980년 6월 9일부터 7월 31일까지 한국노총과 17개 산별노동조합 및 전국의 지역지부 중 부조리가 현저한 39개 지역지부에 대한 업무검사를 실시했다. 이에 따라 한국노총에서도 국보위의 정화지침에 따라 노동조합에 내재된 각종 부조리를 척결하기 위한 자율적인 정화운동을 전개했다. 그리하여 한국노총에 중앙정화위원회가 구성되고, 산별노동조합에는 산별정화위원회가 구성되어 다음과 같은 정화지침 아래 정화운동을 추진토록 했다.[122]

첫째, 비위 부조리가 현저한 자를 자체 정화하되 그 범위는 최소한으로 축소하고, 대다수의 노조간부로 하여금 심기일전하여 새 시대 새 건설에 솔선 참여토록 유도한다.

둘째, 정화대상자는 노동조합으로부터 자진사퇴하도록 하고 원직에 복귀하여 평조합으로 생산활동에 전념토록 조치한다.

셋째, 노조정화를 주도권 다툼의 방편으로 역이용하는 사례방지

넷째, 정화지침 및 행동강령을 작성 시달하여 각급 조직의 임직원은 물론 전 조합원이 실천 생활화한다.

---

121) 계엄사편집위원회, 앞의 책, 573~578쪽.
122) 문화공보부, 『국보위 백서』, 83~85쪽.

다섯째, 각급 조직 임원은 본연의 자세를 되찾아 일체의 비위, 부조리를 척결하고 근로자의 권익옹호와 노사협조로 복지사회를 건설하고 건전노조운동의 풍토를 정착시킨다.

이와 같은 정화지침에 따라 한국노총과 17개 산별노동조합 및 전국의 지역지부 가운데 감사를 통해 6건은 사법처리, 11건은 변상조치, 73건은 회수조치를 취하고, 비위 부조리가 현저하다는 이유로 각급 노조간부 191명을 자진 사퇴시키고, 106개 개별 지역노조가 폐쇄되었으며, 산별노조 조직이 허용되지 않았을 뿐만 아니라, 개별기업 수준에서도 신규 노조인가 자격조건이 강화되었다. 그 결과 전국 노조원 수가 격감하여 1979년 110만에서 1981년 82만 2,000, 1983년 78만 5,000으로 줄어들었다. 더욱 중요한 사실은 회사와 국가의 통제로부터 자주적인 노조활동이 불가능해졌다는 점이었다. 결과적으로 조직 노동자에 대한 국가의 권위주의적 통제는 유신체제 하에서보다 가혹해진 것이었다.[123]

5) 교육개혁

국보위 상임위원회는 1980년 7월 30일 과열과외 현상을 뿌리 뽑고 교육 정상화를 기하기 위해 1981년도 대학입시부터 대학별 본고사를 폐지, 출신 고교의 내신성적과 예비고사 성적만으로 대학입학자를 선발하고 역시 내년 대학신입생부터 졸업정원제를 실시하며 신입생을 정원보다 일정수 더 선발하되, 졸업은 정원만큼만 시키기로 하고, 1981년도 대학입학인원을 1980년보다 10만 5천 명 더 증원하는 것을 골자로 한 일대 교육혁신안을 발표했다. 「교육정상화 및 과열과외해소방안」으로 발표된 국보위의 교육혁신

---

123) 문화공보부, 『국보위 백서』, 85쪽; 유병용 · 홍순호 · 이달순 외, 『한국현대정치사』, 집문당, 1997, 249쪽; 김영명, 『고쳐 쓴 한국현대정치사』, 을유문화사, 1999, 253쪽.

안은 또 대학의 강의를 아침부터 저녁까지 개설하여 대학의 시설과 인력을 최대한 활용하는 전일교수제를 모든 대학이 시행토록 했고, 초·중·고교의 현행 교과목 수와 내용을 축소 조정하며, 방송통신대학을 확충하고 교육대학 이수연한도 4년으로 연장한다는 것 등이다. 교육혁신안을 발표한 국보위 오자복 문공위원장은 국보위는 학교교육의 정상발전을 저해하고 고질적인 사회병폐가 되어온 과외수업의 과열현상을 근본적으로 뿌리 뽑으려는 정부의 강력한 의지에 따라 이 같은 교육혁신의 결단을 내리게 되었다고 밝히고, 이 같은 교육혁신의 성공적인 추진을 위해 범국민적 과외추방캠페인을 전개, 우선 공직자, 사회지도층 인사 자녀부터 과외를 금지시키고 과외교사의 형사 입건 등 단호한 조치를 취하겠다고 밝혔다.[124]

특히 문교부는 과열과외 수업을 강력히 단속함으로써 교육 정상화 및 과열과외 수업 해소를 위한 정책집행을 뒷받침하고, 과열 과외수업 추방을 위한 범국민적 운동을 유도 촉진하며, 건전한 교육풍토 조성에 기여한다는 목적 아래 1980년 8월 5일 '과외단속시행방침'을 마련하고 모든 재학생은 일체의 과외수업을 받지 못한다고 밝혔다. 문교부는 규제대상의 과외 정의를 "각 급 학교의 학교수업 이외의 수업을 받는 일체의 교습행위"라고 규정하고, 규제대상 과외의 유형을 집단과외, 개인과외, 사설학원과외 등으로 규정했다. 문교부는 학교 내에서의 정규수업 이외의 보충수업은 가능하나 학교 밖에서의 과외수업은 일체 금지한다고 밝히고, 각 급 학교의 현직교사는 어떤 형태의 과외교습 행위도 금지하며, 과외 자녀의 학부모는 그 신분에 불구하고 모두 명단을 공개하고 면직 등으로 강력히 규제한다고 밝혔다.[125]

이밖에 예능, 체육과 기술, 꽃꽂이 등의 취미활동은 교사의 추천에 의한 학교장의 허가를 얻어야 하되, 인가 또는 등록된 학원이나 교사한테서만 교습을 받도록 했고, 독학생 및 졸업생은 공인된 사설학원에서만 수강하도

---

124) 『동아일보』 1980.7.30; 『경향신문』 1980.7.30.
125) 『동아일보』 1980.8.6.

록 했다.126)

1970년대 말 우리사회에서는 초·중·고생은 물론 심지어 대학생 중에서도 과외수업을 받아야만 공부가 되는 것으로 믿는 교육풍조가 만연하여, 사회·경제·교육적 측면에서 심각한 문제점으로 제기되었다. 이러한 폐단은 학벌이나 일류학교만을 중요시하는 사회풍조와 학교교육에 대한 불신, 그리고 교육투자의 미흡 등 여러 요인이 누적되고 악순환 되어 당시 교육문제는 심각한 사회문제로 대두되기에 이르렀다.127)

즉 과열과외현상은 고등교육 기회의 협소, 대학입학시험제도의 모순, 학교교육자체의 부실, 교육투자의 미흡, 취업기회의 부족과 학력 간 임금격차, 그리고 자녀교육에 대한 오도된 교육관, 사회의식구조 등이 서로 상승작용을 하여 일어난 것이었다.128)

과열된 과외수업과 과열 입시경쟁의 악순환은 학교교육을 입시준비 교육으로 변질시킴으로써 학교교육의 정상적 기능을 저해했으며, 우수한 학교교사가 학교수업보다는 과외수업에 치중하고, 교육의 장이 학교 밖으로 옮겨짐에 따라 학교교육에 대한 불신은 고조된 반면, 비인기학교 담당교사의 사기는 저하되어 결과적으로 학교교육보다 과외공부가 주가 되는 비정상적인 교육풍토가 만연하였다. 또한 과열 과외수업은 각 가정의 가계에 압박을 초래했다. 부유한 가정은 보다 질 좋은 과외수업을 받기 위해 거액의 과외비를 투자하게 되고, 서민층은 서민층대로 과외를 못 시키는 불안감에서 벗어나기 위해 가계의 적자를 무릅쓰면서까지 과외수업을 시켰다. 1980년 한국교육개발원이 조사한 바에 의하면 조사대상 학부모의 92%가 가계부담 압박을 호소했고, 또한 순수한 과외비로 지출한 돈은 3,275억 원으로 이 액수는 당해 연도 정부예산의 6%, 문교부 예산의 30%를 차지하는 액

126) 같은 신문.
127) 사회정화위원회, 『사회정화운동사』, 159쪽.
128) 『서울신문』 1980.7.30.

수로서, 공교육비를 능가하는 막대한 액수였다. 이와 같은 학부모의 과중한 교육비 부담은 일반국민들의 가계압박은 물론, 계층 간의 위화감을 팽배시키고, 국가경제의 입장에서 보면 불필요한 과외비 지출로 국가재원의 낭비는 물론, 공정한 소득분배에도 악영향을 초래했다.[129]

그리하여 과외금지 시행방침은 과외교사의 경우 현직교사는 교내 보충수업 이외에는 어떤 형태의 교외교습행위도 금지하고, 다만 직업청소년을 위한 무상봉사활동, 교외활동을 통한 교습은 학교장의 승인을 얻는 경우에만 허용하며, 공인학원의 강사나 등록된 예체능, 기술, 기능 및 취미활동의 과외교사를 빼고는 누구도 과외행위를 할 수 없도록 했다. 재학생은 가족에 대한 교습과 학교장의 승인을 얻은 교회활동 및 직업 청소년에 대한 무료봉사활동만을 허용했다. 학교장의 승인 없이 과외를 받도록 한 학부모는 공직자는 면직되고, 기타 학부모는 명단을 지상에 공개하며, 세무·금융·인허가 등 가능한 한 모든 행정권을 발동하여 제재했다. 공직자 이외의 학부모 중 직장인의 경우는 소속 고용주에 통보, 면직토록 하며, 만약 불응시에는 해당업체를 규제하기로 했다.[130]

이처럼 불법과외에 대한 응징은 단호했다. 단속을 통해 과외를 받은 사실이 적발된 재학생은 정학 혹은 퇴학조치를 받았으며, 그 학부모를 직장에서 면직시키는 한편 가르친 대학생을 구속하기까지 했다. 그와 같은 가혹한 대응마저도 과외열기를 잠재울 수는 없었다. 대학입시는 '계급전쟁'이었기 때문이다.[131]

한편 과외학습을 하고자 하는 학원이나 교사는 반드시 관할교육구청에 등록하되 8월 1일 이전에 이미 과외를 하던 교습자는 오는 11일까지, 신규

129) 사회정화위원회, 『사회정화운동사』, 159~160쪽.
130) 『동아일보』 1980.8.6.
131) 강준만, 『한국현대사 산책-1980년대 편』 1, 인물과 사상사, 2003, 219쪽.

교습자는 과외 개시 전에 등록해야 했다. 또 과외단속을 위해 국보위에 총괄반, 그 밑에 문교부 각 시도교육위원회에 18개 합동단속반, 내무부에 12개 반, 국세청에 7개 반을 두도록 했다.[132]

국보위와 사회정화위원회를 주축으로 행해진 불법과외단속 실적을 보면 1980년부터 1988년까지 총 209건을 적발하여 과외 교습자 299명, 과외 학생 1,196명을 조치하고 학부모 1,077명에 대하여 책임을 물었다고 되어 있다.[133]

그리하여 교육학자나 교육평론가들은 이 교육조치를 '교육쿠데타' 혹은 '교육테러'라고 혹평하기도 했다. 7·30 교육정책은 '이규호(李奎浩) 교육정책'이라고 불리기도 했다. 이는 그가 이 교육조치가 발표되기 2개월 전인 1980년 5월 24일 전두환에 의해 제25대 문교부장관으로 임명되어 7·30 교육조치를 비롯한 일련의 교육정책을 입안하고 집행한 핵심인물이었기 때문이다.[134]

대학입시의 경쟁을 완화시키고자 한 과외금지조치가 초기에는 대다수 국민들의 지지를 받기도 했다. 그것은 과외금지조치가 당시의 왜곡된 교육현실을 바로 잡아야 한다는 국가 사회적 요청에 부합하고, 국민들도 그 필요성을 잘 인식하고 있었기 때문이었다. 그러나 후기로 갈수록 국민의 지지도가 하락했다. 그 이유는 사회정화위원회 중심의 물리적 단속이 한계에 부딪히고, 형식에 흘러 비밀과외가 성행함에 따라 마음 약한 사람은 과외를 못하고, 강심장을 가진 뻔뻔스러운 자들은 과외를 해도 적발되지 않으니, 이럴 바에야 차라리 과외금지를 해제하는 것이 낫지 않겠느냐는 일반 국민들의 피해의식이 확산되었기 때문이다. 특히 과외금지 조치가 전시효

---

132) 『동아일보』 1980.8.6.

133) 김진구, 「기관형성의 관점에서 본 사회정화운동」, 고려대학교 정책과학대학원 도시 및 지방행정전공 석사학위논문, 1990, 33쪽.

134) 강준만, 앞의 책, 217~218쪽.

과 제고를 위하여 추진된 측면이 강하고, 뿐만 아니라 사회·교육·환경의 구조적인 개혁이 없는 정화 차원의 물리적인 단속은 단기적으로 어느 정도 효과를 가져올지는 몰라도 장기적으로는 성과를 거두기 어려웠기 때문이다.[135]

그래서 1980년대 내내 과외단속을 피하며 행하는 이른바 '몰래 바이트'라는 신조어가 생겨나기도 했다.[136] 특히 불법과외 단속은 고가의 신종 과외만 양산시킴으로써 새로운 악을 만들어냈다는 책임을 져야 하기까지 했다. 당시 학부형들까지 외고 있던 고가의 신종과외 품목을 보면 전화과외, 원정과외, 하숙과외, 별장과외, 드라이브과외, 파출부과외, 운전사과외, 심야과외, 친척위장과외, 올빼미과외, 독서실과외, 학원변태과외 등등 그 명칭조차 헤아리기가 힘들 정도로서 예전보다 더 비싸고 지능적인 수법의 과외 종류만을 양산해냈다는 비판이 일었다.[137]

한편 국보위 상임위원회는 1980년 8월 19일 사학운영의 부조리를 척결, 사학의 신뢰회복과 공공성을 높여 사학의 건전한 발전을 이룩하기 위한 사학운영쇄신기본시책을 발표했다. 국보위가 마련한 이 기본시책 가운데 그동안 문제가 되어 온 재단과 학교경영을 분리시키기 위해 총학장 및 교장은 학사운영, 교직원 인사, 예산편성과 집행 등 학교경영 일체를 독자적으로 관장하고, 재단(설립자와 배우자 및 직계존비속)은 학교운영에는 일체 간여치 못하게 하여 재단으로부터 학교경영의 자립성과 독립성을 확보토록 했다. 또 교수가 학교재정운영에 참여토록 '대학재무위원회'를 구성하는 등 재무회계제도를 대폭 개선하며, 청강생 제도를 폐지하고 대학편입제도

135) 김진구, 앞의 논문, 34~35쪽; 정해구, 『전두환과 80년대 민주화운동』, 역사비평사, 2011, 96쪽.
136) 강준만, 앞의 책, 219쪽.
137) 윤재걸, 「정화돼야 할 怨府(원부) 사회정화위원회」, 『신동아』 343, 1988.4, 246쪽.

를 엄격히 규제하며, 공인회계사의 감사임용을 의무화시키고 감독청의 정기 감사를 2년에 한 번씩 실시하는 등 감독기능을 강화하는 한편, 사학지원책으로 사학지원기금제도를 실시키로 했다. 사학운영쇄신기본시책의 구체적인 내용은 다음과 같다.[138]

① 설비자와 운영자의 분리
- 재단은 법인운영만 전담하고 학교를 불간섭하며, 학교장은 독자적으로 학교운영
- 이사회는 총학장 교장만 임면하고, 전교직원 임면은 총학장 교장의 전담
- 재정권은 이사회의 학교예산집행권을 학교장에 이관
② 재정운영의 정상화
- 대학재무위원회를 구성, 교수가 학교재정운영에 참여하고 예산결산의 의결과 집행을 감독
- 재무회계제도를 개선, 자본회계와 수지회계를 구분하고 기본금과 잉여금증감명료화, 독식부기제 도입
③ 학사부조리 시정
- 청강생제도 폐지
- 대학편입은 모집 시기를 조정하여 대학별로 임의 실시하던 것을 전후기로 구분하여 실시, 편입방법 즉 편입요강 합격자명단 미등록자결원 보충방법 등을 교내신문과 게시판 등에 공고의무화
- 편입학 감사 중점 실시
④ 사학지원기금제창설연구
- 음성적 기부금의 양성화 및 사학재정원의 확보
- 종류는 지정희사금(특정학교 특정용도)과 비지정희사금으로 구분

---

138) 『동아일보』 1980.8.19.

- 용도는 교수연구비, 학생장학금, 시설비 등에 충당
⑤ 감사기능의 강화
- 공인회계사의 감사임용 의무화, 법인 및 학교회계 연 1회 감사보고, 공인회계사 검사필 결산보고서 작성 필수화
- 감독청의 정기 감사를 2년에 한번 실시, 문제발생시 특별감사

　이러한 국보위가 마련한 교육혁신안은 그 혁신의 폭이 너무 큰데 일단 모두들 놀라면서도 학교교육이 지향해야 할 이상을 밝혔다는 점에서 긍정적인 반응을 얻었다. 그러나 고교내신성적의 공정성, 대학교수 확보 등 대학교육의 정상화, 대학교육의 획일화 방지 등의 제도적 장치가 뒤따라야 하며, 고교평준화가 선행되어야 한다는 의견이 많았다. 또한 졸업정원제로 대학과외 부작용의 우려도 있었으며, 들어가 놓고 보겠다는 풍조가 일면 국력낭비라는 비판도 있었다.[139] 특히 입학은 쉽지만 졸업은 어렵게 만든 졸업정원제는 입학 후 학업경쟁을 유도함으로써 대학생의 정치의식을 약화시킬 또 다른 의도를 내포하고 있었다.[140]

　또한 전두환 국보위상임위원장은 1980년 8월 19일 "대학은 진리탐구의 수련장이어야 하며 결코 질서파괴의 진원지가 되어서는 안 되겠다"고 말하고, "앞으로 어떤 상황에서도 학원내외의 소요사태는 일제 용납하지 않을 것이며, 이 기회에 가두시위의 악습은 다소의 희생을 감수하고서라도 근절시키고 말 것"이라고 밝혔다.[141]

　그리하여 학원의 질서를 되찾고 연구하고 면학하는 풍토를 재정립하기 위해 학생지도기구를 부활 또는 보강하며 학칙을 개정하는 등 대학의 학생지도체제를 정비하고, 학생지도 역량을 강화하기 위한 조치를 취했다. 더

---

139) 『동아일보』 1980.7.30.
140) 정해구, 『전두환과 80년대 민주화운동』, 역사비평사, 2011, 96쪽.
141) 『동아일보』 1980.8.19.

나아가 교수와 학생들을 대상으로 시국관과 국가관을 고취하고 정신교육을 실시했다.[142]

또한 박정희 서거 이후 학원의 민주화, 자율화를 내걸고 자치회가 활성화되면서 학도호국단이 사실상 폐지된 상황이었는데, 이러한 상황을 타개하고 학원의 진면목을 되찾는다는 명분 아래 국보위는 학생들이 임의로 조직한 학생회를 1980년 7월 31일 해산하고, 연구하고 면학하는 학원풍토를 조성하기 위해 학도호국단 체제로 다시 정비 개편했다. 그리고 국가관이 투철하고 학생활동에 대한 올바른 주견이 있는 학생은 학생회 조직에 선출되었다 하더라도 학도호국단 간부로 흡수하여 참여케 했다. 그리고 모든 대학에 단규준칙을 시달하여 대학별 실정에 맞는 단규를 제정하고(8.20), 8월 31일 운영지침도 시달했다.[143]

이로써 전두환을 비롯한 신군부세력은 교육혁신안과 사학운영쇄신기본시책을 발표하여 사학운영쇄신책을 마련함으로써 과외의 과열현상을 억제하고, 사학운영의 부조리를 척결하는 긍정적인 측면도 보여주었으나 기실 그 목적은 학원의 민주화와 자율화를 억제하고 학원을 통제하려는 데 있었다.

요컨대 신군부세력의 교육정책은 그 어떤 화려한 수사를 내걸었건 기본목표는 시종일관 저항의 무력화와 더불어 체제순응적인 인간을 길러내는 것이었다.[144]

6) 사회악 근절과 삼청교육

국보위의 사회개혁작업은 일명 '삼청계획'이라 칭했고, 이는 5단계로 이루어졌다. 즉 삼청계획 1호는 권력형 부정축재자 척결, 삼청계획 2호는 정치비리자 척결, 삼청계획 3호는 고급공무원 숙정, 삼청계획 4호는 3급 이하

---

142) 문화공보부, 『국보위 백서』, 64~66쪽.
143) 같은 책, 65~67쪽.
144) 강준만, 앞의 책, 220~221쪽.

공직자 숙정, 그리고 삼청계획 5호는 사회악 일소조치로 단행된 불량배 소탕 및 순화교육계획이었다.[145]

국보위로부터 시달된 불량배 소탕계획(삼청교육 5호)에 따라 계엄사는 유신헌법 제54조 제3항, 계엄법 제13조를 근거로 1980년 8월 4일 계엄포고 제13호를 발령했다. 이에 따라 별도의 체포, 구속영장 없이 검거와 수용, 순화교육, 근로봉사 등 일련의 조치가 취해졌다.[146]

국보위 상임위원회는 1980년 8월 4일 사회개혁의 차원에서 모든 사회악을 근원적으로 제거하고, 국민생활 주변의 모순과 부조리 등 고질화된 제반 의식구조를 강력히 개혁하며, 정의로운 사회건설을 위해 그간 사회 저변에서 국민생활을 괴롭혀 온 폭력·사기·밀수·마약사범 등 각종 사회적 독소를 뿌리 뽑기 위한 「사회악일소 특별조치」를 단행했다. 이 조치에 따라 군경은 이날부터 전국적으로 이들 사범에 대한 일제 검거에 착수했다. 권력형 부조리의 척결, 공무원 숙정 등의 사회정화조치에 이어 명랑하고 정의로운 사회를 건설한다는 목적 하에 단행되는 이 사회악 일소 특별조치를 발표하면서 국보위 오자복 문공부 위원장은 "조직적인 폭력·공갈·사기·마약·도박사범 등 사회기강을 어지럽히는 갖가지 사회악이 우리 주변에 만연돼 공공질서를 파괴하고 국민의 재산과 생명까지 위협하는 고질적인 요인이 돼왔다"고 밝히고, "특히 폭력의 경우 그 양태가 조직적이고 집단화되어 정계, 경제계 등에까지 뿌리를 뻗치고 있을 뿐 아니라, 심지어 중·고교 등 학원가에까지 침투해 국가장래를 크게 우려하게 하는 지경에 이르렀다"고 설명했다.[147]

국보위의 이번 「사회악일소특별조치」의 대상은 현행범과 재범 가능성이

---

145) 국방부 과거사진상규명위원회, 『국방부 과거사진상규명위원회 종합보고서』 제2권, 국방부 과거사진상규명위원회, 2007, 508쪽; 『삼청교육대백서』 하, 삼청교육대인권운동연합, 2003, 27~28쪽.

146) 국방부 과거사진상규명위원회, 위의 책, 511쪽.

147) 『동아일보』 1980.8.4; 『경향신문』 1980.8.4.

큰 전과자들로서 개전의 정이 없이 주민의 지탄을 받는 자, 불량배 조직에 가담된 자, 상습적인 행위자, 배경세력 비호 하의 상습적 반사회행위자 등이다. 특히 폭력사범의 경우 강도, 절도, 치기배 등을 포함한 일반 폭력배는 물론이고, 경제 폭력배를 비롯해서 정치 폭력배, 학원 폭력배 등도 포함되었다. 또 공갈 및 사기사범의 경우는 상습적인 일반 공갈, 악성사건 브로커 등 상습적인 특별공갈사기범, 기타 텃세 강요, 유흥업소 악성멤버 등 공갈 사기를 통한 서민착취사범 등이 포함되었다.[148]

국보위는 이번 조치가 종전처럼 일시적인 것에 그치지 않고, 폭력을 비롯한 각종 사회악이 완전히 없어질 때까지 군·관·민 합동으로 지속적으로 추진되도록 할 방침이며, 각종 사범을 검거, 사회로부터 격리시키는 데만 목적을 두지 않고, 이들을 계몽 선도하여 정상적인 사회인으로 복귀, 선량한 시민으로 재생시킬 수 있는 갖가지 조치를 강구할 방침이라고 밝혔다. 또한 이 조치와 관련하여 자수기간을 설정해서 검거대상자의 자수를 권장하기로 했다. 국보위는 이들 각종 사회악사범들이 자수기간 내에 자수할 경우 최대한 관용을 베풀 것이라고 밝혔다.[149] 그리고 이번에 검거되는 불량배 등을 일정한 기준에 따라 공정한 심사를 통해 분류하며 순화조치를 취하고 죄질의 정도와 개전의 가능성에 따라 군재회부, 또는 근로봉사, 순화교육 등을 시키기로 했다.[150] 이러한 사회정화작업은 5·17비상계엄의 일환이요, 그 후속조치라 하겠다.[151]

이처럼 국보위 상임위원회가 사회악 일소를 위한 특별조치를 단행함에 따라 각종 불량폭력배 일제 검거에 나선 당국은 1980년 8월 15일 현재까지 전국에서 폭력배 2만 6천 787명, 공갈사기 1천 43명, 밀수·상습도박 등 사

---

148) 『경향신문』 1980.8.4.
149) 『동아일보』 1980.8.4.
150) 『경향신문』 1980.8.4.
151) 계엄사편집위원회, 『계엄사』, 육군본부, 1982, 125쪽.

회풍토문란사범 2천 748명 등 총 3만 578명을 검거했다고 발표했다. 당국자는 검거된 폭력 불량배들을 군 검경 합동심사위원회가 엄중한 심사기준에 따라 죄질이 나쁘고 무거운 1천 79명을 구속, 357명은 군재회부, 722명은 검찰에 송치했고, 죄상이 비교적 가볍고 개전의 가능성이 있는 1만 9천 462명은 계속 조사 중이고, 나머지 8천 180명은 훈방했다고 밝혔다.[152]

이 가운데 군부대 수용 중인 사람에 대해서는 2~4주간씩의 육체훈련과 정신교육을 병행하는 순화교육을 실시 중인데, 뉘우치고 깨닫는 점이 뚜렷한 사람은 사회에 복귀시키되, 순화교육만으로 부족해 보이는 사람은 교육종료 후 3~6개월 이내의 근로봉사를 하도록 할 방침이었다.[153]

여기에서 '삼청교육'이란 말이 등장했다. 이는 국보위 상임위원회를 통하여 결정된 불량배소탕에 관한 이른바 삼청계획 제5호에 따른 것으로, 불량배들을 군부대에서 순화교육을 시킬 교육계획을 말하고, 삼청교육대는 그 교육을 실시한 군부대를 가리킨다. 순화교육을 '삼청교육'이라고 명명하게 된 연유는 국보위가 삼청동에 위치하고 있어 작업명칭을 삼청계획 제5호로 이름 붙이면서였다. 이 계획에 따라 전국적으로 검거선풍이 불기 시작하여 비상계엄이 해제되는 1981년 1월 24일까지 5개월 여 동안 4차에 걸쳐 모두 60,755명이 검거되었다.[154] 이들 검거자들 중에 20대 이하의 청소년층이 41,169명으로 전체의 68%를 점하고 있었으며, 국졸 이하가 거의 반수를 차지했다.[155]

검거된 이들은 A, B, C, D급으로 분류하여 A급은 군법회의에 회부하거나 검찰에 송치하고, D급은 훈방하며, B, C급은 군부대에서 순화시키는 것으로 하였는데, 총 60,755명 가운데 A급 3,252명, B급 17,873명, C급 22,475명,

---

152) 『동아일보』 1980.8.6, 1980.8.15.

153) 『동아일보』 1980.8.15.

154) 대한민국재향군인회, 『12.12/5.18 실록』, 대한민국재향군인회 호국정신선양운동본부, 1997, 337쪽; 계엄사편집위원회, 『계엄사』, 육군본부, 1982, 588쪽.

155) 계엄사편집위원회, 위의 책, 589쪽.

D급 17,156명이었다.[156)

교육생들이 4주간 '삼청교육'을 받으면서 외워야 했던 「수련생 수칙」은 이러했다. "하나, 나는 교육대원 명령에 절대 복종한다. 둘, 나는 신문잡지 구독 및 라디오 텔레비전 시청을 금한다. 셋, 나는 공공시설을 애호하고 음주 및 흡연을 금한다. 넷, 나는 주면 주는 대로 먹겠다. 다섯, 나는 때리면 때리는 대로 맞겠다." 교육생들은 이 수칙과 함께 "개과천선, 반성속죄, 새사람"이란 구호를 끊임없이 외쳐야 했다.[157)

삼청교육대의 일과는 아침 6시 기상으로부터 시작하여 밤 10시 취침 시까지 병영생활과 같이 짜여진 시간계획에 의거하여 빈틈없이 진행되었다. 하루의 일과가 끝나면 모든 수련생들은 내무반에 질서정연하게 꿇어앉아 다음과 같은 반성구호를 마음속으로 외우며 지난 일을 스스로 반성하는 시간을 갖도록 했다.[158)

① 나는 반성하는 생활태도를 가지고 살아왔는가?
② 나는 항상 좋은 사람이 되겠다고 결심한 적이 있는가?
③ 나는 남이 아픈 것을 내가 아픈 것으로 생각한 일이 있는가?
④ 나는 정직하고 열심히 일하였으며 조국에 봉사하였는가?
⑤ 나는 공공질서와 사회안녕을 해치는 일에 가담하지 않았는가?
⑥ 나는 민족적 사명감에 온 몸과 정신을 다 쏟을 각오를 한 적이 있는가?
⑦ 나는 나의 조국과 민족을 위하여 목숨 바쳐 일을 했는가?

이와 같은 자아반성을 통하여 과거의 잘못을 뉘우치고 진실된 삶을 다짐시키기 위하여 매일 자신의 반성결과를 수양록에 기재토록 했다.[159)

156) 임상혁, 「삼청교육대의 위법성과 민사상 배상」, 『법과 사회』 제22호, 법과 사회 이론학회, 2002 상반기, 82쪽.
157) 윤일웅, 「삼청교육대 그 비극의 전말」, 『월간조선』 104, 1988.11, 314쪽.
158) 계엄사편집위원회, 앞의 책, 595~596쪽.

순화교육 이후에는 B급 분류자들을 대상으로 근로봉사가 실시되었다. 4주간의 순화교육만으로는 과거의 죄과가 너무 중하거나, 개과천선의 미흡으로 아직 사회에 복귀시킬 수 없는 자들은 계속 군부대에 수용되어 근로봉사토록 함으로써 사회를 보호하며, 얼룩진 과거를 보답하고 반성과 회개로 개과천선의 기회를 더욱 부여하기 위하여 순화교육대 퇴소와 동시에 이들은 전방 근로봉사 부대로 이동되어 주로 전술도로공사의 방어시설 보강공사에 투입되었다.[160]

봉사란 명칭이 붙어있긴 하지만, 본인의 의사를 무시하고 거의 강제로 실시되었기 때문에 강제노역으로 보는 편이 맞다. 근로봉사는 9월 8일부터 실시되었는데, 총 10,016명이 이에 동원되었다. 그러나 이들의 대부분은 근로봉사 이후에도 사회로 돌아갈 수 없었다. 1980년 12월 18일에 제정된 사회보호법에 의거하여, 7,578명에게는 5년(특급 171명), 3년(가급 865명), 2년(나급 5,998명), 1년(다급 4,054명)의 보호감호 처분이 결정되어 여전히 구금되어 있었다.[161]

무엇보다도 가장 큰 문제는 경찰서별 강제할당제였다. 서울의 경우 경찰서당 일률적으로 200~300명씩 검거하라는 지시가 떨어졌으니 서장의 목이 달아나지 않기 위해선 무슨 수를 써서라도 그 인원을 채워야만 했다. 그래서 동네 사람들의 평판과 사적 감정에 따른 고발에 의존하거나, 단지 외모가 불량하거나 술을 많이 먹는다는 이유로 멀쩡한 시민들을 잡아들여 삼청교육대로 보내는 어이없는 일이 숱하게 벌어졌다. 지역별로 할당받은 인원을 채우라는 명령과 실적을 올리려는 몇몇 관계자들의 충성전쟁으로 인해 평범한 가정주부들도 끌려갔으며, 심지어 고교생까지 끌려갔다.[162]

159) 같은 책, 596쪽.
160) 같은 책, 601쪽.
161) 임상혁, 「삼청교육대의 위법성과 민사상 배상」, 『법과 사회』 제22호, 법과 사회 이론학회, 2002년 상반기, 83쪽.
162) 강준만, 앞의 책, 241~243쪽.

1988년 문교부에서 국회 5공 청문회에 제출한 자료에 의하면 1988년 12월 21일 현재 치안본부에서 확인한 바 삼청관련 고교생 수는 980명으로 파악되었으며, 명단은 확인 불가하다고 통보했다. 1980년 당시 치안본부 자체 평가보고 자료를 보면 검거자 612명을 중학생 17명, 고교생 432명, 대학생 76명, 재수생 87명으로 분류했다.[163]

그리고 여자 삼청교육대도 실시되었는데 입소 총인원은 319명이었다. 입소자 중 15세에서 20세 미만이 37명이고, 51세 이상 고령자도 17명이나 되는 것으로 파악되었으며, 기혼자가 213명으로 전체의 66%에 달했다. 전과가 전혀 없는 입소자가 217명으로 전체의 68%로 대부분을 차지하며, 5범 이상자는 8명이었다. 또한 입소자의 범죄 유형별 분류를 보면, 폭력 40%, 포주 22%, 사기 9% 순으로 집계되었다.[164]

이밖에도 노동조합 간부 22명에 대한 순화교육도 있었으며, 일부 조합원에게는 노조활동을 계속할 경우 삼청교육대에 보내겠다고 협박하여 정상적인 노동조합 활동을 할 수 없게 만든 사례도 있었다.[165] 이는 명백히 민주노조에 대한 탄압이었다.

이처럼 '삼청교육' 대상자들은 당국의 발표대로 폭력범, 파렴치한, 부모에게 주먹을 휘두른 패륜아 등의 전과자들이 많은 것은 사실이다. 그러나 이들 가운데 현행범들도 있었지만 과거의 전력 때문에 삼청교육대에 끌려와 고생한 사람도 많았다. 또 선정과정에서 경찰의 마구잡이 단속에 의해 애매한 사유로 잡혀오거나 주위의 투서나 모함에 의해 진부가 가려지지 않은 채 연행된 이들도 있었다.[166]

---

163) 국방부 과거사진상규명위원회, 앞의 보고서, 537~538쪽.

164) 같은 보고서, 539~540쪽.

165) 같은 보고서, 543쪽, 547쪽.

166) 윤일웅, 「삼청교육대 그 비극의 전말」, 『월간조선』 104, 1988.11, 312쪽.

'삼청교육'은 교육이 아니라 '삼청학살'이었다. 국방부가 발표한 「삼청교육대 사건 진상보고서」에 의하면 주먹질과 몽둥이로 사정없이 때려죽이는 것은 다반사이고, 혹대로 발가벗은 몸을 닥치는 대로 때려 죽음에까지 이르렀다고 밝히고 있다. 또 구보 도중에 낙오한다는 이유로 교관이 휴대하고 있던 목봉으로 도로상에서 구타를 가해 죽게 하기도 하고, 개인면담 중 두 손을 팬티 속에 넣었다고 태도가 불량하다고 하여 군화발로 짓이기다가 빨랫줄로 두 손을 묶어 밖에 방치하여 과다출혈로 죽게 하는가 하면, 이러한 훈련을 거부한다하여 교관 및 조교들 여러 명이 합세하여 삼청교육대 입소자들을 마구 폭행하여 장 파열 및 내출혈로 죽였고, 또 지나친 인권유린에 집단항의를 하자 무차별 총격을 가해 죽이기도 했다.[167]

그리하여 '삼청교육'으로 인한 피해는 2003년 3월 10일 현재 군부대의 순화교육 중 가혹행위 등으로 인한 장 파열, 뇌진탕, 질식사 등의 현장 사망자가 54명, 후유증 사망자가 397명, 행방불명이 4명, 정신질환자 등 각종 질환자가 2,768명이고, 당시 강제 연행된 피해자가 21,000여 명, 미성년자가 15,000명 그리고 순화교육 종료 후 재판 없이 보호감호 처분을 받은 자가 7,578명인 것으로 나타났다.[168]

또한 '삼청교육'의 후유증은 심각했다. 육체적 고통은 말할 것도 없었고, 삼청교육을 받은 이들에게는 삼청교육 이수자라는 낙인이 따라다녔다. 심지어 1990년대 초반까지 '삼청교육'을 받은 이들의 주민등록 등·초본 상단에는 '삼청교육 순화교육 이수자'라는 문구가 적혀 있어 취업을 하는 것은 물론이고 이사를 할 때마다 동사무소의 조사를 받아야 했다.[169]

그러나 '삼청교육'의 법적 근거인 계엄법 제13조의 조치는 군사작전 목적을 위한 군사상 필요할 때에만 가능한데, 불량배 소탕은 치안유지를 위한

167) 전영순, 『아직도 끝나지 않은 진실』, 천지문화사, 2009, 15쪽, 19쪽.
168) 정해구, 『전두환과 80년대 민주화운동』, 역사비평사, 2011, 85쪽.
169) 강준만, 앞의 책, 2003, 245~246쪽.

것이지 군사작전과 무관하므로 위법한 것이었다.[170] 특히 '삼청교육'의 가장 큰 문제는 인권유린이 다반사로 행해졌다는 데 있었다. 그리고 그 같은 인권유린쯤은 대수롭지 않게 여기는 관계자들의 의식구조가 삼청교육대의 비극을 불러들였다고 볼 수 있다.[171]

이상과 같은 '삼청교육'의 입안자가 누구인가에 대해 모든 상황을 점검해 볼 때 국방부와 '사회정화위원회' 등 관련기관들은 삼청교육에 있어 자신들의 역할은 하수인에 불과했다고 축소 주장하는 경향을 띠고 있다. 따라서 '삼청교육'에 관한 최종적인 책임문제는 국보위와 소위 개혁주도세력에게 초점이 모아지고 있다. 결국 삼청교육대의 계획 또는 입안의 1차적 책임은 당시 입법·사법·행정기관을 장악했던 전두환과 이희성 계엄사령관에게 달렸다고 볼 수 있다. 아울러 삼청계획은 국보위 사회정화분과위원회 위원장 김만기로부터 입안되었고, 그 최초의 아이디어를 제공한 인물은 허문도 당시 안기부장 비서실장이라는 얘기가 있다.[172]

이상과 같이 국보위는 외관상 대통령 자문, 보좌기관일 뿐, 실상은 전두환 국보위 상임위원장이 국정전반을 주도하면서 국무회의 내지 행정 각부를 조정·통제하거나 그 기능을 대신하여 헌법기관인 행정 각부와 대통령을 무력화시킨 신군부세력의 권력기구였다. 이에 대법원은 행정에 관한 대통령과 국무회의의 권능행사를 강압에 의하여 사실상 불가능하게 한 것이므로 군헌문란에 해당한다고 판단했다.[173]

그러나 한편 신군부세력은 국보위의 주도 하에 그 권력 장악의 정당성을

---

170) 국방부 과거사진상규명위원회, 앞의 보고서, 512쪽.

171) 윤일웅, 「삼청교육대 그 비극의 전말」, 『월간조선』 104, 1988.11, 319쪽.

172) 같은 논문, 319~320쪽.

173) 『동아일보』 1995.7.19; 광주광역시5·18사료편찬위원회, 『5·18광주민주화운동자료총서』 49, 광주광역시5·18사료편찬위원회, 2009, 585~586쪽.

확보하기 위해 정치, 사회, 경제, 교육 등에 대한 개혁활동을 단행했다.

사실 전두환은 스스로도 밝혔듯이 박정희 대통령이 서거하기 전에는 군 밖에서는 전혀 알려지지 않은 인물이었다. 국민들은 전혀 전두환의 존재에 대해 알지 못했고, 국제사회도 그를 알지 못했다. 그러나 국보위의 활동을 통해 전두환은 국민들의 주목을 받게 되었던 것이다.[174]

즉 전두환 국보위 상임위원장은 국보위를 이끌고 국가보위, 권력형 부조리의 척결 및 사회악의 일소 등 과거에 대한 청산뿐만 아니라, 과열과외의 해소와 중화학공업투자조정 등 새 정치질서 확립을 위한 기반조성 및 새 국가방향 제시, 정의사회 구현을 위한 업적을 남겼다.[175]

이는 공직사회와 일반사회를 개혁하고, 국민의식을 개혁하며, 나아가 사회정화의 당위성에 대해 범국민적 각성을 일깨웠다는 점에서 일정한 성과를 거두었으며, 이 때문에 전두환 국보위 상임위원장은 새 시대를 영도할 지도자로 추대되기도 했다. 그러나 국보위 주도의 개혁운동은 단속·규제 중심의 통제적이고 비민주적이며, 권위주의적인 측면을 강하게 드러냈다.

4. 전두환 대통령 선출

전두환을 비롯한 신군부세력은 국보위를 통해 위와 같은 여러 분야의 사회정화운동 및 개혁운동을 펴면서 권력이양 작업에 들어갔다. 즉 최규하 대통령은 1980년 8월 16일 특별성명을 통해 "학생들의 소요와 광주사태에 대해 국정의 최고책임자로서 정치도의상의 책임을 통감해 왔고, 시대적 요청에 따른 안정과 도의와 번영의 밝고 새로운 사회를 건설하는 역사적 전환기를 마련하기 위해 대국적 견지에서 임기 전에라도 사임함으로써 평화

---

174) 『서울신문』 1980.8.11.

175) 『서울신문』 1980.8.25.

적 정권이양의 선례를 남기며, 이것이 한국정치의 발전에 기여할 수 있다고 믿기 때문에 사임한다"고 밝혔다. 최대통령의 사임에 따라 박충훈 국무총리서리가 후임대통령 선출 때까지 대통령권한을 대행하게 됐다. 그리고 박충훈 대통령 권한대행은 특별담화문을 발표하여 국민회의를 통한 후임 대통령선거를 시사했다.[176)

이어서 국보위 상임위원장 전두환 육군대장은 1980년 8월 22일 육군회관에서 군 생활을 마치고 전역식을 개최했다. 전두환은 전역사에서 "새 시대를 창조하려는 우리의 결의에 찬 이상은 온 국민이 바라마지 않는 민주복지국가의 건설입니다. 이와 같은 우리의 이상을 달성하려면 첫째, 우리 역사 환경과 문화적 배경에 알맞은 민주주의를 토착화하여야 하며, 둘째, 국민 개개인이 물심양면으로 충족할 수 있는 복지사회를 건설하여야 하고, 셋째, 계속적이고 광범한 사회개혁을 통해 정의로운 사회를 구현하여야 할 것입니다...민주복지국가의 마지막 과제는 통일에 대한 우리의 확고한 의지입니다"라고 밝혔다. 아울러 전두환은 "우리의 또 하나의 과제는 평화적인 정권교체의 전통을 기필코 수립하는 것"이라고 말하고, "장기집권으로 인한 통폐와 도덕적 결함으로써는 새 역사, 새질서가 창조되는 것이 아니라 수구의 늪에서 썩어버리고 만다는 역사적 진리를 조그만 조직, 소집단의 지도자로부터 국가영도자에 이르기까지 공동의 규범으로 삼아야 한다"고 강조했다.[177)

그리고 이 자리에서 윤자중(尹子重) 공군참모총장은 "전군주요지휘관회의에서 차기 국가원수로 전두환 대장을 추대하기로 전군적 합의로 결의했다"고 밝혔다.[178) 그리하여 전두환의 군 생활을 마치는 전역식은 그가 대통령으로 나아가기 위한 한 과정이었던 것이다.

---

176) 『동아일보』 1980.8.16.
177) 『동아일보』 1980.8.22.
178) 같은 신문.

국민회의의 이춘기(李春基) 운영위원장을 비롯한 전국의 대의원 737명은 1980년 8월 25일 전두환 국보위 상임위원장을 단독 대통령 후보로 추대했다. 이들은 추천문에서 "우리가 전 장군을 제11대 대통령 후보로 추천키로 뜻을 모은 것은 오늘의 국가현실에 비추어 새 시대의 영도자로서 전 장군을 옹립하여 국운을 개척하고 새 역사창조의 계기를 이룩하고자 하는 국민적인 여망과 지지에 부응하기 위한 것"이라고 밝혔다. 이들은 추천이유로 "전두환 후보는 ① 새 역사의 영도자로서 민주복지국가와 밝고 정의로운 사회, 그리고 한국의 실정에 맞는 정치풍토를 토착화시켜 중단 없는 조국근대화와 민족중흥의 대업을 계속 추진해 나갈 것으로 확신되고, ② 국가의 안보를 확고히 수호하고 정통성에 입각한 조국의 평화적 통일 실현을 위해 헌신적인 노력을 다할 것을 믿어 의심치 않으며, ③ 미국을 비롯한 여러 우방과의 긴밀한 유대로써 한반도의 평화정착과 동북아의 안정 및 세계평화증진에 적극 기여함은 물론, 국제 간의 원활한 경제협력확대로 인류공영에 크게 이바지할 것으로 기대되며, ④ 10·26사태로 인한 국가의 위기를 극복하고, 구국의 일념으로 안보위해요인을 제거하며, 특히 국보위 설치 이후 사회정화 및 국가기강 확립 등 대대적인 사회개혁과 과거 어느 정권도 손을 대지 못한 일대 국정쇄신을 단행하는 과정에서 과감한 결단력과 추진력을 발휘함으로써 새 시대의 국가영도자로 국민의 부름을 받고 있고, ⑤ 청렴결백하며 투철한 국가관과 확고한 의지 및 문무겸전의 자질을 갖추어 나라의 맥락을 보전하고 새 역사창조의 대업 수행에 크게 이바지할 것"이라고 추천이유를 부연했다.[179] 따라서 국보위를 통한 일련의 사회정화개혁은 전두환이 대통령으로 선출되기 위한 명분을 쌓는 선행작업이었던 것이다.

더 나아가 해외 교민회(자유중국, 쿠웨이트 등)을 비롯해서 사회 각계의 지지 및 추대 움직임도 있어 전위원장의 단독추천과 당선이 확실시 되었

---

179) 『조선일보』 1980.8.26; 『동아일보』 1980.8.25-8.26.

다.[180] 그리하여 최규하 대통령은 1980년 8월 21일 특별시국성명을 발표하고, "새 지도자는 사심이 없고, 확고한 신념과 실천력을 겸비해야 할 것이며, 특히 우리나라와 같은 특수한 안보상황 하에서는 국민의 전폭적인 지지는 물론 국가보위의 주체인 군의 폭넓은 지지를 받을 수 있는 사람이어야 한다"고 강조하면서, 새 지도자에 관해 구체적인 이름을 언급하지는 않았지만 군의 지지를 비롯해서 당시 국민회의 대의원들과 각 사회단체들에 의해 추대되고 있는 전두환을 새 대통령 후보 적격자로 인정했다.[181]

이후 국민회의는 1980년 8월 27일 서울 장충체육관에서 제7차 회의를 열고 단일후보인 전두환을 총 투표자 2천 5백 25명(재적 대의원 2천 5백 40명) 중 2천 5백 24표(무효 1표)로써 제11대 대통령으로 선출했다. 새로 선출되는 제11대 대통령의 임기는 당시 헌법상 박정희, 최규하 전 대통령의 잔여 임기인 1984년 12월 26일까지로 돼 있으나 당시 마련 중인 개헌안이 확정되어 새 공화국이 출범할 때 새 대통령(제12대) 선거가 있게 되므로 그때까지만 재임한다.[182]

국민회의 의장권한대행인 박충훈 대통령 권한대행은 개회사를 통해 이번 선거의 의의는 과거 어느 때보다도 크다고 전제하고, "그것은 새 국가 지도자를 중심으로 지금 진행 중인 사회개혁을 포함한 제반 구국과업을 중단 없이 보다 효과적으로 추진해야 하고, 정부가 대내외에 공약한 정치일정을 더욱 앞당겨 실현할 수 있도록 함으로써 우리나라가 명실상부한 법치국가로서 민주주의 발전의 저력을 가진 문명국가임과 평화적인 정부이양이 가능함을 보여주는 선거가 되기 때문"이라고 강조했다.[183]

전두환 대통령은 1980년 8월 28일 제11대 대통령으로서 집무를 시작하며

180) 『조선일보』 1980.8.23, 1980.8.26.

181) 『동아일보』 1980.8.21.

182) 『조선일보』 1980.8.27~8.28; 『동아일보』 1980.8.22.

183) 『동아일보』 1980.8.27.

9월 1일 취임식을 마친 뒤 내각개편을 단행하고 새로운 진용을 갖출 계획인 것으로 알려졌다. 전두환은 취임사를 통해 "우리는 그동안의 정치작태에 대하여 책임을 져야 할 상당수의 구정치인들을 정리하였으며, 그 외에도 이런 폐습에 물든 정치인들에게 앞으로의 정치를 맡길 수 없다는 것이 본인의 소신"이라고 말하고, "따라서 정치의 개편과 정치인의 세대교체는 불가피하다"고 밝혔다.[184] 그리하여 행정부를 비롯한 정치체제 내에 대폭적인 세대교체가 단행되고, 구정치시대에 때 묻지 않은 신진인사의 대거 기용과 진출이 예상되었다.[185] 그리고 전두환 대통령은 취임식에서 민주복지국가의 건설을 천명하고, 민주주의의 토착화, 복지국가의 건설, 정의사회의 구현, 교육혁신 및 문화창달 등 4대 국정지표를 제시했다.[186]

전두환 대통령의 취임은 국민회의에 의한 보선대통령이란 점과 1984년 12월 26일까지의 법정임기를 다 채우지 않는 잠정대통령이란 점에서 최규하 대통령과 매우 유사한 형식을 취하고 있으나, 실질적인 면에서는 위기관리정부를 자임한 최규하 대통령 정부와 근본적인 차이를 나타내고 있다. 최규하 정부는 10·26사태로 권력의 구심점이 없어지게 되자 그에 따른 권력진공상태를 응급관리하기 위한 사명을 갖고 출발했으며, 이렇다 할 권력적 배경을 토양으로 하지 않은 가운데 생성된 정부였다. 반면에 전두환 정부는 군부의 확고한 세력기반 위에서 출발했다는 특징을 갖고 있다. 즉 권력의 진공상태를 관리하기 위한 것이 아니라, 메워진 권력의 실체를 확인하고 유지하고 행사하는 데 그 뜻이 있는 것으로 분석되었다.[187] 이렇게 해서 젊고 야심만만한 전두환이 박정희 대통령의 후계자가 되었던 것이다.[188]

---

184) 『동아일보』 1980.9.1.

185) 『동아일보』 1980.8.28.

186) 대한민국 국회, 『대한민국 국회 60년사』, 국회사무처, 2008, 470쪽.

187) 『동아일보』 1980.8.27.

188) 장석윤, 『탱크와 피아노-육사11기는 말한다』, 행림출판, 1994, 198쪽.

그리고 위컴 장군은 로스앤젤레스타임지의 샘 제임슨 및 AP통신의 테리 앤더슨 기자와의 인터뷰에서 전두환이 곧 대통령으로 취임할 것이며, "각계 각층의 사람들이 마치 쥐떼처럼 그의 뒤에 줄을 서고 그를 추종하고 있다"고 말했다. 이어서 위컴 장군은 전두환이 합법적으로 정권을 장악해 광범한 국민적 지지를 획득하고 한반도의 안보상황을 저해하지만 않는다면, 미국은 그의 대통령 취임을 지지할 것이라고 덧붙였다.[189]

그리하여 미국정부는 전두환을 지지한다는 최종적인 기본방침을 명확히 했다고 일본의 교도통신이 1980년 8월 23일 워싱턴발로 보도했다. 교도통신은 미국정부가 전두환 체제를 최종적으로 인정하기로 한 것은 한반도의 안전보장을 가장 우선적으로 고려하고 전두환이 민주화의 일정을 조기에 구체화하고 있기 때문이라고 전하고, 미국은 한국의 새 정부가 한국의 법절차에 따라 실현되는 것이므로 이에 개입하지 않는 것이라고 덧붙였다.[190]

특히 주한미군의 한 고위당국자는 전두환이 최근의 정부 각계, 사회 각층에 광범하게 실시한 숙정의 결과 상당한 국민의 지지를 받고 있다는 분석에 의견을 같이하며, 이러한 사실로 인해 미국이 전두환을 지지하게 된 배경이 되었다고 시사하고 있다.[191]

결국 미국의 카터 행정부는 한국의 이 같은 정치적 상황변화에 결코 반대하지 않기로 결정하고, 전두환이 대통령으로 추대되는 것을 지지하기로 했다고 워싱턴포스트지가 1980년 8월 17일 보도했다.[192]

189) 돈 오버더퍼(이종길 옮김), 『두개의 한국』, 길산, 2002, 210~211쪽; Don Oberdorfer, 『The Two Koreas』, Basic Books, A member of the Perseus Books Group, 2001, pp.132~133.
190) 『동아일보』 1980.8.25.
191) 『경향신문』 1980.8.8.
192) 『동아일보』 1980.8.18; 그러나 위컴 장군은 이 같은 사실은 한국 언론에 의한 사실 왜곡이라고 주장했다. 즉 전두환이 대통령으로 선출된 데 대해 카터 대통령이 전두환에게 보낸 강경한 어조의 서한을 그릇되게 인용했다는 것이다.

5. 제5공화국 헌법의 공포

전두환 대통령은 1980년 9월 29일 대통령 7년 단임 간선제와 권한 축소를 핵심으로 하는 제5공화국 헌정의 기틀이 될 헌법개정안을 발의 공고했다. 이번 개헌안은 지난 1948년 7월 12일 제헌 이후 여덟 번째 개헌이었다. 제헌에서 7차 개헌까지 24년 3개월 동안 대부분은 집권자를 위한 개헌이었고, 4회가 장기집권을 목적으로 하는 것이었다.[193]

전두환 대통령은 개헌안 공고에 즈음한 담화를 발표하고, "정부는 민주주의의 토착화에 최대의 역점을 두고 민주화에의 전진을 도모하는 구체적인 내용들을 헌법개정안에 반영시켰다"고 말하고, "대폭적으로 현행헌법상 대통령 선거에서 정당참여의 봉쇄로 자유경쟁이 여의치 못했던 부분을 시정했고, 대통령의 국회의원 일부 추천권, 법관임명권을 삭제했으며, 국회해산권과 비상조치권을 제한했다"고 밝혔다. 전두환 대통령은 "개헌안을 마련함에 있어서 새 시대의 이념과 상충하는 구시대의 비리는 인적, 제도적인 것을 포함한 모든 면에서 근원적으로 단절시켜야 한다는 점을 대원칙으로 삼았다"면서, "새 시대의 정치상은 자유주의와 권위주의의 양극논리가 가져오는 악순환으로부터 탈피, 자유와 질서의 조화가 이룩된 가운데 안정 속에서 착실한 발전을 이루는 것"이라고 강조했다. 그리고 전두환 대통령은 또 "그동안 평화적 정권교체를 한 번도 경험하지 못했다는 것은 나라의 체모 (體貌)에 관련되는 일일 뿐 아니라, 정권의 정당성에 대한 논란을 연중행사화시켰다"고 지적하고, "대통령의 중임금지를 발의하는 최초의 현직 대통령으로서 이 조항의 성공여부가 민주주의의 토착화의 사활을 가름하는 분수

카터 대통령은 한국에서 정치 자유화가 다시 계속되어야 한다고 말했으나, 한국 언론은 그것을 다르게 보도했다는 것이다. 존 위컴(김영희 감수), 『12 · 12와 미국의 딜레마』, 중앙M&B, 1999, 319~320쪽; John A. Wickham, 『Korea on The Brink- A Memoir of Political Intrigue and Military Crisis』, Brassey's, 2000, p.211.

193) 『동아일보』 1980.9.29.

령임을 오늘과 내일의 모든 세대에게 강조한다"고 밝혔다.[194)

그리고 새 헌법안에 대한 찬반을 묻는 국민투표가 계엄령 하에서 1980년 10월 22일 진행되었다. 그 결과 투표율 95.5%, 찬성 91.6%로 헌정사상 유례 없는 최고의 찬성을 얻어 헌법개정안이 확정되었으며, 1980년 10월 27일 새 헌법인 제5공화국 헌법이 공포 발효되었다. 새 헌법이 공포 시행됨에 따라 공화당, 신민당, 통일당, 통사당 등 기존의 정당과 10대 국회는 자동 해산됐으며, 국민회의도 폐지되고, 국회기능은 새 국회가 구성될 때까지 국보위가 대행하게 되었다.[195) 그리고 국보위는 입법회의로 그 명칭이 바뀌게 되었으며, 국보위의 개혁조치는 이어서 설치된 입법회의라는 과도기적 입법기구에서 법제화되었다.

새 헌법부칙에서 10대 국회와 현존 정당을 해산할 것을 규정한 정부는 국회기능을 수행할 기관을 놓고 고심한 것으로 전해졌다. 1972년 10월 유신 당시 각의를 활용했던 비상국무회의, 5·17비상계엄 확대조치 후 신설됐던 국보위(현재 명칭은 국가보위대책회의), 별도의 새로운 입법기구 설치 등 세 가지 법안을 검토했다. 그러나 결국 현행 국가보위대책회의를 확대 개편하는 '국가보위입법회의'를 선택한 것으로 알려졌다. 비상국무회의의 활용방안은 10월 유신의 전례를 감안해서 채택되지 않았다. 과거의 비상국무회의는 정부의 국무회의와 다름없는 성격과 동일한 인물로 운용되기 때문에 능률은 고려되지만 국민대표적인 객관적 기능은 다할 수 없다는 점이 지적됐다. 또 별도의 입법대행기구는 번잡한 절차를 거쳐야 하고, 정치발전 일정의 조속한 추진에 역행할 우려가 있다는 측면에서 배제됐다. 결국 국보위로 국회기능을 대행하기로 결정한 것은 비상국무회의와 별도의 입법기구가 갖는 취약점을 새롭게 보완하는 형태의 '국가보위입법회의'로 낙찰된 것으로 보았다.[196)

---

194) 같은 신문.
195) 『동아일보』1980.10.23, 1980.10.27;『경향신문』1980.9.25.

또한 국보위원들 중 일부는 군에 복귀하거나, 행정부로 되돌아갔으나 상당수는 새 헌법부칙에 의해 설치된 입법회의로 옮겨갔으며, 각계각층에서 국정운영의 중책을 맡았다.[197]

아울러 국보위 상임위원회는 1980년 6월 17일부터 민심파악과 국정개선 의견청취를 위해 설치 운영해 오던 민원실을 30일을 기해 폐쇄한다고 29일 발표했다. 국보위는 27일 현재까지 민원실이 접수한 민원은 모두 3만 953건이며 그 가운데 61.4%인 1만 9,013건이 완결 처리됐다고 밝혔다. 국보위는 폐쇄일인 30일까지 접수되는 민원을 포함, 미결사항은 국보위 상임위원회에서 완결할 방침이며, 이미 민원인이 우송하여 30일 이후 도착되는 민원사항은 청와대로 이송 처리될 것이라고 밝혔다.[198]

한편 개정된 제5공화국 헌법 전문에서는 건국정신으로 3·1독립정신을 명시한 외에 유신헌법에서 정해졌던 "4·19의거"와 "5·16혁명"의 이념을 삭제하고, 전문 자체의 문장, 구조 자체를 새로이 정리했다. 특히 이번에 개정된 헌법은 제5공화국 헌법이라고 하는 점을 전문에 명시함으로써 새로운 공화국의 출범을 강조했다. 그 밖에는 전문의 본래 정신에 대하여 기본적으로 변동된 사항은 없다.[199]

제5공화국 헌법의 전문에서 명시되고 있는 국정의 기본방향은 ① 3·1운동이란 민족의 자주·자립·자결의 원칙에 입각한 독립정신을 건국의 기본이념으로 이어받고, ② 현하의 민족적 과제인 조국의 평화적 통일과 민족적 중흥의 역사적 사명에 입각한 제5공화국의 출범에서 민족의 단결을 공고히 하고 사회적 폐습과 불의를 타파하며, ③ 이는 자유민주주의적 기본

---

196) 『경향신문』 1980.10.4.
197) 박기정, 「제5공화국의 권력엘리트들」, 『신동아』 1983.10, 182쪽.
198) 『동아일보』 1980.8.29.
199) 한상범, 「제5공화국 헌법의 특색」, 『고시계』 1981.2, 13쪽.

질서를 확고히 하는 바탕 위에서 각인의 인권의 보장과 책무를 완수하게 하고, ④ 이에 따라 안으로는 국민생활의 균등한 향상과 밖으로는 세계평화와 인류공영에 이바지함으로써 우리와 우리 자손의 안전과 자유 및 행복을 확보할 것을 다짐하고 있다.[200]

기본권장에서는 첫째, 기본적 인권의 불가침성과 행복추구권, 자유와 권리의 본질적 내용의 침해금지 등으로 기본적 인권의 자연권성 내지 천부적 인권성을 보다 명확하게 규정했다. 둘째, 형사피고인의 무죄추정권, 사생활의 비밀과 자유의 불가침·환경권·근로자의 적정임금의 보장 등 여러 가지 현대적 유형의 인권을 새로이 규정했다. 셋째, 일사부재리의 원칙과 소급입법의 금지 외에 다시 연좌제 금지에 관한 명문규정을 둠으로써 죄형법정주의를 보다 명확하게 규정했다. 넷째, 기본권 보장을 위한 국가적 의무를 크게 강화하고 언론의 사회적 책임을 강조하는 등 기본권의 내재적 제약성을 명문화하고 있다. 다섯째, 행정부에 의한 권력남용의 가능성을 방지함으로써 부당한 기본권 침해를 예방하려 하고 있다. 대통령은 위기나 비상사태에 있어서 국가전반에 걸쳐 필요한 비상조치를 할 수 있고, 이 비상조치로 국민의 자유와 권리를 잠정적으로 정지할 수 있지만 이 비상조치권의 발동요건을 엄격하게 하고, 국회에 의한 통제를 규정함으로써 대통령의 국가긴급권 남용으로 인한 기본권 침해를 방지하려 하고 있다. 또 기본권의 보장을 그 사명으로 하고 있는 사법권의 독립을 강화함으로써 행정권에 의한 기본권 침해에 대한 사법적 구제를 기대할 수 있게 되었다.[201]

특히 제5공화국 헌법의 권력구조에서 볼 수 있는 가장 두드러진 특징은 첫째, 유신헌법에 규정되었던 국민회의를 폐지한 점, 둘째, 대통령의 선출방법을 간선제로 하고, 대통령의 비상조치권·국회해산권 등에 대한 발동요건의 강화와 목적 기한의 제한·국회에 의한 통제를 규정하여 그 권한을

200) 같은 논문, 13~14쪽.
201) 권영성, 「제5공화국 헌법의 특색」, 『고시연구』 1980.12, 13~14쪽.

제한 축소한 점, 셋째, 평화적 정권교체와 장기집권의 폐단을 방지하기 위하여 대통령의 임기를 7년 단임제로 하고, 그 임기조항이나 중임변경에 관한 조항의 개정은 그 헌법개정 제안 당시의 대통령에 대해서는 효력이 없게 하고 있는 점, 넷째, 모든 의원의 국민에 의한 직선·국정조사권 조항의 신설, 행정부 통제권의 강화 등으로 국회의 헌법상의 지위와 권한을 강화한 점, 다섯째, 일반법관의 임명권을 대법원장에게 부여하고 징계에 의한 법관의 파면을 배제하였으며, 법률의 위헌 여부에 관한 제1차적 심사권을 법원에 부여하는 등 사법부의 독립과 권한을 강화하였고, 또한 재판의 전문화를 규정한 점 등이라 할 수 있다.[202]

따라서 제5공화국 헌법은 실제적인 내용을 떠나 형식면에서 박정희의 유신헌법보다 약간은 개선된 것이었다. 즉 평화적 정권교체를 보장하고 있으며, 대통령의 장기집권을 봉쇄하고 대통령의 임기연장이나 중임을 트기 위한 개헌은 개헌 당시의 대통령에 대하여 효력이 없도록 단임제를 못 박아 놓아 장기집권을 봉쇄하고 있다. 그리고 국민기본권을 신장하여 행복추구권을 새로 명문화했으며, 유신헌법에서 폐지되었던 구속적부심사제도를 부활하여 인권보장을 기했으며, 연좌제를 폐지하여 국민총화에 기여하고 있었다.[203]

또한 국가가 사회보장 및 사회복지에 관하여 의무를 지도록 명문화하여 복지사회 실현을 다짐하기도 했다. 더 나아가 대통령을 간접선거로 뽑도록 돼 있었지만 선거인단 수를 늘리고 그들의 선출도 반은 민주적으로 진행하도록 했으며, 대통령 임기를 단임으로 제한했다. 더욱 중요한 점은 지명 국회의원을 없앤 점이었다. 그러나 그것은 생색내기에 그쳤을 뿐, 그 핵심은 유신헌법의 골간을 그대로 유지했다.[204]

---

202) 같은 논문, 17쪽.

203) 「새 헌법안의 주요 내용」, 『쇳물』, 1980.8.

204) 정해구, 『전두환과 80년대 민주화운동』, 역사비평사, 2011, 88쪽; 윌리엄 글라이

즉 개정헌법에서는 최고통치권자인 대통령의 선출방식을 대통령 선거인단을 통한 간접선거로 채택하고, 대통령에게 비상조치권, 국회해산권 등 초헌법적 특권을 부여했다. 또한 사법부와 헌법위원회에 대한 실질적 통제권은 물론 사실상 정당해산권까지 대통령에게 부여했다. 특히 3권분립의 원칙에 따른 대통령의 통상적인 의회통제권을 넘어 국회의원 3분의 1을 전국구로, 그것도 3분의 2를 제1당이 차지하도록 함으로써 입법부에서 제1당이 편법으로 다수를 점하도록 만드는 기형의 제도를 도입했다.[205] 더 나아가 대통령 임기는 비록 단임제로 바뀌기는 했지만 7년의 장기간으로 규정하고 있었다. 따라서 개정헌법은 신군부세력의 장기집권을 보장하는 것이었다.

이처럼 새 헌법인 제5공화국 헌법은 유신헌법을 약간 완화하기는 하였으나, 기본적으로 박정희와 유사한 권력을 전두환 대통령에게 부여했다. 유신체제 하의 대통령 선거와 다른 점이 있다면 전자는 국민회의의 대의원들이 선출했지만, 제5공화국은 대통령 선거인단이 대통령을 선출했다는 점과 국민회의 대의원은 정당가입과 정당추천이 금지되었지만, 제5공화국의 선거인단은 정당가입과 추천이 허용되었다는 점이었다. 이 제도는 사실상 경쟁의 원칙을 배제하고 있기 때문에 국민들의 의사가 제대로 반영될 수 없으며, 여당후보는 유리하고 야당후보는 불리한 점이 문제였다. 또한 대통령은 국회 해산권을 가진 반면, 국회는 내각불신임권을 가지게 되었다. 국회는 3분의 2만 지역구에서 뽑고, 3분의 1은 전국구로 채우기로 했다. 전국구 의석은 집권당에 큰 이득을 주도록 짜여졌다.[206] 따라서 이는 유신체제 하에

스틴(황정일 옮김), 『알려지지 않은 역사』, 중앙 M&B, 1999, 238쪽; William H. Gleysteen, 『Massive Entanglement, Marginal Influence』, Brookings Institution Press, 1999, pp.169~170; 「새 헌법안의 주요 내용」, 앞의 잡지.

205) 박호성, 「1980년대 한국 민주주의의 전개」, 한국학중앙연구원 편, 『1980년대 한국사회연구』, 백산서당, 2005, 125쪽.

206) 유병용·홍순호·이달순 외, 『한국현대정치사』, 집문당, 1997, 252~253쪽; 김영명, 『고쳐 쓴 한국현대정치사』, 을유문화사, 1999, 248쪽.

서 대통령이 국회의원 일부를 추천하고, 국민회의에서 이를 선출함으로써 집권당인 여당에 유리하도록 한 제도와 별반 차이가 없는 것이었다.

요컨대 제5공화국 헌법은 대통령의 임기를 7년 단임제로 한정시킨 것을 제외하고 유신헌법과 그 골격이 유사했다. 이는 신군부세력의 정치성향을 그대로 반영했기 때문이었다.

제4장

국가보위입법회의로의
개편

1. 국가보위입법회의의 체제와 인적구성

국보위가 제5공화국을 출범시키기 위한 정치적 정지(整枝)작업을 수행하였다면, 입법회의는 제5공화국의 출범 이후 전개될 정치의 틀을 강압적으로 재조정하는 역할을 담당하였다. 입법회의는 1980년 10월 27일 제5공화국 헌법이 발효되고 제10대 국회가 해산됨에 따라 개정헌법부칙 제6조 제1항의 규정에 의거하여 국회의 권한을 대행하기 위해 발족되었다.[1]

입법회의는 10월 27일 남덕우(南悳祐) 국무총리 주재로 국무회의를 개최하여 전문 8장 51조 부칙 4조로 된 국가보위입법회의법안을 참석한 의원 22명 전원의 만장일치로 심의·의결했으며, 다음날인 10월 28일 공포했다.[2]

그리고 전두환 대통령은 개정헌법 부칙 제6조 제1항의 규정과 국가보위입법회의법 제3조의 규정에 따라 10월 28일 81명의 입법회의 의원을 임명했다. 이 기관에는 전두환 대통령이 임명한 전직 여야정치인, 재계, 공무원, 종교계, 학계, 언론계, 문화계, 근로자 및 농민대표, 군부 인사, 전몰군경 유가족 등 각계의 인물 81명이 참여했고, 의장은 변호사 이호(李澔)가 맡았다.

입법회의는 사회 각계의 인사 50인 이상 100인 이내의 의원으로 구성토록 명문화됐다. 회의는 원칙적으로 공개이며, 본회의 또는 위원회의 의결로 국무총리를 비롯한 국무위원, 그리고 대법원장, 감사원장, 헌법위원회위원장, 중앙선관위원장 등의 출석을 요구할 수 있다. 또한 특정한 국정사안

---

1) 『국가보위입법회의사료』, 국회사무처, 1995, 15쪽.
2) 같은 책, 15쪽.

에 관한 국정조사권이 부여됨으로써 국민을 대신해서 적절한 감시기능을 수행할 수 있도록 했다. 입법회의는 상임위원회 중심으로 운영될 것으로 보이며, 일반 7개 상임위원회와 함께 특별위원회를 둘 수 있도록 했다.[3]

또한 입법회의는 국가보위입법회의법 제7조 및 동법 부칙 제4항의 규정에 의하여 사무처를 두었다. 사무처에 사무총장 외에 사무차장, 의장비서실장, 전문위원, 비서관, 일반직 국가공무원과 별정직 공무원을 두었다. 사무처는 제10대 국회사무처와 마찬가지로 3국 1원 1관 11과로 구성되었다. 그 내용을 보면 의사국에 의사과·의안과·속기과·자료편찬과 위원회행정관, 관리국에 시설관리과·회계과·경위과, 섭외국에 의전과·섭외과·국제과를 두었고, 국회공무원연수원을 둠과 아울러 비상계획관을 사무차장 밑에 두고, 총무과를 어느 국에도 속하지 않는 독립된 과로 두었다.[4]

입법회의는 새 주도세력을 비롯하여 정계, 재계, 학계, 언론계, 문화계, 여성계, 종교계, 근로자 및 농민대표 등 사회 각계·각층의 중진급 인사들로 구성되었다. 새 공화국의 산파역을 맡게 될 입법회의에는 공화당, 신민당, 유정회 소속 의원들 일부가 참여할 전망이며, 국보위 13개 분과위원장 등이 자동케이스로 포함될 것으로 알려졌다.[5]

입법의원의 명단은 다음과 같다.[6]

* 정계(20명)
 · 정래혁(제10대 국회의원·민주공화당); 일본육군사관학교 졸업, 미국육군대학 졸업, 국방대학원 졸업, 육군작전국장, 육사교장, 상공·국방부장관, 제9·10대 국회의원, 민주공화당중앙위의장
 · 박명근(제10대 국회의원·민주공화당); 서울대학교 문리과 대학정치학과 졸

3)『조선일보』1980.10.28.
4)『국가보위입법회의사료』, 국회사무처, 1995, 349~350쪽.
5)『동아일보』1980.10.23.
6)『동아일보』1980.10.28;『국가보위입법회의사료』, 국회사무처.

업, 경제기획원예산국과정, 대통령비서관, 제8, 9, 10대 국회의원, 민주공
화당원내부총무·정책연구실차장·정책위원회부의장

· 남재희(제10대 국회의원·민주공화당); 서울대학교 문리과대학 의예과 2년
수학, 서울대학교 법과대학 졸업, 한국일보 기자, 조선일보 문화부장·정치
부장·논설위원·편집부국장, 제10대 국회의원

· 정석모(제10대 국회의원·민주공화당); 서울대학교 법과대학 졸업, 서울대학
교 행정대학원 수료, 내무부치안국장, 강원도지사, 충청도지사, 내무부 차
관, 제10대 국회의원, 민주공화당사무차장

· 장승태(제10대 국회의원·민주공화당); 서울대학교 행정대학원 졸업, 제7·8·
9·10대 국회의원, 체신부장관, 민주공화당강원도위원장, 국가보위입법회의
내무위원장

· 채문식(제10대 국회의원·신민당); 서울대학교 문리과대학 정치과 졸업, 미
국 아메리칸대학원 공공행정학 수학, 명지대 교수, 신민당 대변인, 제
8·9·10대 국회의원, 국가보위입법회의의부의장

· 한영수(제10대 국회의원·신민당); 고려대학교 정치학과 졸업, 고려대학 경
영대학원 수료, 민정·신한·신민당 서산지구당위원장, 제9·10대 국회의원,
신민당충남제7지구당위원장, 신민당 대변인

· 고재청(제10대 국회의원·신민당); 서울대학교 상과대학 경제학과 졸업, 신
민당 대변인, 국회헌법개정심의특별위원회 위원, 국가보위입법회의 경제제
2위원회 위원장

· 유한열(제10대 국회의원·신민당); 연세대학교 중퇴, 미국시카고루스벨트대
학교 졸업, 제10대 국회의원, 신민당사무차장

· 오세응(제10대 국회의원·신민당); 연세대학교 정외과 졸업, 미국햄린대학
정치과 졸업, 미국아메리칸대학 국제정치학과 졸업(석사·박사), 제8·9·10
대 국회의원, 신민당국제문제특별위원회위원장

· 손세일(전 동아일보 논설위원); 서울대학교 문리과대학 정치학과 졸업, 사상
계·신동아편집장, 동아일보 논설위원, 서울언론문화클럽이사장, 신민당총재
특별보좌역

· 권중돈(전 국방부 장관·신민당); 일본 와세다대학 경제학부 졸업, 경상북도노

동국장(미군정), 제2·3·4·5·8대 국회의원, 국방부장관, 신민당 전당대회의장

· 유옥우(전 신민당 의원); 광주고등보통학교 졸업, 전남상사주식회사 사장, 목포일보사부사장, 제3·4·5·8대 국회의원, 민정당중앙상무위원장, 신민당 중앙당기위원장

· 김윤환(제10대 국회의원·유정회); 경북대학교 문리과대학 졸업, 미국오하이오대학 신문대학원 수료, 조선일보주일·주미특파원, 제10대 국회의원, 유정회 부대변인

· 신상초(제10대 국회의원·유정회); 일본 동경제국대학 법학부 법과, 제2차 대전 중 중국에 망명 항일운동, 서울대·성균관대·경희대교수, 동아일보·중앙일보논설위원, 제5·9·10대 국회의원

· 이종률(제10대 국회의원·유정회); 서울대학교 문리과대학 정치학과 졸업, 서울대학교대학원 졸업, 미국 하와이주립대학(정치학석사), 미국예일대학(정치학박사), 동아일보기자, 미국 버지니아주립대학 교수, 외무부외교안보연구원 교수, 제10대 국회의원

· 김철(구 통일사회당); 함북경성중학교 졸업, 일본 동경대학 역사철학 연구과정 수료, 재일한국거류민단사무총장, 민주혁신당선전부장, 한국사회당선전부장, 통일사회당국제국장·위원장·대통령후보·고문

· 이태구(구 통일당); 일본 와세다대학 정치과 졸업. 명예법학 박사, 민정당당무위원, 한국독립당당수, 신민당정무위원, 민주통일당부총재

· 조종호(윤보선 전 대통령 비서실장); 국민대학 정치과 졸업, 제4대 국회의원, 제5대 국회민의원의원, 신한당창당준비위원회조직위원장, 윤보선 전대통령비서실장

· 진의종(전 보건사회부 장관); 경성제국대학 법학과 졸업, 일본고등문관시험합격, 상공부차관, 대한교육보험부사장, 제8·9대 국회의원, 보사부장관

* 경제계(3명)
· 정수창(대한상공회의소 회장); 경성고등상업학교 졸업, 두산그룹 회장, 금융통화운영위원회위원, 대한상공회의소 회장
· 유기정(중소기협 회장); 국민대학 경제학과 졸업, 대한인쇄공협연합회장, 제

8·9·10대 국회의원, 국회상공위원장, 중소기협중앙회장
· 박태준(한국철강협회 회장); 일본 와세다대학 수료, 육군사관학교 졸업, 한
국철강협회 회장, 국가보위입법회의경제제1위원장

* 학계(13명)
· 김상협(고려대 총장); 일본 동경대학 법학부 정치학과 졸업, 고려대학교 교
수, 문교부 장관, 고려대학교 총장
· 정의숙(이화여대 총장); 이화여자대학교 문리과대학 영어영문학과 졸업, 미
국노스웨스천대학원 졸업(석사·박사), 이화여대 기독교학과장·총장
· 권이혁(서울대 총장); 서울대학교 의과대학 졸업, 미국 미네소타대학보건대
학원 M.P.H학위 취득, 서울대학교대학원 의학박사 학위 취득, 서울대학교
의과대학 교수, 서울대학교 총장
· 서명원(충남대 총장); 경성제국대학 법문학부 졸업, 미국 조지피바디사범대
학원 졸업(교육학박사), 서울대학교사대 교수, 문교부 차관, 서울대학교 부
총장, 숙명여자대학교 총장, 충남대학교 총장
· 안세희(연세대 총장); 연희대학교 이공대학 물리학과 졸업, 미국 노스웨스턴
대학교대학원 졸업(이학박사), 연세대학교 교수·총장, 한국원자력학회회장,
헌법개정심의회의위원
· 박봉식(서울대 교수·국제정치학); 서울대학교 문리과 대학정치학과 졸업, 서
울대학교대학원 정치학과 졸업(박사), 서울대학교 교수, 국제정치학 회장,
남북적십자회담대표단 자문위원, 유네스코 총장
· 박승재(한양대 교수·정치학); 목포고등학교 졸업, 고려대학교 정경대학정치
외교학과 졸업·동대학원 수료, 한양대학교대학원 수료, 정치학박사, 정부헌
법개정심의위원회전문위원, 한양대학교 법정대학 교수
· 김대환(이화여대 교수·사회학); 서울대학교 문리과대학 사회학과 졸업, 서울
대학교대학원 졸업, 한국사회학회장, 문학박사(이화여대), 이화여대 사회학
과교수, 한국정신문화연구원 부원장
· 나창주(안보연구원장·정치학); 고려대학교대학원 정치외교학과 졸업, 정치
학박사(건국대), 국토통일원공산권연구관, 통일안보연구소소장

· 김만제(한국개발원장·경제학); 경북고등학교 졸업, 미국 덴버대학교 경제학과 졸업, 미국미주리대학 경제학박사, 서강대 교수, 세계은행경제고문, 한국개발연구원장, 금융통화운영위원회 위원, 경제계획심의회 위원, 사회경제협의회 위원

· 한기춘(전 연세대 교수·경제학); 연세대학교 문과대학 정외과 졸업, 미국 보스톤대학교대학원(경제학석사·박사), 연세대 교수, 한국은행고문, 금융통화위원, 제10대 국회의원

· 박일경(명지대 교수·헌법); 경성제국대학 법학과 졸업, 법제처장, 문교부장관, 경희대학교 대학원장, 중앙노동위원회위원장, 명지대학 대학원장, 대한적십자사법률고문

· 윤근식(성균관대 교수·정치학); 서울대학교 문리과대학 정치학과 졸업, 서독괴팅겐대학교(정치학박사), 서독괴팅겐대학 객원교수, 한국정치학회회장, 경희대학교 교수, 성균관대학교 교수

* 법조계(8명)
· 정희택(변호사); 일본중앙대학교 법학부 졸업, 미국컬럼비아대학교 국제법학 수학, 일본고등문관사법과 합격, 대검찰청검사, 중앙수사국장, 통일주체국민회의 제1·2대 대의원·운영위원, 변호사

· 김태청(변호사); 경성법학전문학교 졸업, 일본중앙대학법학부 졸업, 일본고등문관시험사법과 합격, 육군사관학교 졸업, 미육군민사군정학교 졸업, 변호사, 대한변호사협회장, 헌법개정심의위원

· 이진우(변호사); 서울대학교 법과대학 졸업, 고등고시사법과 합격, 미국캘리포니아주 버클리대학 수학, 검사, 국회법제사법위원회전문위원

· 윤길중(변호사); 일본대학 법학과 졸업, 일본고등문관시험행정·사법양과합격, 제2·5·8대 국회의원, 진보당간사장, 변호사

· 김사룡(변호사); 일본중앙대학교 법학과 졸업, 일본고등문관시험 사법과 합격, 춘천·대전·대구지방검찰청검사장, 통일주체국민회의 운영위원, 변호사

· 이병호(변호사); 서울대학교 문리과대학 정치학과 졸업, 미국남감리교대학 법과대학원 수료, 대전·서울지방법원판사, 대한변리사회회장, 변호사

· 이범렬(변호사); 서울대학교 법과대학 법률학과 졸업, 서울지방법원 판사, 서울고등법원 판사, 변호사
· 임영득(변호사); 서울대학교 문리과대학 정치학과 졸업, 고등고시행정·사법 합격, 제10대 국회의원, 변호사, 세무사, 변리사

* 종교계(8명)
· 강신명(목사); 평양숭실전문학교 영문과 졸업, 평양신학교 본과 졸업, 미국프린스턴 신학교 대학원 수료 및 신학석사, 미국스텔링신락대학에서 명예신학박사, 평북선천남교회·북교회목사, 영락교회목사, 새문안교회목사, 대한예수교장로회 총회장, 연세대학교 재단이사장, 한국기독교지도자협의회 회장
· 이병주(성균관 재단이사장); 대구사범대학교 졸업, 서독후랑크홀트대학 내과 연수, 의학박사, 민주공화당충남제4지구당위원장, 제7·8·9대 국회의원, 민주공화당중앙위부의장, 성균관 재단이사장, 헌법심의위원
· 이영복(천도교·교령); 만주봉천동광중학교 졸업, 평양사범학교 졸업, 천도교청우당평남도당 선전부장, 천도교중앙총부 교무관장, 천도교제44·45대교령, 대통령국정 자문위원
· 서경보(불교·철학박사); 동국대학교 불교과 졸업, 미국템플대학 졸업, 교육학박사·심리학박사·종교학박사·철학박사, 동국대학교 불교대 학장, 통일주체국민회의대의원
· 조향록(목사); 캐나다 토론토대학교 졸업, 스위스 제네바대학교대학원 수료, 초동교회 목사, 기독교교육협회회장, 한신대학 학장, 전국신학대학협의회 이사장
· 전달출(신부·매일신문 사장); 가톨릭신학대학 졸업, 미국크레이톤대학 수학, 복자천주교교회주임신부, 가톨릭시보 사장, 대구매일신문 사장, 한국신문협회 부회장
· 김봉학(YMCA 이사장); 일본 와세다대학교 경제학부 중퇴, 덴마크국제국민대학 수료, 제주은행장, 지방은행협회장, 대한YMCA연맹 이사장, 한국성서신학교 이사장, 한일의원연맹간사
· 이종흥(신부); 프랑스 파리가톨릭대학 졸업, 한국천주교회중앙협의회 사무

총장, 대구삼청동천주교회 주임신부

* 여성계(4명)
· 김정례(여성유권자연맹 회장); 담양고등여학교 특별강습과 수료, 사단법인 조선민족청년단총본부여성부지방조직책, 여성주보사장, 엠네스티국제위원회한국지부 이사, 한국여성유권자연맹중앙본부위원장
· 김행자(이화여대 교수·정치학); 이화여자대학교 정치외교학과 졸업, 미국 하와이대학원 졸업(정치학박사), 국제정치학회 감사, 크리스천아카데미여성사회연구회 회장, 국가보위비상대책상임위원회문공분과위원
· 안목단(군경미망인회 회장); 성균관대학교 경영행정대학원 졸업, 대한전몰군경미망인회경북도지 회장, 대한전몰군경미망인 회장
· 이경숙(숙명여대 교수·정치학); 숙명여자대학교 정치외교학과 졸업, 미국 사우스캐롤라이나대학교대학원 수료(국제정치학박사), 숙대정외과과장, 숙대부교수

* 노동계(1명)
· 정한주(노총 위원장); 연세대학교 경영대학원 수료, 한국노총사무총장, 전국항운노조위원장, 한국노총장학회 이사장, 헌법심의위원회위원

* 문화·사회계(9명)
· 이호(대한적십자사 총재); 일본 동경제국대학법학부 졸업, 일본고문사법과 합격, 내무부치안국장, 국방부차관, 법무부장관, 내무부장관, 주일대사, 대한적십자사총재, 헌법위원회위원장, 국가보위입법회의의장
· 송지영(문예진흥원장); 중국남경중앙대학수업, 한국번역가협회장. 한국문화예술진흥원장, 국토통일원고문, 국가보위입법회의문교공보위원장
· 정범석(대한교련 회장); 일본 중앙대학 법학과 졸업(법학박사), 중국 중국문화대학(명예법학박사), 해군사관학교 교수, 건국대학교 교수, 대한교육연합회 회장, 한국정신문화연구원 이사
· 박인각(이북5도 대표); 서울대학교 법과대학 졸업, 국가재건최고회의법사위

전문위원, 민주공화당 서울시중구 당위원장, 평안남도지사, 이북5도위원장, 헌법개정심의위원

· 김준(새마을연수원장); 서울대학교 농과대학 졸업, 전남대학교대학원 수료, 농학석사, 명예교육학 박사, 전남대학교 농과대학 교수, 재건국민운동본부 중앙교육원 교수, 새마을지도자연수원원장
· 권정달(예비역 장성); 안동중 고등학교 졸업, 육군사관학교 졸업, 연세대학교 행정대학원 수료, 국군보안사령부근무, 국보위 상임위원회내무분과위원
· 박윤종(전 광주시장); 대구사범대학교 졸업, 전남공무원교육 원장, 광주시장, 통일주체국민회의 제1·2대 운영위원, 대한적십자사전남지사장
· 이정식(실업인); 건국대학교 정치외교학과 졸업, 연세대학교대학원 졸업, 서울대학교 행정대학원 수료, 통일주체국민회의 제1·2대 대의원, 통일주체국민회의서울지구 운영위원, 대지종합기술공사 사장
· 이종찬(전 주영참사관); 경기고등학교 졸업, 육군사관학교 졸업, 서울대학교 행정대학원 졸업, 주영대사관참사관, 중앙정보부총무국장

* 언론계(3명)
· 방우영(조선일보사 사장); 연세대학교 상과 졸업, 조선일보사 경제부 기자, 조선일보사 사장
· 이원경(합동통신사 회장); 서울대학교 상과대학 졸업, 미국 하버드대학 수학, 외무부차관, 합동통신사사장·회장, 문화공보부 장관, 국가보위입법회의 외교 국방위원장
· 이진희(문화·경향 사장); 서울대학교 법과대학 법학과 졸업, 동아일보 정치부 기자, 서울신문사 정치부장, 제9대 국회의원, 문화방송·경향신문 사장

* 향군대표(2명)
· 이맹기(재향군인회 회장); 해군사관학교 졸업, 해군참모총장, 대한해운공사 사장, 재향군인회 회장, 민간단체새마을운동중앙협의회회장
· 이형근(반공연맹 이사장); 일본육군사관학교 졸업, 육군사관학교 교장, 육군참모총장, 합참의장, 재향군인회장, 한국반공연맹 이사장, 세계반공대회 의장

* 국보위 대표(10명)

· 이광노(전 국보위 내무위원장); 해주공업학교 졸업, 제9사단장, 제1군사령부
  참모장, 국가보위비상대책상임위원회내무분과위원장
· 이기백(전 국보위 운영위원장); 육군사관학교 졸업, 미국참모대학 졸업, 보
  병제1사단제15연대장, 수도군단참모장, 국가보위비상대책상임위원회운영
  분과위원장, 국가보위입법회의운영위원장
· 심유선(전 국보위 재무위원장); 단국대학교 정치외교과 졸업, 미국고등군사
  반·서독참모대학수학, 주일한국대사관무관, 제35사단장, 한미연합사령부참
  모부장, 국가보위비상대책상임위원회재무분과위원장
· 조영길(전 국보위 보사위원장); 해군사관학교 졸업, 서울대학교 문리과대학
  졸업, 서울대학교대학원 졸업, 해군참모총장수석부관, 합동참모본부2국차
  장, 해군본부비서실장, 국가보위비상대책상임위원회보사분과위원장
· 이우재(전 국보위 교통위원장); 육군사관학교 졸업, 육군대학 졸업, 국방대
  학원 졸업, 통신단장, 국가보위비상대책상임위원회교체분과위원장
· 김영균(전 국보위 법사위원장); 육군사관학교 졸업, 서울대학교 법과대학 졸
  업, 고등고시사법과 합격, 서울대학교 사법대학원 수료, 변호사자격 취득,
  육군법무감, 국가보위비상대책상임위원회법제사법분과위원장
· 노재원(전 국보위 외무위원장); 서울대학교 법과대학 졸업, 주영대사관참사
  관, 주이란대사관공사, 외무부기획관리실장, 국가보위비상대책상임위원회외
  무분과위원장
· 박종문(전 국보위 농수산위원장); 경북대학교 농과대학 졸업·동대학원 졸업(농
  학박사), 농수산부농산국장, 국가보위비상대책상임위원회농수산분과위원장
· 정태수(전 국보위 문공위원장); 단국대학교 법과 졸업, 연세대학교 경영대학
  원 졸업, 고등고시행정과 합격, 문교부총무·외자·시설·대학과장, 중앙교육
  연구원장, 국가보위비상대책상임위원회문공분과위원장
· 서동열(전 국보위 국방연락실장); 공군사관학교 졸업, 공군대학 졸업, 주영
  한국대사관무관, 공군전투비행단단장, 국가보위비상대책상임위원회국방연
  락실장, 입법회의운영위간사위원

이웅희(李雄熙) 청와대 대변인은 1980년 10월 28일 입법회의 의원 임명에 관련하여 입법회의를 구성함에 있어 직능을 대표하는 각계의 양식 있는 인사를 망라하고, 입법회의가 초당 거국적으로 운영되게 하여 국민적 단합의 기반을 공고히 한다는 것을 대원칙으로 삼았다고 말했다. 입법회의는 그 회의방식과 구성원에서 우선 5·16군사쿠데타 후의 국가재건최고회의나 10월 유신 당시 비상각의가 국회기능을 대행했던 점과 다르다는 평가를 받았다. 즉 전두환 대통령이 임명한 의원들은 정치인이 20명(24.7%), 학계가 13명(16%), 문화 사회계가 9명(11.1%), 종교와 법조가 각 8명(각 9.9%), 여성계가 4명(4.9%), 경제·언론계가 각 3명씩 등을 차지하여, 각계각층을 망라하고 있으며, 전 현직 군인이 12명으로 군을 대변하고 있다. 여기에 5·17비상계엄 이후 국정쇄신작업을 폈던 국보위에서 분과위원장 10명을 포함시킨 것은 업무의 일관성과 연속성을 염두에 둔 포진이라는 풀이를 낳았다. 특히 정치인의 대거 발탁은 그들이 가지고 있는 정치경험과 지역적 기반이 배려된 것으로 보인다. 출신정당별로 보면 공화당이 5명, 신민당이 6명(원외 1), 유정회가 3명, 통일, 통사당이 각 1명에 중견급 구정치인 6명이다. 이중 구정치인 6명은 과거 신민당 등 야당에서 정치를 익혀온 인사들이다. 의회경력으로 초선과 2선이 각각 6명으로 으뜸이고, 3선과 4선이 각 2명, 6선이 1명 등이다. 종교계는 기독교, 천주교, 불교, 천도교, 유도회 등 각 종파를 고루 참여시켰으며, 재향군인회와 국민회의 대의원 및 군경미망인회까지도 배정됐다.[7] 또한 입법회의 의원으로 조선일보 사주인 방우영과 그 간부들(송지영, 김윤환, 남재희)이 활약하고 있었다.[8]

나이별로 보면 50대가 26명으로 전체의 32.1%를 차지했고, 40대가 28명(34.6%), 60대가 23명(28.4%), 30대가 3명이고, 70대가 1명이 참여했다. 전체 평균연령이 53.6세인 입법회의 의원들의 출신 도별로는 서울 16명, 부산 4

---

[7] 『동아일보』1980.10.28.
[8] 강준만, 『한국현대사산책-1980년대 편』 1, 인물과 사상사, 2003, 237쪽.

명, 경기·강원·충북 각 3명, 충남 8명 전북 4명, 전남 9명, 경북 18명, 경남 5명, 제주가 2명이며, 이북 출신이 8명이다. 따라서 부산을 포함한 경상도 출신이 압도적으로 많았음을 알 수 있다. 또 이들을 학력별로 보면 대졸이 64명으로 79%를 차지했고, 고졸 9명, 대퇴 6명, 중졸과 국졸이 각 1명씩으로 상당한 교육수준을 보여주고 있다.9)

입법회의는 조직 성격상 대통령이 임명하는 의원들로 구성됐다는 점에서 8대 국회해산 직후 유신체제 하의 장관으로 구성된 비상각의와 궤를 같이 하고 있으나, 인적구성면에서 과거의 야당인사들을 비롯하여 사회 각계 각층의 대표자들을 집약시켰고, 회의장도 국회의사당을 그대로 사용하는 등 국민의 대의기구로서의 성격과 형식이 많이 가미되었고 또 강조되었다.10)

한편 입법회의는 대통령의 요구가 있을 경우 이외에 의장이 필요하다고 인정할 때 또는 재적의원 3분의 1이상의 요구가 있을 때에는 언제든지 개의하도록 한다. 의장 1인과 부의장 2인을 두되 의원 중에서 무기명투표로 선거하여 그 운영에 자주성을 기하도록 한다. 의원의 청렴의무와 품위유지 의무와 직무수행에 있어서의 국가이익 우선의무를 명시하여 정치풍토쇄신과 도의정치 구현에 부합하는 의원 상을 정립하여 민주정치발전에 기여하도록 한다. 의원은 입법회의에서 직무상 행한 발언과 표결에 관하여 책임지지 아니하는 면책특권과 현행범인인 경우를 제외하고는 입법회의의 동의 없이 체포 또는 구금되지 아니하는 불체포특권을 인정한다.11) 의원은 또 겸직 또는 정치활동을 규제하는 국가공무원 등 법률의 규정을 적용받지 않도록 하여 신분상 불이익을 받음이 없이 입법활동에 전념할 수 있게 했다.12)

---

9) 『동아일보』 1980.10.28.

10) 『조선일보』 1981.3.31.

11) 『국가보위입법회의사료』, 국회사무처, 1995, 16~17쪽.

위원회는 상임위원회와 특별위원회의 2종으로 하며, 상임위원회는 운영 (이기백), 법제사법(정희택鄭喜澤), 외교국방(이원경李源京), 내무(장승태張 承台), 경제제1(박태준), 경제제2(고재청高在淸), 문교공보(송지영) 등 7개 위원회로 나누어, 그 소관에 속하는 의안과 청원 등을 심사하도록 한다. 의 안은 의원 7인 이상의 찬성으로 발의하거나, 소관 상임위원회에서 제출할 수 있게 하여 입법회의의 자율적인 의안발의를 보장한다. 본회의 또는 위 원회는 그 의결로 국무총리 · 국무위원 또는 정부위원의 출석이나 대법원 장 · 감사원장 · 헌법위원회위원장 · 중앙선거관리위원회위원장 또는 대리인 의 출석을 요구할 수 있도록 한다.[13]

대통령의 임명직 의원들로 구성된 입법회의는 철저하게 군인이 주도하 고 있는 운영위원회(위원장 이기백) 중심으로 운영되었다. 운영위원회는 5 개 상임위원회의 간사들인 김영균(법사), 노재원(외교국방), 이우재(내무), 박종문(경제1), 조영길(경제2), 정태수 의원 등과 현 민정당의 사무총장인 권정달 의원, 조직분과위원장인 이종찬(李鍾贊) 의원 그리고 운영위원회 자 체의 간사인 서동열 의원으로 구성되어 있다. 그리고 운영위원들은 이종찬 의원 한 사람을 제외하고는 이기백 위원장을 포함하여 전원이 국보위 출신 이다.[14]

운영위원회 회의에는 국보위 출신 전문위원까지 참여할 수 있었으나, 구 정치인 등으로 선임된 각 분과위원장은 참여치 않았다. 당시 분과위원장으 로는 법사(정희택), 외교국방(이원경), 내무(장승태), 경제제1(박태준), 경제 제2(고재청)이 선정되었으며, 의장에는 이호, 부의장에는 정래혁 · 채문식 의원이, 예결위원회 위원장에는 박명근 의원이 선출됐다. 또 가장 관심이

12) 『조선일보』 1980.10.28.

13) 『국가보위입법회의사료』, 국회사무처, 17쪽; 『국가보위입법회의 회의록』(1980. 10.29-1981.4.10), 국가보위입법회의사무처, 9쪽.

14) 『동아일보』 1980.12.30; 박기정, 「제5공화국의 권력엘리트들」, 『신동아』 1983.10, 193쪽.

컸던 「선거법 등 정치관계법 심의특별위원회」 위원에는 김영균, 이종찬, 이광노, 이범로, 박봉식, 김사룡, 방우영 의원이 선임됐고, 언론기본법을 마련한 「언론법기초4인소위원회」에는 송지영, 남재희, 정범석, 정태수 의원이 선정됐다.15)

각 상임위원회에 배정하는 위원의 정수를 8인 이상 16인 이내로 구성함으로써 위원회의 효율적 운영을 기하도록 했다. 또한 각 상임위원회의 간사는 운영위원회의 위원을 겸하도록 함으로써 입법회의 운영에 각 상임위원회의 의사를 충분히 반영할 수 있도록 했다. 그리고 예산결산특별위원회는 예산과 결산에 관한 충분한 종합심사를 위하여 각 상임위원회 소속위원 15인 이내로 구성하게 한다. 특별위원회는 소관 및 관계상임위원회 소속위원 7인 이내로 구성하도록 하고, 예산결산특별위원회를 제외하고는 특별위원회의 존속기간 중에 소관 상임위원회가 해당 의안에 대한 심의를 할 수 없도록 한다. 입법회의에 두는 전문위원의 수는 70인 이내로 하고 그 자격기준을 두며, 전문위원은 각 위원회의 소관의안에 대하여 예비심사를 하도록 규정한다. 전문위원의 예비심사에 대해서는 의사일정의 조정 등과 관련하여 그 예비심사결과를 사전에 운영위원회에 통보하도록 한다. 위원장에 대하여 지급하는 수당과 여비를 운영위원회의 의결에 따라 의장이 정하도록 하고, 방청에 관한 사항을 규정한다.16)

이처럼 입법회의는 철저하게 운영위원회 중심으로 운영됐고, 또한 실무적 작업은 전문위원들이 했는데, 전문위원은 대부분이 국보위 출신이었다. 전문위원 중 각 위원회별 간사 전문위원은 군 출신으로 선임됐으며, 이들은 운영위원회의에 참여했다.17)

당시의 전문위원 명단은 다음과 같다.18)

---

15) 「제5공화국의 권력엘리트들」, 『신동아』 1983.10, 193쪽.

16) 『국가보위입법회의사료』, 국회사무처, 298~299쪽.

17) 박기정, 「제5공화국의 권력엘리트들」, 『신동아』 1983.10, 193~194쪽.

▲ 운영위원회; 박효진(朴洨鎭), 안영화(安永和), 문희갑(文熹甲), 정문화(鄭文和), 김병학(金昞學), 한리헌(韓利憲), 전면수(全冕洙)

▲ 법사위원회; 김성훈(金成勳), 김용균, 이종남(李種南), 이건웅, 최영광(崔永光), 김영진(金永珍), 양삼승(梁三承)

▲ 외교·국방위원회; 박용옥(朴庸玉), 차영구(車榮九), 김태원(金泰源), 최일영(崔一永), 이년신(李年新), 권혁승(權赫昇), 최성웅(崔盛雄)

▲ 내무위원회; 민병돈(閔丙敦), 최윤수(崔崙壽), 김상조(金相祚), 최환(崔桓), 박원탁(朴源卓), 오경락(吳慶洛), 김안제(金安濟), 이용실(李庸實), 심재승(沈載昇), 남상용(南相龍)

▲ 경제제1위원회; 전영춘(田永春), 박판제(朴判濟), 김종인(金鍾仁), 유득환(柳得煥), 성배영(成培永), 이질현(李瓆鉉), 김동준(金東俊), 송찬원(宋燦源), 이지연(李芝淵), 김태곤(金泰坤)

▲ 경제제2위원회; 안무혁, 정순호, 이해욱, 정동우, 윤성태, 윤성진, 최병삼, 최창근(崔暢根), 최규영, 안상영, 강신태(姜信泰), 김종길(金鍾吉), 배종명(裵宗明), 박흥원(朴興遠), 구연춘(具然春)

▲ 문공위원회; 이중환(李重煥), 안병규(安秉珪), 염길정(廉吉正), 김한규(金漢圭)

이처럼 입법회의는 전두환 대통령이 임명하는 의원들로 구성되었을 뿐만 아니라, 경상도 출신이 다수를 차지하고 있었다. 그리고 입법회의는 국보위 출신 의원들을 중심으로 운영되었다. 이는 군사정부의 정치적 정당성을 합리화시키고, 자파 세력을 중심으로 제5공화국의 기틀을 확고히 하려는 전두환 대통령의 의지를 반영한 것이었다.

이 같은 입법회의의 체제와 인적구성은 운영상의 몇 가지 특징을 남겼다. 첫째로는 입법회의는 그동안 능률을 전제로 한 상임위원회 중심의 활동을 펴왔다. 둘째로는 전문위원들이 입법회의 운영에 주체나 다름없이 적극 참여하고 있다는 점이다. 이는 전문위원 중 상당수가 과거 국보위 멤버였다

---

18) 같은 논문, 194쪽.

는 점도 있지만, 능률과 더불어 전문성을 강조하는 운영취지에서 비롯된 것으로 해석되고 있다. 그러나 입법회의도 정치활동의 재개와 더불어 상당수 의원들이 새 시대의 정당과 인연을 맺고 있다. 여당인 민정당에 참여하고 있는 인사는 18명으로 가장 많고, 민한당 5명, 민권당과 사회당 각 1명 등이다.[19]

또한 입법회의 의원구성에 있어서 입법회의에는 국보위 대표로 10명이 포함되었는데, 대부분이 국보위에서 각 분과위원장을 맡고 있던 군 장성들이었다. 특히 입법회의 운영위원장은 국보위 운영위원장이던 육군소장이 계속 유임했다. 또한 입법회의 활동기간 동안 가장 많은 법률안이 제안되고 처리된 경제 제1, 제2분과에 주축이 될 수 있는 경제계의 대표로 3명(약 3.8%)밖에 포함되지 않고, 그것도 대한상공회의소 의장, 중소기업협중앙회장과 대한철강협회 의장으로 구성된 점이다. 반대로 노동관계 법률들이 전면적으로 재개정되었으나 입법회의에 노동계의 대표로 1명만이 포함되고, 그 대표도 어용성이 명백한 대한노총 위원장으로 되어 있었다. 또한 입법회의에서 언론기본법을 비롯하여 언론·출판 관계 법률들이 개정되고, 그에 따라 언론통폐합이 계속되었다. 입법회의에 언론계를 대표한 인사가 3명이고, 그것도 조선일보 사장과 합동통신 사장 및 문화방송 사장으로만 되었다.[20]

2. 국가보위입법회의의 활동

입법회의는 제5공화국의 새로운 정치질서의 정착을 위한 정치입법과 복지사회의 건설, 정의사회의 구현, 민주주의의 토착화, 교육혁신과 문화창달

---

19) 『동아일보』 1980.12.30.
20) 민주주의 법학연구회, 「1980년대 법질서와 입법정책」, 『1980년대 한국사회와 지배구조』, 풀빛, 1989, 375쪽.

등 4대 국가지표의 실현을 위한 구체적인 입법에 착수했다. 그 결과 입법회의는 1980년 10월 27일부터 1981년 4월 11일까지 약 6개월 동안 제5공화국의 사실상의 법적·제도적 근거들을 대부분 구축해놓는 데 성공하였다.

이중 대표적인 중요한 법률들을 검토해 보면 다음과 같다. 우선 입법회의는 1980년 11월 3일 기성(旣成) 정치인의 활동을 8년간 금지하는 것을 주 내용으로 하는 '정치풍토쇄신을 위한 특별조치법'을 통과시키고, 정부는 11월 5일 이를 공포했다. 이 법안의 제안이유는 헌법 부칙 제6조 제4항의 규정에 따라 정치풍토를 쇄신하고 도의정치를 구현하여 민주정치 발전에 기여할 목적으로 정치적 또는 사회적 부패나 혼란에 현저한 책임이 있는 자의 정치활동을 일정기간 규제하기 위한 합리적이고 공정한 심판기구와 절차를 규정했다.[21] 이 법안은 헌법 부칙에서 가장 관심의 초점이 되는 것이었다.[22]

그 주요골자를 보면 첫째, 정치활동의 범위를 법에서 규정하고, 정치적 사회단체와 정치적 집회의 범위는 대통령령에 위임하도록 규정했다. 둘째, 정치풍토쇄신업무를 관장하기 위해 '정치쇄신위원회'를 두되 대통령이 임명하는 9인 이내의 위원으로 구성토록 했다. 셋째, 위원회는 10대 국회의원 정당간부 또는 보안처분 대상자 중에서 정치적 사회적 부패나 혼란에 현저한 책임이 있는 자, 기타 1968년 8월 16일부터 1980년 10월 26일까지의 기간 중 정치적 사회적 부패나 혼란에 현저한 책임이 있는 자를 심사 공고토록 했다. 넷째, 공고된 자로서 정치활동을 하고자 하는 자는 적격심판을 청구할 수 있으며, 위원회는 일정기간 내에 적격판정을 하여야 하고 위원회의 판정은 대통령의 확인으로 확정되며, 대통령은 판정이 부적당하다고 인정

---

21) 『경향신문』 1980.11.3; 『국가보위입법회의 회의록』(1980.10.29-1981.4.10), 국가보위입법회의사무처, 30쪽, 52쪽; 국회사무처, 『국가보위입법회의통과법률집』 1집, 국회사무처, 1981, 11쪽.

22) 『서울신문』 1980.9.25.

할 때에는 재심판을 명할 수 있도록 했다. 다섯째, 공고된 자로서 적격판정을 받지 못한 자는 공고일로부터 1989년 12월 31일까지 정치활동이 금지되나 대통령은 개준의 정이 현저한 자에 대하여 정치활동의 금지를 해제할 수 있도록 규정했다. 이렇게 정치활동금지기간을 잡은 것은 적어도 80년대에는 정치활동을 못하게 하려는 것이었다. 여섯째, 위원회의 판정과 대통령의 확인 등에 대하여는 불복신청을 할 수 없도록 하고, 이 법의 규정에 위반하여 정치활동을 한 자는 이 법의 집행과정에 있어서 위증, 허위정보 제공자 등에 대한 벌칙을 규정했다.23)

이 특별조치법은 특정인을 대상으로 공민권을 제한하기 위한 일종의 소급입법으로 건국 이후 4번째가 된다. 이 특별조치법의 벌칙규정은 정치활동의 금지규정을 어기고 정치활동을 했을 때는 5년 이하의 징역과 1천 만 원 이하의 벌금에 처하도록 했고, 위원회의 심사과정에서 허위의 증언이나 감정, 허위사실 또는 허위정보를 제공하면 5년 이하의 징역에 처하도록 했으며, 특히 심판자를 모해할 목적이 드러나면 10년 이하의 징역에 처하도록 했다.24)

정치풍토쇄신을 위한 특별조치법에 따라 정치활동이 규제되는 사람은 다음과 같이 규정되었다.25)

① 1979년 3월 12일부터 1980년 10월 26일까지의 기간 중 국회의원의 직에 있었던 자로서 정치적 또는 사회적 부패나 혼란에 현저한 책임이 있다고 인정되는 자
② 1979년 3월 12일부터 1980년 10월 26일까지의 기간 중 정당법의 규정에 의한 정당의 중앙당, 지구당 또는 서울특별시·부산시·도의 당연락소의 간부의 직에 있던 자로서 정치적 또는 사회적 부패나 혼란에 현저한 책임이 있다고

23) 『국가보위입법회의 회의록』(1980.10.29~1981.4.10), 국가보위입법회의사무처, 30쪽.
24) 『경향신문』 1980.11.3.
25) 「통과법률해설」, 『입법회의보』 창간호, 국가보위입법회의사무처, 1980.12, 89쪽.

인정되는 자

③ 사회안전법 제2조의 규정에 의한 보안처분대상자로서 정치적 또는 사회적 부패나 혼란에 현저한 책임이 있다고 인정되는 자

④ 기타의 자로서 1968년 8월 16일부터 1980년 10월 26일까지의 기간 중 정치적 또는 사회적 부패나 혼란에 현저한 책임이 있다고 인정되는 자

이들 규제대상자들은 앞으로 공직선거에 출마하거나 특정후보자를 지지 또는 반대하는 행위를 할 수 없는 것은 물론, 정치적 사회단체 등의 범위에 관한 규정이 정한 사회단체나 정치적 집회에 관여할 수 없게 되었다. 규제 대상의 심사기준으로는 특히 10·26사태 이후의 정치행태에 주안점이 두어 지게 될 것이라고 전했다. 그리고 정부는 입법회의에서 통과된 정치풍토쇄 신을 위한 특별조치법이 공포 발효됨에 따라 1980년 11월 4일 정치활동 규 제 대상자의 심사를 위한 최종자료 정리 등 구체적인 작업을 벌이고, 5일 발효 즉시 이 법 시행령과 함께 「9인 정치쇄신위원회」를 발족시켜 심사에 착수했다. 이 위원회는 대법원 판사, 대검검사, 변호사, 전 국보위 관계자, 학자 등 각계의 식견 있는 권위자 중에서 선정될 것으로 보았다.[26]

전두환 대통령은 11월 7일 정치활동규제대상자를 심사할 정치쇄신위원 회 위원장으로 김중서(金重瑞) 대법원판사를 선임하고, 이밖에도 이광노 입 법회의의원, 이춘구 사회정화위원장, 김종호(金宗鎬) 내무차관, 정태균(鄭泰均) 법무차관, 정치근(鄭致根) 대검검사, 김덕주(金德柱) 법원행정처차장, 박 봉식(朴奉植) 서울대 교수, 이진우(李珍雨) 입법회의의원 등 9명을 임명하여 '정치쇄신위원회'를 발족시켰다.[27]

이로 인하여 오는 1988년 6월 30일까지 정치활동이 규제될 대상자 811명 의 명단이 발표되었다. 이에는 김종필, 김영삼, 김대중 등 3K가 포함되며,

---

26) 『경향신문』 1980.11.4;『동아일보』 1980.10.30, 1980.11.4~11.5, 1980.11.7;『실록 제 5공화국』 6, 경향신문사, 1988, 67쪽.

27) 『동아일보』 1980.10.30, 1980.11.4~11.5, 1980.11.7;『실록 제5공화국』 6, 67쪽.

10대 국회의원 210명, 정당 중견간부 254명, 보안처분대상 및 사회적·정치적 지탄 대상자 347명 등 모두 835명의 기성 정치인들이 포함되었다. 김중서 위원장은 이들 대상자의 대부분은 구시대의 비리에 상당한 책임이 있는 자들로 규제 대상자로 결정했다고 발표했다. 그리하여 5·16군사쿠데타 이후 근 20년 동안 한국의 정계를 주도해 오던 정치인들의 퇴장이 이루어졌다는 말이 나올 정도로 구 정치체제에서 활동해 온 여야 정치인들의 상당수가 퇴진하였고, 정계에서 대대적인 세대교체가 이루어지게 되었다.[28] 이는 전두환 정권에 걸림돌이 되는 구정치인들과 구정치질서를 청산하고, 새로운 기반 위에 제5공화국 헌법정신에 부응하면서 새로운 정치질서를 조성하기 위한 기반조성작업이었다.

그러나 이 법은 정치활동의 제한방법과 범위의 문제에 대하여는 충분한 고려가 있어야 하며, 타락한 정치인이냐 아니냐 하는 것을 판별할 수 있는 절대적 기준은 없다는 점에서 문제가 있었다. 더 나아가 그 허용기준치라는 관점에서 볼 때 비록 타락했다고 하더라도 어느 정도가 허용되고 용납될 수 있는 것이냐 하는 그 최소한의 인정 문제도 심사에 있어서 중요한 문제점으로 등장했다. 특히 이 법에 부패나 혼란에 있어서 '현저한 책임'이라는 그 규정에 대해서 다분히 주관적 관점에 따라 흔들릴 수 있는 여지가 있기 때문에 판정을 잘 해야 하는 것이고, 더 나아가 정치쇄신위원회가 어떤 인사들로 구성되느냐가 중요하다고 보았다. 그밖에도 정치활동금지기간이 너무 긴 가혹한 법이라는 지적도 있었다.[29]

또한 정부는 1980년 11월 20일 '공직자윤리법'을 제정하고 1981년 7월부터

28) 『서울신문』 1980.11.12; 『경향신문』 1980.11.12; 심지연·김민전, 「선거제도 변화의 전략적 의도와 결과」, 한국정치학회, 『한국정치학회보』 36, 2002.5, 150쪽; 서재영, 「제5공화국의 정치적 특성에 관한 연구」, 한양대학교 대학원 정치외교학과 석사학위논문, 1999, 128쪽.
29) 『국가보위입법회의 회의록』(1980.10.29-1981.4.10), 국가보위입법회의사무처, 32~37쪽; 『국가보위입법회의사료』, 국회사무처, 1995, 20쪽; 「통과법률해설」, 『입법회의보』 창간호, 89쪽.

장관급 이상 대통령까지, 1982년부터는 2급 이상 모든 공무원에 대해 재산 등록제를 실시하기로 했다. '공직자윤리법'이 제정된 취지는 제5공화국의 국정지표의 하나인 정의사회 구현을 위하여 공직자의 부정행위를 사전에 예방하고, 공무집행의 공정성을 확보하여 깨끗한 공직사회를 구현함으로써 공직자에 대한 국민의 신뢰성을 제고하고, 나아가 국민전체에 대한 봉사자로서 책임을 다할 수 있도록 정부수립 이후 최초로 '공직자윤리법'을 제정하여 공직자의 재산등록, 선물신고 및 퇴직공직자 취업제한제 등의 제도적 장치를 마련했다.[30]

또 공무원 처우개선책으로 1981년부터 공무원 자녀 중 중·고교생에 대해서는 수업료 등 등록금 전액을 수당으로 지급하기로 했으며, 10년 이상 근속 무주택 공무원에 대해서는 1986년까지 연금기금과 은행융자 등으로 아파트 등을 지어 싼 값에 분양, 모두 자기 집을 마련할 수 있도록 지원하기로 했다. 이는 공무원 정화운동의 후속조치로서 마련된 것이며, 부패를 근원적으로 방지할 수 있는 공직자 재산 등록제를 실시하는 것과 동시에 실질적인 생활보장을 위해 처우개선책을 마련하고 공정한 인사관리를 기하기 위한 근본적인 대책이라고 설명되었다.[31]

그리고 입법회의는 1980년 11월 18일 '정당법'과 선관위법 개정안을 의결했다.[32] '정당법' 개정안은 정당의 창당이나 그 존속 요건이 창당 발기인 수와 법정 지역당 수 등을 감안하여 정당의 창당과 존속을 용이하게 함으로써 국민의 정치적 의사형성에 필요한 조직의 확보를 원활히 할 수 있게 하는 한편, 정당의 발기인이나 당원이 될 수 있는 자격의 규제범위를 대폭 완화하여 정당에 참여할 수 있는 문호를 크게 개방함으로써 정치·경제·사회·문화적으로 다원화된 국민의 의사를 국정에 고루 반영할 수 있도록 하

---

30) 『동아일보』 1980.11.20; 『실록 제5공화국』 1, 경향신문사, 1987, 109쪽.

31) 『동아일보』 1980.11.20.

32) 『동아일보』 1980.11.18.

는 데 목적을 두었다. 그리고 당원자격이 없는 자에 대한 정당 관여행위를 규제하여 새 시대에 부응하는 건전한 민주정치 풍토조성에 기여하려는 데 목적을 두었다.[33]

그러나 '정당법' 개정 법률안에 따르면 정당발기인이나 당원이 될 수 있는 자격을 더욱 완화하면서 일정한 교원이나 언론기관은 발기인의 자격도 없고, 당원이 될 수 있는 자격을 제한하는 것은 일관성이 없고, 지나친 제약이 아닌가라는 문제가 제기되었다. 또한 진정한 민주주의를 구현하기 위해서는 선거 보이콧까지 포함한 정당활동의 자율성을 인정해야 한다는 점에서 개정 법률안 제38조에 정당의 등록취소사유를 지나치게 규제하고 있다고 지적했다.[34]

한편 폭력행위 등 처벌에 관한 법률 중 개정 법률안은 폭력사범이 양적으로 증가할 뿐만 아니라, 질적으로 흉폭화, 집단화됨으로써 사회불안을 조성하고 있음에 비추어 사회정화차원에서 상습적이고 조직적인 폭력배에 대해서는 중형으로 엄단하여 장기간 사회에서 격리시킴으로써 국민이 안심하고 살 수 있는 사회를 이룩한다는 데 목적을 두었다. 이와 더불어 사회보호법안을 마련하여 전통적인 형벌만으로는 개선·교화되지 않는 상습범과 조직범 그리고 현행법으로는 규제할 수 없는 고질적인 심신장애 범죄인이 수다히 있고, 이들은 언제, 어디에서 국민의 생명과 재산을 침해할지 예측하기 어려운 위험한 상태에 있으므로 선량한 대다수 국민과 사회를 보호하고, 특히 전과자로서 재범의 위험성이 있는 자에 대하여는 사회복지적 측면에서 각인에 합당한 교육과 훈련을 과하거나 적절한 치료와 선도를 행함으로써 훌륭한 사회인으로 갱생시켜 새 시대에 동참케 하는 것은 국가와

33) 『국가보위입법회의 회의록』(1980.10.29-1981.4.10), 57쪽; 국회사무처, 『국가보위입법회의통과법률집』1집, 국회사무처, 1981, 22쪽.
34) 『국가보위입법회의사료』, 21~22쪽; 『국가보위입법회의 회의록』(1980.10.29-1981.4.10), 59~60쪽.

국민의 긴요한 책무라 보았다. 이에 상습범, 조직범, 심신장애범죄자, 마약류·알코올 중독자 등 특히 위험한 범죄인에 대하여 사회보호와 교육, 개선치료를 위한 감호와 보호관찰을 행하기 위해 보호처분제도를 마련했다.[35]

그러나 '사회보호법'에는 보호감호, 치료감호, 보호관찰의 세 종류의 보안처분을 규정하고 있다. 그런데 보안처분은 장래의 위험을 방지하기 위하여 범죄인을 개선 또는 격리시키는 것으로서 자유의 박탈이나 제한이 수반되는 것이었다. 즉 보안처분은 집행에 있어서 형벌과 다름없다는 비판이 있는데다, 실제 범죄가 아닌 재범의 가능성만으로 그러한 처분이 이루어진다는 그 자체로도 문제가 제기되었다. 그리고 이러한 보호감호가 형을 선고받지도 않았고, 따라서 재범의 가능성을 따질 기초조차 갖추어지지 않은 삼청교육대 수용자들에게도 적용되게 되었다.[36] 또한 '사회보호법안'은 보호처분의 기간이 너무 길며, 이 법이 시행될 경우 전체 형벌법규 위반자 중에서 몇 % 정도 이 법 적용의 대상자가 발생할 것인가에 대해서도 문제가 제기되었다.[37]

이처럼 '사회보호법'은 우리나라 형행(刑行)제도에 본격적인 보안처분제도를 처음으로 도입, 상습·집단 범죄자를 사회로부터 격리해서 사회정화를 기하고 정신장애자·알코올·마약 중독자들을 치료해서 사회적응능력을 길러주기 위한 데 목적을 두었지만,[38] 제정 당시부터 죄형법정주의, 이중처벌금지, 신체의 자유 등에 대한 위헌 논란이 있었고, 일부 조항에 관하여 헌법재판소의 위헌 결정이 내려진 바 있다. 즉 1989년 7월 14일 헌법재판소는 전과나 감호처분을 선고받은 사실 등 법정의 요건에 해당되면 재범의 위험

---

35) 『국가보위입법회의사료』, 28쪽, 40쪽; 국회사무처, 『국가보위입법회의통과법률집』 1집, 국회사무처, 1981, 117~139쪽.
36) 임상혁, 「삼청교육대의 위법성과 민사상 배상」, 『법과 사회』 제22호, 법과 사회 이론학회, 2002 상반기, 86~88쪽.
37) 『국가보위입법회의사료』, 41쪽.
38) 『서울신문』 1980.12.6.

성 유무에도 불구하고 반드시 그에 정한 보호감호를 선고하여야 할 의무를 법관에게 부과한 '사회보호법' 제5조 제1항이 헌법 제12조 제1항 후문, 제27조 제1항 및 제37조 제2항에 위반된다고 결정했다. 그리하여 '사회보호법'은 계속 위헌 여부가 문제되다가 2005년 8월 4일 '사회보호법폐지법률' 시행으로 폐지되었다.[39]

한편 한국신문협회와 방송협회는 1980년 11월 14일 임시총회를 열고 언론창달을 위해 정부가 종용한 시책방향에 따라 언론의 내부적 모순을 개선하고, 제도적 개혁 및 언론구조의 자율적 개편과 신문, 통신 및 방송의 난립을 없앤다는 목적 아래 신문사 및 방송회사의 통폐합 원칙과 새로운 통신사의 설립 등을 결의했다. 이날 총회에서는 방송의 공영화 원칙과 공익성의 확보 및 국민계도기능의 강화, 언론의 윤리성 심의기능을 강화하는 것 등을 골자로 하는 「건전언론육성과 창달에 관한 결의문」을 채택하여 통폐합 등 7개항의 실천방침을 밝혔다.[40]

그 결과 신문사 28개, 방송사 29개, 통신사 7개 등 64개 매체로 활동하던 언론기관이 신문사 14개, 방송사 3개, 통신사 1개 등 18개 언론사로 통폐합되고, 172종의 정기간행물이 폐간되며, 언론인이 대량 해직되었다. 방송의 경우 방송공영화라는 취지로 5개 언론사(동양방송, 동아방송, 대구 한국FM, 서해방송, 전일방송)가 한국방송공사로 통폐합되었고, CBS의 보도, 광고 기능이 정지되었다.[41]

방송의 경우 DBS · TBC가 KBS에 흡수되어 외형상으로는 KBS와 상업방송인 MBC로 이원화되었으나, 내용상으로는 KBS가 MBC 주식의 65%를 인수함

---

39) 국방부 과거사진상규명위원회, 『국방부 과거진상규명위원회 종합보고서』 제2권, 국방부 과거사진상규명위원회, 2007, 564~565쪽.

40) 『동아일보』 1980.11.15; 『서울신문』 1980.11.15; 김주언, 「제5공화국 독재권력의 언론통제」, 『신문연구』, 관훈클럽, 1989년 여름호, 200쪽.

41) 진실화해를 위한 과거사정리위원회, 『진실화해위원회 종합보고서』 4, 진실화해를 위한 과거사정리위원회, 2010, 252쪽.

으로써 사실상 공영방송의 이원체제였고, 이것도 정부주도 경영체제였다.[42]

문화방송 및 지방 문화방송 21개사는 해당지역 민간인(기업)들이 대주주로서 각각 독자적으로 운영되었으나, 36~51%의 주식을 문화방송·경향신문에 양도하여 계열화되었고, 이 중 울산, 삼척, 마산, 춘천 문화방송의 자산은 국고에 환수된 후 농림부를 통해 문화방송·경향신문에 매각되었다. 그리고 문화방송·경향신문의 주식을 소유하고 있던 고려화재, 미원, 대한교육보험(현 교보생명), 현대건설, 해태건설, 동아건설 등의 문화방송 주식 70%는 국가에 기부 채납된 뒤 재무부에 의해 한국방송공사에 현물 출자되었다.[43]

통신의 경우 2개 통신사(동양, 합동통신)가 해산된 뒤 신설 통신사(현 연합뉴스)에 통합되었고, 군소 통신 4개사(시사, 경제, 산업, 무역)는 해산되었다. 통폐합 이후 새 통신사 설립에 참여한 동양, 합동 양 통신사의 지분은 다시 양도되어 실질적으로 국가가 그 지분의 71%를 행사하게 되었고, 지방 주재기자를 없애고 신설 통신사만 주재기자를 두도록 함으로써 단일통신사를 통해서만 기사가 제공되도록 했다.[44]

신문사는 7개의 종합일간지 중 신아일보가 경향신문에 통폐합됨으로써 6개지로 개편되었고, 석간이었던 서울신문이 조간으로 바뀜으로써 조·석간 각 3개지로 재편성되었다. 경제지는 4개사(서울경제, 내외경제, 매일경제, 현대경제) 중 서울경제와 내외경제가 각각 한국일보와 코리아헤럴드로 통폐합되어 2개의 경제지로 재편성되었다. 지방지는 1도 1사 방침에 따라 대구·경북의 영남일보는 매일신문으로, 부산·경남의 국제신문은 부산일보로, 경남일보는 경남매일로 각각 흡수되었고, 광주·전남에서는 전남일보

---

[42] 김영선, 『한국의 정치권력과 언론정책』, 전예원, 1995, 60~61쪽.
[43] 진실화해를 위한 과거사정리위원회, 앞의 보고서 4, 252~253쪽.
[44] 같은 보고서 4, 253쪽.

와 전남매일이 통합되는 등 14개 신문사가 10개의 신문사로 재편성되는 등 통폐합의 무원칙성을 드러내었다.[45]

통폐합 과정에서 다시 3백 여 명의 언론인들이 쫓겨났다. 통폐합 형식을 자율적으로 위장하긴 했지만, 실제로는 강제적인 집행이었다. 집행과정에서 신문, 방송 등 언론사 사주나 경영책임자들은 보안사 지하실에 연행되어 혹독한 강요와 협박을 받은 끝에 이른바 언론사 포기각서에 서명을 하고 나서야 풀려날 수 있었다.[46]

즉 신문협회와 방송협회의 자율결정은 명목이었을 뿐, 실제로는 신군부 세력의 철저한 사전각본에 의한 것이었다. 한국일보사가 입수하여 공개한 「건전언론육성 종합방안보고」에 의하면 "계엄령 하의 보도검열과 협조유도 작용으로 타율적 협조체제를 유도하고는 있으나 30%의 저항세력이 잠재해 계엄령해제, 정치활동 재개 이후엔 저항세력이 표면화할 것으로 예상된다"고 되어 있어 언론사 통폐합은 저항세력의 제거가 목표였음을 분명히 밝히고 있다.[47]

이러한 언론통폐합, 언론인 강제해직, 언론기본법의 제정, 보도지침 등으로 대변되는 제5공화국의 언론대학살은 흔히 나치 하의 독일이나 군국주의 하의 일본에서의 언론통제와 비교된다. 언론학살을 주도했던 인물로는 흔히 허문도, 이진희(李振羲), 이원홍(李元洪)을 들고 있다. 이들은 언론인 출신으로 언론이 언론을 통제하는 이른바 '이언제언(以言制言)'의 주구들로 비난받기도 했다.[48]

---

45) 같은 보고서 4, 253쪽; 김영선, 앞의 책, 60~61쪽.

46) 6월 민주항쟁계승사업회, 민주화운동기념사업회,『6월 항쟁을 기록하다』, 6월 민주항쟁계승사업회, 민주화운동기념사업회, 2007, 161쪽.

47) 김주언, 「제5공화국 독재권력의 언론통제」,『신문연구』, 관훈클럽, 1989년 여름호, 200~201쪽.

48) 김주언, 「언론학살과 5공 핵심 언론인 집중탐구」,『저널리즘』, 한국기자협회, 1988년 겨울호, 54쪽, 57쪽.

이처럼 언론인에 대한 통제는 언론인 강제해직과 함께 기자들에 대한 물리적 통제로서 언론검열거부에 앞장섰던 언론인들에 대한 구속, 고문, 재판이 행해졌다. 그리고 해직된 언론인 가운데 일부를 삼청교육대에 입소시키고, 강제로 순화교육을 받게 하거나 해직 과정에서 불법연행 및 구금, 가혹행위를 했다. 해직 이후에도 취업이 불허되고, 부조리 무능력하다는 낙인이 찍혀 이혼 등 가정파탄, 생계곤란, 후유증으로 인한 질병 악화 등의 고통을 당하는 등 공권력이 위법·부당하게 행사되었다. 또한 언론인에 대한 회유로서 기자에게 금전이나 향응 또는 국가기관의 고위직을 제공함으로써 신문의 보도내용을 제한하는 교묘한 통제방식이 이루어지기도 했다. 또한 금전제공은 각료나 정치인, 경제인이 제공하는 소위 촌지로 그 액수는 월급의 몇 배가 되는 경우도 있었다. 이밖에도 언론인을 길들이기 위한 회유책은 더욱 세련화되어 무주택 언론인 주택자금융자, 언론금고의 생활안정자금 대부, 언론인 자녀 학자금 지원, 언론인 휴양시설의 건립, 언론인 해외연수 및 해외시찰, 언론계 지망생 장학금 지급, 언론기관 및 언론단체 운영지원, 언론인 연수제도 설치운영 등이 있었다. 이외에도 언론인에게만 해당되는 특혜의 하나로 언론인의 급여 가운데 20% 범위 내의 수당에 대해서는 갑근세를 징수하지 않았다.[49]

한편 입법회의는 1980년 11월 26일 '언론기본법'을 제정했다. 이 법은 1980년대의 언론상황을 규정짓는 가장 중요한 외적변수로서 그 이전에 시행되던 신문·통신 등의 등록에 관한 법률(1963.12.12)과 방송법(1963.12.16)을 통합한 것이다. '언론기본법'은 본문 57개조와 부칙 4개조 등 모두 61개조로 이루어져 있으며, 크게 공적기능과 관련된 조항, 언론의 책임과 의무를 규

---

[49] 김주언, 「제5공화국 독재권력의 언론통제」, 앞의 잡지, 203~206쪽; 진실화해를 위한 과거사정리위원회, 『2009년 하반기 조사보고서』, 진실화해를 위한 과거사정리위원회, 2010.3, 837쪽, 909쪽.

정한 조항, 등록과 취소에 관한 조항으로 이루어져 국가의 각종 언론통제의 근거를 마련해 주고 있다.[50]

'언론기본법'은 1980년 12월 24일 문교공보위원장으로부터 제출되었다. 그 제안이유는 언론은 그것이 지닌 정책과 여론의 형성기능 및 감시와 계도의 기능으로 국가, 사회 그리고 개인생활의 모든 영역에서 심대한 영향력을 미치고 있기 때문에 고도의 자유와 함께 공동적 책임이 요구되고 있다고 하면서, 자유민주주의의 헌법이념에 따라 언론의 자유와 권리를 제도적으로 크게 보장하는 한편, 민주적 기본질서 테두리 안에서 언론의 책임을 강화하는 데 있었다. 이 법안은 언론의 자유와 국민의 알 권리를 보장한다는 데 있지만, 언론의 표현물을 압수하는 데 있어서 그 대상 요건 절차를 엄격히 하고 있으며, 언론의 공적 책임, 주의의무, 광고의 구분표시 의무 등을 정하도록 했다. 나아가 언론인 등의 결격사유를 정하였으며, 방송의 공공성을 제고하기 위해 독립된 심의기관으로 방송위원회를 설치 운영하도록 했다. 그리고 폭력행위 등 공동질서를 소란하게 하는 위법행위를 고무·찬양해서는 안 된다고 규정하면서 등록취소권한을 장관 단독으로 행사하도록 했다.[51]

그리하여 '언론기본법'은 권력과 언론의 관계를 긴장관계에서 유착관계로 바꾸었다. 우선 이 법은 1980년 언론통폐합의 근거로서의 성격을 띠고 제정되어 새로운 언론기관의 설립을 억제하고, 기존의 언론기업에 대한 매체독점을 보장해 주는 구실을 하고 있다. 또한 이 법은 자의적으로 해석될 수 있는 많은 유보조항이 있어, 이것이 언론을 통제하는 데 있어서 중요한 수단으로 이용됐다. 동법 7조 위험한 표현물의 압수 조항에는 "상당한 이유

---

50) 김주언, 「제5공화국 독재권력의 언론통제」, 앞의 잡지, 201쪽; 김영선, 앞의 책, 65~66쪽; 박태우, 「제5·6공화국의 언론정책 비교 연구」, 고려대학교 정책과학대학원 석사학위논문, 1995, 25~29쪽.

51) 『국가보위입법회의사료』, 84~85쪽; 언론기본법은 1984년 12월 31일 부분 개정되었다가 1987년 11월 28일 폐지되었다.

가 있는 이유에 한하여 법관의 영장을 발부받아 압수할 수 있다"고 규정돼 있는데, 상당한 이유에 대한 명확한 개념규정이 없기 때문에 국가기구에 의한 자의적 침해의 우려와 동시에 사전검열의 가능성마저 시사하고 있다. 그리고 동법 9조 언론의 주된 임무에서는 "공표 전에 있는 모든 공표사실의 진실한 내용 및 출처에 관해 상당한 주의를 기울여야 한다"고 규정하고 있는데, 여기에서 상당한 주의의 한계가 모호하여 언론이 사실을 보도함에 있어 제약요소로 작용할 가능성이 있다. 동법 22조 4항은 범죄를 구성하는 내용배제의 권리와 의무를 편집인에게 부여함으로써 그 범죄구성의 포괄성이 편집인에 대한 통제기제로 작용하게끔 되어 있다.[52]

또한 '언론기본법'에서 규정하는 등록이란 그 법률적인 성격으로 보아 본래적 의미의 등록이 아니라 사전억제로서의 허가제와 다름이 없었으며, 등록 취소조항을 보면 정기간행물을 발행하고자 하는 자는 대통령이 정하는 바에 따라 규정된 사항을 문화공보부장관에 등록하여야 하며, 문화공보부장관은 정기간행물의 등록을 취소하거나 1년 이하의 기간을 정하여 발행의 정지를 명할 수 있다. 특히 정기간행물의 내용이 등록된 발행목적이나 공공책임을 현저히 위반한 때는 얼마든지 자의적 해석에 따라서 폐간시킬 수도 있어 언론에 큰 위협이 되었다. 겸영금지조항이나 외국자금 사용금지조항은 언론자유에 대한 법률적 폭력이라고 할 수 있다. 제정 당시는 계엄 중이었기 때문에 한 마디 비판도 할 수 없는 상황이었으나, 계엄이 해제된 후에는 민주주의를 후퇴시킨 대표적 악법으로 지칭되기도 했다.[53]

특히 '언론기본법' 제16조에 규정된 언론인의 결격사유는 사회안전법 제2조 각 호에 해당하는 죄를 범하여 징역 또는 금고의 형을 선고받고 그 형의

---

52) 김주언, 「제5공화국 독재권력의 언론통제」, 『신문연구』, 관훈클럽, 1989년 여름호, 201~202쪽.
53) 김주언, 같은 논문, 201쪽; 김영선, 앞의 책, 1995, 65~66쪽; 박태우, 앞의 논문, 25~29쪽.

집행이 종료되거나 집행을 받지 아니하기로 확정된 후 3년이 경과하지 아니하거나, 집행유예의 기간이 종료된 날로부터 2년이 경과하지 아니한 자, 사회안전법에 의한 보안처분이나 사회보호법에 의한 보호처분이 집행 중인 자 등이었다. 이는 명백히 반정부, 반체제운동에 참여해서 형을 받은 자들을 언론계에서 배제하고자 하는 데 목적이 있는 것이었다. 이런 규정은 일정한 국민에게 헌법이 보장하는 언론의 자유와 직업선택의 자유를 박탈하는 것일 뿐만 아니라, 이미 다른 법으로 형벌을 받은 자에게 다시금 2중으로 벌을 주는 것과 다름이 없는 것이기 때문에 부당한 것이라고 할 수 있으며, 언론 및 발행의 자유를 침해한 헌법위반의 문제마저 있는 조항이라 하겠다. 더 나아가 '언론기본법' 제21조의 시설기준 역시 그 기준이 아무리 낮은 것일지라도 일정한 시설을 갖출 자력이 없는 자는 신문이나 그 밖의 형태물을 발행하지 못하게 하는 것으로서 언론의 자유의 본질적인 일부를 구성하는 발행의 자유에 대한 실질적인 제약을 가하는 것이며, 언론시장의 벽을 두껍게 하여 작은 규모의 언론이 정보시장에 들어오는 것을 막고, 기존의 언론기업 또는 재벌에 의한 언론기업의 언론독점을 조장하는 경향이 있었다. 그 결과 이 규정으로 비교적 소수의 언론매체만이 남게 되는 데, 이것은 정치적 통제의 측면에서 통제를 용이하게 하는 결과를 가져왔다.[54]

이처럼 '언론기본법'의 핵심은 언론이 폭력행위 등 공공질서를 문란케 하는 위법행위를 고무·찬양할 경우 문공부장관이 언론사 등록을 취소할 수 있도록 한 내용이다. 신문이나 방송이 민주적 시위를 긍정적으로 다뤘을 경우, 이를 공공질서 문란행위의 고무 찬양으로 몰아 언론사의 문을 닫게 만들 수도 있는 매우 위협적인 법이었다. 신군부세력은 이와 같은 일련의 언론대학살로 그들의 입맛에 맞는 언론기반을 갖추고, 국민을 조작대상으로 삼는 여론조작 통치에 나섰다.[55]

54) 박태우, 위의 논문, 32~35쪽.
55) 6월 민주항쟁계승사업회, 민주화운동기념사업회, 『6월 항쟁을 기록하다』, 6월 민

변신의 명수인 언론들은 언론대학살 이후의 상황을 오히려 기회로 삼아 권력과의 유착을 꾀했다. 권력의 실세인 군부와 선을 대기 위해 갖가지 수단을 동원했으며, 이들의 권력쟁탈을 합리화시켜주기에 바빴다. 특히 모든 언론이 권력의 핵심인 '전두환 장군 부각'을 위해 경쟁적으로 나섰다. 일개 군인이 민족적 지도자로 떠올라 그토록 짧은 기간에 정권을 장악하고 통치 구조를 확립시킬 수 있었던 것은 언론의 여론조작 기능 때문에 가능한 일이었다.[56]

　　요컨대 '언론기본법'은 언론의 자유를 실질적으로 침해할 수 있고, 언론 탄압의 수단으로 이용될 수 있는 소지를 충분히 지니고 있는 언론통제법이자 규제법인 악법이었다.

　　한편 입법회의 본회의는 1980년 11월 29일 공공의 안녕질서를 저해하거나 사회적 불안을 야기할 우려가 있는 집회와 시위를 금지하고 폭행·협박 등으로 집회 또는 시위를 방해하는 자 등에 대한 벌칙을 강화하는 것 등을 골자로 하는 집회 및 시위에 관한 법률 중 개정안을 의결했다. 이 법의 제안 이유는 폭행·협박 기타의 방법으로 집회 및 시위를 방해하는 자 등에 대한 벌칙을 강화함으로써, 평화적인 집회와 시위를 보호함과 동시에 공공의 안녕질서를 방해하거나, 사회적 불안을 야기할 우려가 있는 집회 및 시위에 대한 규제를 강화함으로써 국법질서 확립에 만전을 기하려는 데 있었다. 즉 금지되는 집회 및 시위의 범위에 공공의 안녕질서를 위반하거나 위반할 우려가 있는 경우와 현저히 사회적 불안을 야기할 우려가 있는 경우를 추가시켰다. 이로써 사회불안을 조성할 우려가 있는 각종 집회와 시위는 보다 강력하게 규제될 전망이었다. 새 법률안이 대상으로 하고 있는 집회 및 시위 중 규제의 핵심은 명문상의 표현은 없지만 각종 시위사태의 사

주항쟁계승사업회, 민주화운동기념사업회, 2007, 162~162쪽.
[56] 같은 책, 163쪽.

전·사후적 진압조치에 제일의적 의미를 두고 있는 것으로 이해된다. 특히 학생들의 학내외 움직임을 유의한 것일 수도 있다. 동개정안은 자칫 있을 지도 모르는 사회불안조성행위를 사전에 막기 위한 제도적 장치를 목적으로 하는 데 입법취지가 있었던 것이다.[57]

또 한편 새 정치자금법은 정치자금의 양성화와 정당정치의 활성화를 기하기 위해 개정된 것으로 정치자금을 적정하게 제공하고 관리토록 함으로써 민주주의를 토착화시키고, 정의사회를 구현한다는 헌법정신을 구체화시킨 것이다. 그러나 이 법은 정치자금을 철저히 양성화, 공개화 하여 국가가 정당에 흘러드는 돈의 원천과 그 용도를 완전히 파악할 수 있도록 함으로서 정당활동에 대한 국가의 통제력을 강화했다고 볼 수 있다. 우선 새 정치자금법은 정치자금의 종류를 완전히 정형화했다. 즉 이 법은 정치자금을 크게 당원이 부담하는 당비와 정당의 후원회가 지원하는 후원금, 개인이나 단체가 기부하는 기탁금, 국가가 지원하는 보조금 등으로 한정했다. 이는 구법이 다종다양한 정치자금 중 기탁금만 규정해서 그 배분절차만 정함으로써 음성화되는 태반의 정치자금에 대한 파악도 통제도 의도하지 않았던 것과는 퍽 대조적이라고 할 수 있다. 새 법은 이같이 규정된 일체의 정치자금이 중앙선관위원회에 기탁 보고되도록 함으로써 정치자금에 대한 국가의 감독권을 강화했던 것이다.[58]

또한 정부는 1980년 12월 22일 중앙정보부의 명칭을 '국가안전기획부(이하 안기부)'로 고치고, 그 직무기능의 일부를 조정, 정보업무의 기획·조정기능 수행에 중점을 두도록 하는 것을 골자로 하는 중앙정보부법개정법률안을 마련하고 입법회의에 제출했다. 이처럼 중앙정보부의 기능 일부를 조

---

57) 『동아일보』 1980.11.29.; 국가보위입법회의사무처, 『국가보위입법회의통과법률집』 1집, 국회사무처, 1981, 113쪽; 『대한민국 국회 회의록 시스템-국가보위입법회의 회의록』 제12, 법제사법위원회 국가보위입법회의 사무처, 1980.11.27.

58) 『서울신문』 1980.12.17; 『동아일보』 1980.12.16.

정한 것은 지금까지 이 기구가 내외에 준 인상을 쇄신하는 한편, 국가안보를 위한 본연의 임무에 전념할 수 있는 체제로의 정비를 뜻하는 것이라고 당국자는 설명했다. 즉 새로운 시대를 맞이하여 중앙정보부의 조직과 기능 면에서 제반 비합리적인 요소를 일소하고, 국가 및 국민을 위한 참다운 국가정보기관으로서 그 사명을 다한다는 데 개정목적이 있었다. 10·26사태 이후 정보부는 조직된 인원에 대한 대폭적인 개혁을 단행하는 등 과거의 비리와 모순을 시정하기 위한 자체 노력을 기울여왔다. 이번의 법개정은 지난 1년여의 기간 동안 추진해 온 이 같은 중앙정보부의 제도 및 운영상의 문제점에 대한 개선결과를 마무리 법제화한 것으로 평가할 수 있다.[59]

한편 입법회의는 1980년 12월 26일 전국 1천 905개의 대통령선거인 선거구에서 5천 278명의 선거인을 뽑아 선거인 재적 과반수 찬성으로 대통령을 간선하는 것 등을 골자로 하는 '대령선거법'을 통과시켜 12대 대통령 선거 때부터 적용했다. 이 법안은 대통령선거인의 선거 및 대통령선거의 관리와 이에 따른 절차규정을 마련하고, 국민의 자유의사에 의하여 대통령을 공정히 선거함으로써 새로운 민주정치의 발전에 기여하기 위한 데 목적을 두었다. 또한 이 법안은 대통령선거인 후보자 등록 시 요구되는 선거권자의 추천인수를 완화함으로써 대통령 선거인 후보자의 등록을 용이하게 하고자 한 것이다. 특히 이번 '대통령선거법안'은 대한민국에서는 새로운 선거제도의 실험이라고 볼 수 있다. 새 '대통령선거법안'은 선거인 간선제의 방식을 채택하면서도, 유신체제 하의 국민회의법에서 탈피, 직선제인 요소를 보다 많이 가미하고 있다고 입법회의 관계자는 설명했다. 구체적으로 정당 소속 인사가 대통령선거인 후보로 나올 수 있고, 대통령 후보 역시 정당에서 추천할 수 있게 했으며, 대통령선거인 후보는 특정 대통령 후보를 추천 또는 지지하는 의견을 발표할 수 있게 함으로써 정치활성화의 길을 다소간 열어

59) 『동아일보』 1980.12.22; 『대한민국 국회 회의록 시스템-국가보위입법회의 회의록』 제19호, 법제사법위원회 국가보위입법회의 사무처, 1980.12.22.

놓았다.[60]

그러나 이 법안에 대해 투개표를 국회의원 선거구 기준으로 한다면 지역적인 감정이 표출될 우려가 있고, 더 나아가 선거인에 입후보할 때 누구를 대통령으로 지지한다고 자기 입장을 공개하기 때문에 선거구역 내에서의 투표는 비밀보장이 약해질 소지가 있어, 비밀투표를 골자로 하는 제도의 보장이 희박해질 위험이 있다는 지적이 있었다.[61]

이와 아울러 입법회의는 1981년 1월 22일 국회의원선거법과 국회법개정안을 의결했다. 전문 187조 부칙 7조로 된 국회의원선거법개정안은 헌법 제77조의 규정에 의하여 비례대표제의 도입 등 새로운 국회의원선거제도가 채택됨에 따라 국회의원의 지역구 및 전국구선거의 관리와 이에 따른 절차를 규정하여 국민의 자유의사에 의한 공정선거를 보장함으로써 민주정치의 발전에 기여하려는 데 그 목적을 둔다고 했다. 또한 국회법개정안은 헌법 제4장 국회에 관한 규정에 따라 국회법을 전면개정, 의원의 직은 각계의 전문가가 겸직할 수 있도록 겸직범위를 넓히고, 의원의 의견은 회의에서 충분히 개진될 수 있도록 함과 동시에 민의를 대변 반영할 수 있게 하며, 의원은 국정을 논함에 있어 국익을 최우선으로 하도록 함으로써 비리와 편동, 흑백논리와 당리당략을 일삼는 폐습에서 탈피하여 새로운 민주정치의 발전에 기여하는데 그 목적을 두었다. 그러나 입법회의의 설치 자체가 국민의 의사가 아니라, 신군부세력의 의지가 반영된 것이었기 때문에 선거법의 개정 역시 신군부세력에 최대한 유리한 방향으로 이루어졌다.[62]

---

[60] 『동아일보』 1980.12.26; 『국가보위입법회의 회의록』(1980.10.29~1981.4.10), 국가보위입법회의사무처, 186쪽; 국회사무처, 『국가보위입법회의통과법률집』 1집, 국회사무처, 1981, 411쪽.

[61] 『국가보위입법회의사료』, 국회사무처, 1995, 104쪽.

[62] 심지연·김민전, 「선거제도 변화의 전략적 의도와 결과」, 한국정치학회, 『한국정치학회보』 36, 2002.5, 150쪽; 국가보위입법회의사무처; 국회사무처, 『국가보위입법회의통과법률집』 1집, 국회사무처, 1981, 102~150쪽.

예를 들어 국회의원선거법개정안은 유신헌법에 규정된 대통령이 추천하는 국회의원제도는 없어졌지만, 92명의 비례대표를 제1당이 3분의 2(92명 중 61명), 나머지 3분의 1을 지역구선거에서 5석 이상의 의석을 얻은 정당에 의석비율로 배분하도록 규정했다.[63] 이로써 전국구 의석의 3분의 2를 제1당에 배분하도록 함으로써 선거제도의 왜곡효과를 바탕으로 원내 의석을 안정적으로 확보할 수 있게 되었다.[64]

또한 입법회의는 1980년 12월 29일 현행 반공법은 국가보안법 등과 유사 규정이 많아 법적용상 실효성이 없고 법명 자체가 변화하는 시대에 적절치 못하다면서 반공법을 폐지하고, 반공법의 주요 내용을 흡수한 국가보안법 개정안을 심의 · 의결했다. 국가보안법 개정안은 반공법 중 국가보안법과 중복되지 않는 조항을 모두 보안법에 흡수시켜 보안법의 반공관계조항을 보완하고 있다.[65]

국가보안법 개정 법률안은 국가보안법의 미비점을 보완하기 위하여 제정된 반공법을 폐지하고, 이를 국가보안법에 통합하여 양 법률상의 유사 또는 동일규정을 단일화하고 그 동안의 법적용을 통하여 드러난 미비점을 보완함으로써 국가의 안전과 국민의 생존 자유를 위태롭게 하는 '반국가활동'을 보다 공고히 규제하는 한편, 7 · 4남북공동성명에 입각한 남북대화와 6 · 23 외교선언에서 비적성 공산국가에 대한 문호개방정책에 따른 관계정상화에 기여하며, 정부의 통일노력과 정책에 맞는 법률정비가 필요하기 때문에 개정한 것이다.[66]

---

[63] 『동아일보』 1981.1.23; 『국가보위입법회의 회의록』(1980.10.29~1981.4.10), 국가보위입법회의사무처, 193쪽; 국회사무처, 『국가보위입법회의통과법률집』 2집, 국회사무처, 1981, 102쪽.

[64] 심지연 · 김민전, 「선거제도 변화의 전략적 의도와 결과」, 앞의 잡지, 150쪽.

[65] 『동아일보』 1980.12.27, 1980.12.29.

[66] 『경향신문』 1980.12.27; 『국가보위입법회의 회의록』(1980.10.29~1981.4.10), 국가보위입법회의사무처, 171~172쪽; 국회사무처, 『국가보위입법회의통과법률집』 1집, 국회사무처, 1981, 305쪽.

한편 교육법 중 개정 법률안은 교육정상화 시책의 일환으로 정부에서 제출한 것이며, 교육대학의 수업연한을 연장하여 초등교육의 질적 향상을 기하고, 대학입학제도 및 고등학교입학제도 등을 개선하여 학교교육을 내실화하는 데 목적을 두었다. 즉 내신성적과 선발고사를 병행한 방법에 의해 입학할 수 있게 하였고, 대학입학예비고사제를 대학입학학력고사제로 변경하였으며, 대학교육의 정상화를 위하여 청강생 제도를 폐지하고, 교육대학의 수업연한을 4년제로 연장했다.[67]

그 밖에도 입법회의는 근로기준법 중 개정 법률안, 노동조합법 중 개정 법률안, 노동쟁의조정법 중 개정 법률안, 노동위원회법 중 개정 법률안, 노사협의회법안 등을 처리했다. 먼저 근로기준법 중 개정 법률안은 경제사정의 변화에 대처하기 위하여 현실타당성이 없는 사항의 개정과 노사당사자의 공동이익을 도모할 수 있는 사항 등을 보완하여 사업장, 노무관리의 합리화를 기하고, 근로자 보호와 기업발전에 기여하는 데 목적을 두었다. 또한 노동조합법 중 개정 법률안은 노동조합 조직 운영상의 불합리와 미비점을 개정 보완하여 노동조합이 조합원의 총의에 의하여 민주적으로 운영되고, 근로조건의 유지 개선과 조합원의 경제적·사회적 지위향상이란 본연의 임무를 다할 수 있도록 함으로써 근로자복지증진 및 경제사회안정에 기여하는 데 목적을 두었다. 그리고 노동쟁의조정법 중 개정 법률은 헌법 규정에 의하여 근로자의 단체행동권의 범위를 명확하게 함과 동시에 미비점을 보완하여 합리적인 운영을 기하고자 하는 데 목표를 둔 다고 했다. 또한 노동위원회법 중 개정 법률안은 노사 간의 분쟁이 대형화, 다양화되고 발생빈도도 늘어남에 따라 노동위원회의 행정체제를 일원화하고, 노사 간의 쟁점을 자율적으로 해결할 수 있도록 유도하는 한편, 위원회의 공신력을 제고하려는 데 목적을 두었다. 마지막으로 노사협의회법안은 근로자와 사

67) 『국가보위입법회의 회의록』(1980.10.29~1981.4.10), 국가보위입법회의사무처, 202쪽; 국회사무처, 『국가보위입법회의통과법률집』 2집, 국회사무처, 1981, 224쪽.

용자 쌍방이 이해 협조를 통하여 근로자의 복지증진과 기업의 육성발전을 도모하고, 노사관계의 안정과 산업평화에 기여하고자 하는 데 목적을 두었다.[68]

그러나 근로기준법 중 개정 법률안은 일반 근로자의 기득권을 침해할 우려가 있다는 지적과 함께 근로자의 임금보호를 위해 얼마큼 실효성이 있는지에 대해서도 의문이 제기되었다.[69] 또한 노동관계법 개정에서 신군부세력은 노사협의회법을 추가하여 사업장에서 노사협의회의 설치와 운영을 의무화했다. 다음으로 그들은 기업별 노조만을 인정하고 노조설립의 최저 인원 한도를 설정하는 한편, 유니온 숍 제도를 폐지함으로써 노동자의 단결권을 현저히 약화시켰다. 또한 그들은 제3자 개입금지 조항을 만들어 외부의 지원이나 연대를 차단했고, 쟁의행위를 규제하는 복잡한 절차를 만들어 단체행동권을 크게 제한했다. 더 나아가 노조임원의 결격사유 및 임기 제한, 노조전임임원의 겸임금지, 단체교섭권의 제3자 위임금지, 행정관청의 단체협약 취소·변경명령, 단체협약의 유효기간연장(3년), 그밖에도 그들은 노동조합에 대한 행정관청의 간섭을 합법화시키는 등 노동운동을 통제할 수 있는 제반 규정을 만들었다.[70]

노동쟁의조정법에서는 국가·지방자치단체·국공영기업체 및 방위산업체의 쟁의행위 금지, 사업장 밖의 쟁의행위 금지, 제3자 개입금지, 냉각기간의 연장(일반사업 30일, 공익사업 40일), 공익사업뿐만 아니라 일반사업 쟁의행위에 직권중재 허용을 규정하여 정부가 모든 노동쟁의를 중지시킬 수 있게 개악했다.[71]

---

[68] 『국가보위입법회의 회의록』(1980.10.29~1981.4.10), 국가보위입법회의사무처, 173~175쪽; 국회사무처, 『국가보위입법회의통과법률집』 2집, 20~40쪽.

[69] 『국가보위입법회의사료』, 국회사무처, 1995, 108쪽.

[70] 정해구, 앞의 책, 93~95쪽; 이철호, 「국가폭력과 인권침해」, 『공법논총』 6호, 한국국가법학회, 2010.8, 188쪽.

[71] 이철호, 「국가폭력과 인권침해」, 위의 잡지, 188~189쪽.

이처럼 입법회의는 산별노조를 기업별노조로 퇴행시켰고, 제3차 개입 금지로 노동운동을 사회로부터 고립시켰으며, 학생들의 노동야학과 노동현장 진출을 범죄로 다루었다. 그리하여 전두환 정권은 동원 가능한 모든 수단을 동원하여 노동운동의 싹을 제거하려고 했다. 그러한 과정에서 민주노조들이 파괴되고, 어용화의 길을 가게 된다. 서통노조의 조합원 600명을 해고하고, 배옥병 위원장 등 노조간부 5명을 '폭력사범'으로, 전 섬유노조 기획 전문위원 이목희를 제3자 개입 혐의로 구속했다. 1981년 초 서울시장은 청계피복노동조합 해산을 명했고, 경찰은 노조사무실을 폐쇄했다. 1980년 7월부터 1983년 1월까지 이어진 원풍모방의 노조사수투쟁도 성공하지 못했다. 지부장 방용석은 1980년 5월 '김대중 내란음모조작사건'에 연루시켜 수배했고, 부지부장 박순희는 조합원에서 제명했다. 이어 12월 계엄사는 이문희 지부장 직무대리 등 노조 간부와 대의원들에게 강제사표를 받고 그 가운데 4명은 삼청교육대로 끌고 갔다. 1981년 2월 조합원들은 새 집행부를 구성해 투쟁을 계속했으나 10월 1일 끝내 강제 해산 당했다. 전두환 정권은 민주노조를 파괴한 뒤 이른바 블랙리스트를 만들어 노조원들의 재취업까지 막았다. 정보기관·노동부·기업들이 공동으로 작성한 블랙리스트에는 학생운동 출신 노조활동가들, 청계피복·원풍모방·동일방직·반도상사·동남전기·서통 등 125개 사업장의 해고자 등 700명이 넘었다.[72]

한편 입법회의는 우방국 의회와의 상호 긴밀한 유대관계 및 친선을 도모하기 위하여 이미 결성되어 있는 각 의원친선협회를 재구성하기로 하고, 그 준비작업으로 그룹단위회원가입제를 제기하였다. 입법회의 의원외교를 보면 김윤환 의원과 김봉학 의원이 1980년 12월 11일부터 12월 20일까지 한일의원연맹 업무협의차 일본을 방문했으며, 송지영 의원과 박종문 의원은

---

72) 성유보, 「길을 찾아서」, 『한겨레신문』 2014.4.28; 이철호, 「국가폭력과 인권침해」, 위의 잡지, 189쪽.

1981년 1월 6일부터 1월 29일까지 중화민국에서 개최된 세계자유의 날 행사에 참석했다. 오세응(吳世應) 의원과 이형근(李亨根) 의원은 1981년 1월 15일부터 1월 29일까지 미국대통령 레이건(Ronald Reagan) 취임행사에 참석하기 위해 미국을 방문했다. 이정식(李廷植) 의원은 1981년 1월 27일부터 1월 29일까지 일본 경제계를 시찰하였고, 1981년 3월 18일부터 3월 25일까지는 일본 금융계를 각각 시찰했다.[73]

한편 윌슨(William Wilson) 영국하원의원이 입법회의 의장의 초청으로 1981년 1월 27일부터 1월 14일까지 친선도모와 한국을 방문했고, 산토스(Homero Santos) 브라질 하원 제1부의장 외 11명이 1981년 1월 25일부터 1월 29일까지 입법회의 의장의 초청으로 한국을 방문했다. 또 다쿠마(Alhaji Suleman Takuma) 나이지리아 국민당 사무총장 외 3명이 1981년 2월 19일부터 2월 27일까지 입법회의 사무처장의 초청으로 친선도모차 한국을 방문했다.[74]

한편 신군부세력은 입법회의가 정치풍토쇄신특별조치법을 통해 대부분의 구정치인 등 811명에 대한 정치활동금지를 강제하고 있는 동안 개혁주도세력의 집권의 제도화를 위해 민정당 창당작업을 추진했다. 그리고 1981년 1월 15일 전두환 대통령을 총재로 하여 민정당이 창당되었다.[75]

민정당 창당작업은 1980년 8월 전두환의 지시에 의해 권정달의 주도로 한 보안사와 정보부에 의해 이루어졌다. 일부 정치평론가들은 제5공화국의 주도세력들이 일으킨 12·12사태가 '힘의 의지'였다면, 5·17비상계엄은 '권력의 의지'였고, 민정당 창당은 '정권장악의 의지'였다고 해석하고 있다.[76]

73) 『국가보위입법회의사료』, 국회사무처, 1995, 15~16쪽.

74) 같은 책, 16쪽.

75) 정해구, 앞의 책, 89쪽; 김영명, 앞의 책, 248쪽; 박호성, 「1980년대 한국 민주주의의 전개」, 앞의 책, 126쪽.

76) 한동윤, 「민정당 창당작전」, 『월간조선』 1988.10, 405~406쪽.

민정당 창당의 뒤를 이어 1월 17일 민정당의 위상을 보다 공고히 해 줄 것으로 기대된 민주한국당(총재 유치송柳致松)이 창당되었다. 곧이어 20일 고정훈(高貞勳)을 총재로 하여 민주사회당이 창당되고, 23일 김종철(金鍾哲)의 한국국민당이 창당됨으로써 한국정치는 졸지에 4개의 정당이 각축하는 의회정당구조로 복원되었다.[77]

그러나 야당이었던 민주한국당과 민주사회당 및 한국국민당의 창당을 신군부가 기획하고 지원했을 뿐만 아니라, 국회의원 총선을 앞둔 야당의 공천과정에도 그들이 깊숙이 개입했기 때문에 준여당적 성격이 강한 이른바 '관제야당'이었다. 즉 야당의 구성 자체를 안기부와 청와대가 담당하여 구정치인과 일부 지식인 중에서 순응적인 인사들을 발탁했다. 이로써 정부에 대해 야당이 진정한 반대를 행사할 가능성은 처음부터 차단되어 있었다. 여당인 민정당 역시 신군부세력이 실권을 장악했다.[78]

요컨대 보안사와 정보부가 기획하고 실제로 현실에 적용한 야당의 구조는 여야대립관계에서의 야가 아니라 민정당의 우당의 개념이었으며, 민정당을 모함(母艦)으로 야당을 보조함으로써 거느리며 민정당이 장기 집권한다는 것이었다.[79]

이처럼 민정당의 창당에 이어서 입법회의의 활동을 마무리하는 단계로 전두환 대통령 후보는 헌정사상 처음으로 선거인단의 투표를 실시하여 1981년 2월 25일 4천 755표(전체 유효표 90.2%)인 과반이 넘는 압도적 득표를 얻어 3월 3일 임기 7년 단임의 제12대 대통령으로 정식 취임했고, 제5공화국 새 정부를 출범시켰다.

전두환은 이렇다 할 경쟁후보가 나서지 않은 가운데 현 정부의 회유와

77) 유병용·홍순호·이달순 외, 『한국현대정치사』, 집문당, 1997, 251쪽.
78) 정해구, 앞의 책, 89쪽; 김영명, 앞의 책, 248쪽; 박호성, 「1980년대 한국 민주주의의 전개」, 앞의 책, 126쪽.
79) 한동윤, 「민정당 창당작전」, 앞의 잡지, 413쪽.

조작에 순응한 보수적인 선거인단에 의해 대통령에 선출됐다. 그리고 국회가 다시 구성돼 일부 야당 인사들을 포함해 여러 명망 있는 정치인들이 당선됐지만 강력한 인물들이 많이 빠져 있었다. 수천 명의 정치인, 언론인, 학자, 노동지도자들이 감옥에 가지 않은 상태에서 피선거권이 박탈돼 있었기 때문이다. 이에 대해 전 주한미국대사 글라이스틴은 회고록에서 말하기를 "단적으로 말해 전두환 정권은 박정희의 유신시절에 버금가는 독재정부였다"고 회고했다.[80]

이상과 같이 입법회의는 1980년 10월 29일 개회한 후 1981년 3월 31일(실제 존속은 1981년 4월 10일까지) 마지막 본회의까지 개의했다. 이로써 입법회의가 국회의 권한을 대행한 일수는 166일로서 그 간의 활동상황을 보면, 먼저 입법회의 회의는 본회의가 모두 25차의 회의를 가졌으며, 위원회는 총 197차의 회의를 했다. 이를 위원회별로 보면, 운영위원회 17차, 법제사법위원회 36차, 외교국방위원회 18차, 내무위원회 21차, 경제제1위원회 38차, 경제제2위원회 20차, 문교공보위원회 22차, 예산결산특별위원회 12차, 선거법 등 정치관계법특별위원회 12차, 그리고 국가보위입법회의운영규칙안기초특별위원회가 1차의 회의를 하였다.[81]

이에 따라 처리된 안건을 보면, 166일 동안 제출 총건수 215건을 모두 처리함으로써 미결된 안건은 한 건도 없었다. 이 안건들을 내용별로 보면, 첫째, 예산안과 결산이 3건, 둘째, 법률안은 모두 189건으로, 그 중 의원발의가 7건, 위원회에서 제출된 26건과 정부에서 제출된 156건이며, 셋째, 동의(승인)안 16건, 넷째, 결의안 3건, 다섯째, 규칙안 1건, 중요 동의 1건과 기타

---

80) 윌리엄 글라이스틴(황정일 옮김), 『알려지지 않은 역사』, 중앙 M&B, 1999, 239쪽; William H. Gleysteen, 『Massive Entanglement, Marginal Influence』, Brookings Institution Press, 1999, p.170.
81) 국회사무처, 『국가보위입법회의경과보고서』, 국회사무처, 1981, 1쪽.

2건으로 되어 있다.[82]

이 안건들을 위원회별로 본다면, 운영위원회 9건, 법제사법위원회 26건, 외교국방위원회 19건, 내무위원회 28건, 경제제1위원회 62건, 경제제2위원회 44건, 문교공보위원회 13건, 예산결산특별위원회 4건, 선거법 등 정치관계법특별위원회 8건, 국가보위입법회의운영규칙안기초특별위원회 1건 등이었다.[83]

다음으로 청원과 진정서 등의 처리상황을 보면 청원은 3건이 제출되었으나, 소관 상임위원회에서 심사결과 폐기된 것이 1건이고, 계류 중에 있던 2건은 입법회의 폐회로 폐기되었으며, 진정서 등은 1,284건이 제출되어, 그중 1,244건이 소관 상임위원회에서 검토 처리되어 진정인에게 그 결과를 통지하였으며, 40건이 미검토되었다.[84] 이로써 국보위체제의 비상작업은 모두 마무리 짓게 되었다.

입법회의는 대한민국 헌정사상 3번째의 과도입법기구이다. 1961년의 국가재건최고회의는 5·16군사쿠데타를 일으킨 현역군인에 의한 초헌법적인 3권을 총괄하는 국가최고기관이었고, 1972년의 비상국무회의는 대통령의 비상대권의 발동에 의해서 10·17대통령특별선언에 그 설치근거를 마련하고 헌법개정안까지 처리한 초헌법적인 과도입법기구인데 비하여, 입법회의는 제8차 개정헌법 부칙 제6조에 의해서 설립된 헌법기구라는 점에서 그 성격에 큰 차이가 있었다. 그리고 그 구성원은 선출직이 아닌 임명직이었으나 각계 대표로 구성되고, 국회에서 공개회의로 입법절차를 진행했다는 점이 다른 과도입법기구와 다른 점이기도 했다. 그러나 당시 정치상황이 헌법기관인 정당이 해산되고, 정치활동이 금지된 가운데 입법회의 구성원 전원이 대통령에 의해서 관료적 임명절차를 거친 점 등 제반 상황으로 보

---

82) 같은 보고서, 1쪽; 『서울신문』 1980.12.20.

83) 같은 보고서, 1~2쪽.

84) 같은 보고서, 2쪽.

아 비록 헌법에서는 각계의 대표자라고 명문 표현을 하였더라도 대의기관으로 보지 않는 것이 일반적 견해이다. 특히 그 구성원의 일부가 현역군인이었고, 그들에 의해서 주도되었다는 점이 입법회의의 성격을 잘 말해 준다.[85]

입법회의는 1981년 4월 10일 폐회식을 거행했다. 이호 의장은 폐회사를 통해 입법회의가 발족한 이래 제5공화국 출범의 산파역을 수행했으며, 질서 있고 효율적인 운영을 수범(垂範)함으로써 새 시대의 국회상을 정립하는 데 기여했다고 말했다.[86]

그러나 입법회의는 입법회의법 제2조에서 명시하고 있듯 국회기능의 수행을 그 일부로 부여받았지만, 국보위의 개혁작업을 계속 수행하는 것을 포함하여, 제5공화국 출범의 법률적 기틀을 마련하는 일이 주어진 임무의 전부였고, 그 한계였다고 하겠다.[87]

85) 대한민국 국회, 『대한민국 국회 60년사』, 국회사무처, 2008, 501쪽.
86) 『국가보위입법회의사료』, 국회사무처, 1995, 16쪽.
87) 『동아일보』 1981.3.30.; 『서울신문』 1980.12.20.

제5장

역사적 평가

이상과 같이 전두환을 비롯한 신군부세력은 활동 목표로 안보체제의 강화, 경제난국의 타개, 정치발전 내용의 충실, 사회악 일소를 통한 국가기강의 확립을 내걸었다. 그리고 이러한 목표 아래 활동한 국보위에 대한 평가에 있어서 신군부세력은 국민의 생존권을 수호하고 정치·경제·사회 등 제반 분야의 안정기반 구축을 위해 사회개혁을 단행하고, 일체의 부조리와 사회악을 척결함으로써 새로운 국가질서와 참신한 사회기풍을 진작하고 국가안보를 공고히 하는 기반을 조성했을 뿐만 아니라, 국보위의 제반 조치를 통해 정치 경제 사회에 잠재하고 있던 부정적 요소들이 제거됨으로써 정치발전과 민주주의의 토착화를 마련하여 우리나라 헌정 발전에 기여했다는 긍정적인 평가를 내리고 있다.[1]

또한 입법회의는 제5공화국의 출범에 앞서 과거 역대 정권 때 제정됐던 비현실적이며 불합리하고 전근대적인 다수의 각종 법률들을 재정비해서 1980년대 민주복지사회의 건설과 새 시대, 새 역사의 전개에 부응하는 철저하고 본원적인 입법활동을 벌이게 될 것으로 전망했다. 입법회의 이 같은 방침에 따라 정부 각 부처와 관계기관은 기존의 행정편의 위주의 법제정은 지양해야 한다는 원칙 아래 국가의 장래에 유익하며 국민들의 불편을 덜어주고 현실에 맞도록 소관법령의 대상과 개폐준비를 연구 검토했다. 입법회의에서 새로 제정되고 개폐될 각종 법안 가운데는 시대에 뒤떨어지고, 민원의 대상이 되고 있는 입법부, 사법부 소관 법률도 상당수 포함된 것으

---

[1] 문화공보부, 『국보위 백서』, 국가보위비상대책위원회, 1980.

로 알려졌다.[2]

그리하여 전두환을 비롯한 신군부세력은 국보위와 입법회의를 통해 제5공화국 통치의 기틀을 마련하였으며, 제5공화국의 사실상의 법적·제도적 근거들을 대부분 구축해놓는 데 성공하였다.

그러나 이는 국민이 선출한 대표들이 모인 국회가 아닌 비상기구에서 법률이 제정되고 오히려 거기서 법제의 기틀이 잡히는 불행한 역사의 되풀이기도 했다.[3] 즉 국보위와 입법회의는 모두 기존 헌법의 기능을 정지시키고 새 헌법이 창출되기까지의 과도적 기간에 국가의 실질적 권한을 위법하게 장악하고 행사한 쿠데타 정권의 새로운 헌정체제의 설계자이며 산파역할을 하였다는 점에서 둘 다 위헌적 기구로 보기도 한다.[4]

국보위와 입법회의의 설치에는 정통성이 없는 정권을 공고히 하려는 목적이 있었기 때문에 정권안보와 관련된 악법들도 만들어졌고, 여타 법령들에도 개정을 통해 독소적 조항들이 스며들게 되었다. 그리하여 이러한 법률들과 조문들은 헌법재판소 설치 이후에는 위헌판결을 받게 되는 경우도 많았다. '사회보호법'도 지금까지 위헌문제가 제기되고 있으며, 보호처분을 강제하는 제5조 제1항과 같은 조문에 대하여는 위헌결정이 내려진 바도 있다.[5] 더구나 무리하게 강행된 삼청교육대 사건은 광주민주화운동 유혈진압과 함께 1980년 정권을 불법적으로 찬탈한 신군부세력이 저지른 가장 야만적인 인권탄압 사례이다.[6]

---

2) 『경향신문』1980.10.24.

3) 임상혁, 「삼청교육대의 위법성과 민사상 배상」, 『법과 사회』제22호, 법과 사회이론학회, 2002년 상반기, 79쪽.

4) 이희훈, 「1980년 헌법의 형성과 발전 및 평가」, 『외법논집』28집, 한국외국어대학교 외국학종합연구센터 법학연구소, 2007.11, 146쪽.

5) 임상혁, 「삼청교육대의 위법성과 민사상 배상」, 『법과 사회』제22호, 법과 사회이론학회, 2002년 상반기, 79쪽.

6) 이철호, 「국가폭력과 인권침해」, 『공법논총』6호, 한국국가법학회, 2010.8, 185쪽.

또한 국정 전반에 대하여 광범위한 권한이 부여된 국보위라는 기관이 헌법이나 법률의 근거 없이 대통령령만으로 설치되었다는 것 자체가 심각한 위법성의 문제를 일으켰다. 더구나 실질적인 권한 행사는 국보위에서 각 분과위원회를 두고 총괄적으로 행했음을 생각하면 기존의 정부를 배제시키는 헌법파괴행위라고 보기도 한다.[7]

특히 1997년 4월 대법원은 국보위가 대통령 자문기구의 형식을 빌렸다 하더라도, "상임위원장에 피고인 전두환이 취임하여 공직자 숙정, 언론인 해직, 언론 통폐합 등 중요한 국정시책을 결정하고 이를 대통령과 내각에 통보하여 시행하도록 함으로써, 국보위 상임위원회가 사실상 국무회의 내지 행정 각부를 통제하거나, 그 기능을 대신하여 헌법기관인 행정 각부와 대통령을 무력화시킨 사실 등을 인정한다"고 판결했다.[8]

결국 국보위의 설치로 헌법기관인 행정 각부와 대통령을 무력화시킨 것은 행정에 관한 대통령과 국무회의의 권한행사를 강압에 의하여 사실상 불가능하게 한 것으로 국헌문란에 해당한다고 보고 있다.[9]

한편 국보위의 설치와 소위 국정개혁이라고 하여 강행한 제반 정책은 한편으로는 국민의 의사에 근거하지 않고 정권을 장악한 행위에 대한 정당성을 확보하기 위한 국민여론의 유도 내지는 조성을 위한 것이고, 또 한편으로는 민주화를 요구하던 국민의 요구와 갈망을 안보이념으로 묵살 또는 희석화시키는 것이었다. 특히 당시 국회가 그 기능을 충분히 수행하지 못했으나, 국회 내에 헌법개정특별위원회가 구성되어 있었고, 민주적 정치일정을 계속 약속하며, 국민의 정치적 의사표현이 곳곳에서 표출되고 있었음에도 불구하고 대통령령으로써 행정·사법을 조정·통제할 수 있는 기구를

---

7) 임상혁, 「삼청교육대의 위법성과 민사상 배상」, 앞의 잡지, 77쪽, 85쪽.
8) 「국가보위비상대책위원회」, 한국어위키백과사전
9) 이철호, 「국가폭력과 인권침해」, 앞의 잡지, 182쪽; 이희훈, 「1980년 헌법의 형성과 발전 및 평가」, 앞의 잡지, 144쪽.

구성한 것은 위헌일 뿐만 아니라, 국민주권에 대한 정면적인 도전이었다. 또한 국보위 설치근거로 계엄법과 정부조직법을 들고 있으나, 계엄상태에서도 국회의 본질적인 기능은 침해할 수 없으며, 당시 국무회의와 내각이 구성되어 있음에도 하위규범에 근거하여 행정기관의 부속기관을 설치한 후 행정권을 실질적으로 행사하는 것은 민주주의적 기본질서의 파괴였다. 더 나아가 국민의 기본권에 직·간접적으로 영향을 미치는 정부조직은 그 구성에 있어서 공개적이고 국민에 의한 통제가 가능하여야 하고, 그 정부조직의 권한은 국민주권에 따라 법률로서 규정되어야 한다. 즉 민주주의의 원리인 법치주의에 반하는 정부조직은 그 행위에 있어 당연 무효가 된다.[10] 그리하여 국보위는 사실상의 군정 또는 5·16군사쿠데타 직후의 최고회의 재판이라는 유언비어가 유포되기도 했다.[11]

또한 구체적인 활동으로 국보위는 아주 짧은 기간 동안 광주민주화운동에 대한 유혈탄압과 김대중·김종필 체포, 김영삼 강제 정계 은퇴, 구정치인으로 불리는 세력에 대한 정치활동 규제, 언론계와 공직자 숙청, 삼청교육대 발족 등을 실현시켜 실제로는 공포정치를 이용한 정·재계 개편으로 신지배구조를 수립하려 했다.[12] 이는 유신체제 하에서 이루어진 유신개혁들을 계승 발전시킨 권위주의적이고 통제적인 것이었다.

한편 국보위를 중심으로 이루어진 사회정화운동의 표면적인 취지는 한국사회 저변에 팽배한 부정적 심리와 비리, 부조리, 무질서를 척결한다는 것으로서 당시의 시대적·사회적 요청에 형식상으로는 부응하는 것이었다고 볼 수 있다. 그러나 사회정화운동은 부조리제거를 위해 초기에는 단속·규제 등 법적 제도 및 제도 개선을 주된 수단으로 활용함으로써 국민들의

---

10) 민주주의 법학연구회, 「1980년대 법질서와 입법정책」, 앞의 책, 371~372쪽.

11) 문화공보부, 『국가보위비상대책위원회는 왜 설치되었는가』, 문화공보부, 1980, 21쪽.

12) 전영진, 『역사의 이해』, 학문사, 1998; 「국가보위비상대책위원회」, 한국어위키백과사전

자율적 참여운동이라기 보다는 반강제적으로 처벌과 단속 위주로 전개되었던 단속·규제 중심의 운동으로 인식되기도 했다.[13]

따라서 사회정화운동은 권력과 너무 밀착해 제5공화국의 지지기반과 정통성을 확보하려는 정치적인 목적과 편의 아래 반강제적으로 시행되었다. 또 숫자 채우기식의 목표 설정과 그에 따른 무리한 추진으로 인해 많은 부작용이 따랐으며, 결과적으로 억울하게 피해를 입었다고 생각하는 사람들이 적지 않았다.[14]

또한 사회정화운동은 사회부조리라는 부정적인 측면을 강조하고, 그에 대한 척결을 역설함으로써 시민들에게 정신적 부담감을 주어왔다. 비리·폐습에 대한 단속과 규제로 일부 시민에게는 그들의 생활에 불편을 초래하는 경우도 없지 않았다.[15]

또 한편 사회정화운동의 문제점으로 재정부족을 들고 있다. 사회정화운동 지원을 위해 1982년도부터 1988년까지 지원한 예산은 연간 평균 155천만 원에 불과했다. 이러한 지원금도 대부분 269개 사무국 직원들의 인건비 보조에 사용되고 있을 뿐, 각종 교육·계도활동 등의 사업추진에 소요되는 예산은 추진위원들의 회비나 찬조금에 의존하고 있었던 것이다.[16]

그리고 사회정화운동에 참여하는 위원들의 사기문제와 함께 자질문제가 있었다. 사회정화운동에 참여하는 사람들은 시간과 비용을 들이면서 헌신적으로 운동을 전개하는 데 비해 그에 상응하는 직접적인 보상을 기대할 수 없었다. 직접적인 보상이 없기 때문에 위원들의 참여가 때로는 형식적으로 흐르기 쉽고, 사명감이 결여되기 쉬워 참여의식이 약할 수밖에 없었다. 또한 정화돼야 할 정화위원들이 적지 않았다는 점에서도 문제가 있었

---

13) 사회정화위원회, 『사회정화운동사』, 사회정화위원회, 1988, 474~475쪽; 허영섭, 「정화되어야 할 정화위원회」, 『엔터프라이즈』 48, 1988.9, 337쪽.

14) 허영섭, 「정화되어야 할 정화위원회」, 앞의 잡지, 334쪽, 337쪽.

15) 윤재걸, 「정화돼야 할 怨府(원부) 사회정화위원회」, 『신동아』 343, 1988.4, 249쪽.

16) 사회정화위원회, 『사회정화운동사』, 사회정화위원회, 1988, 474~475쪽.

다. 사회정화위원들을 전국적으로 확대 양산해놨으니, 크고 작은 말썽이 생겨나지 않을 수 없었다. 지역마다 마을마다 정화위원회를 둘러싼 불협화음이 노출되기 시작하면서 일부 정화위원들의 횡포와 비리가 문제시되기도 하고, 비적임자가 선임된 경우도 적잖이 나타나 중앙에서도 이 같은 졸속을 시정 보완해 나가는 데 안간힘을 쏟기도 했다.[17]

정화추진위원으로 활동하고 있는 사람들에 대한 국민들의 평가를 알아본 결과 40.5%가 "그런대로 적합한 사람들"이라고 대답했으며, 30.6%가 "부적합한 사람들도 다소 있다", 11.1%가 "아주 적합한 사람들"이라고 보고 있고, 7.6%는 아예 "관심 없다"라고 말하고 있으며, 7.5%는 "부적합한 사람들이 많다"고 대답했다. 부적합하다고 보는 사람들이 38.1%나 된다는 것은 정화추진위원의 선정에 문제가 있음을 보여 주는 것이며, "관심 없다"는 대답이 7.6%나 되는 것은 그만큼 정화운동에 부정적인 태도를 밝힌 것이라고 할 수 있다. 특히 서울은 12.4%가 '관심 없다'라고 대답했다. 대체로 학력이 높을수록 부적합한 사람이 많다고 보고 있으며, 생활수준이 낮은 사람들이 적합하다고 평가하는 비율이 높았다.[18]

또한 정화추진위원으로 선정될 경우 45.6%가 열성적으로 참여하겠다고 대답했으며, 30.5%가 사양하겠다는 의사를 밝혔고, 9.1%가 시키는 대로 하겠다. 2.2%가 이름만 걸어 두겠다. 10.5%가 모르겠다고 대답했다. 특히 서울의 경우 38.4%만이 열성적으로 참여하겠다는 데 비해 36.0%가 사양하겠다고 대답하여 서울주민들의 사회정화운동에 대한 반응이 그리 좋지 않음을 나타내 주고 있다. 학력별로는 대학학력을 가진 사람의 36.1%가 열성적으로 참여하겠다고 대답한 데 비해 43.5%가 사양하겠다는 의지를 밝힘으로

---

17) 사회정화위원회, 『사회정화운동사』, 475쪽; 윤재걸, 「정화돼야 할 怨府(원부) 사회정화위원회」, 앞의 잡지, 240~241쪽, 249쪽.

18) 현대사회연구소, 「사회정화운동의 평가」, 사회정화위원회 편, 『사회정화운동연구』, 사회정화위원회, 1982, 61쪽.

써 지식인의 사회정화운동에 대한 참여의식이 크게 부족함을 알 수 있다.[19]

그리고 상당수의 국민들 역시 사회정화운동을 부조리 추방으로만 오해하고 있고, 정화의 대상은 공직자와 사회지도층이고, 정화의 주체는 정부라고 보며 자신과는 상관없는 운동으로 인식하고 있었다. 정화운동의 주체가 정부가 될 때 관료적 부작용을 초래할 뿐만 아니라, 자율성이 결여됨으로써 국민들은 소극적인 자세를 나타내게 된다.[20]

또한 당시 공직자와 사회지도층은 사회정화운동에 있어서 적극적인 정화자세가 결여되어 있었다. 즉 공직사회와 사회지도층의 지배적인 분위기는 자신만이 부정부패를 멀리하고 바르게 살면 그만이라는 소극적인 정화자세를 취하고 있었다. 그러나 사회지도층이나 공직자가 보다 적극적으로 국민운동에 앞장 설 때 사회정화운동이 활성화될 수 있으며, 그러한 점에서 각급 행정기관의 사회정화운동 지원 자세 및 지원체제에 개선되어야 할 여지가 많다고 보았다.[21]

특히 상당수의 정화추진위원회는 과거의 타성에 젖어 너무 많은 과제를 나열식으로 제시하고 실천 가능한 과제를 자율적으로 결정하지 못하는 문제점이 있었다. 이는 곧 하나의 과제도 제대로 하고 있지 못하다는 증거이기도 했다. 이런 점에서 모든 추진위원회의 활동과제는 최소한의 과제를 자율적으로 선택하며, 따라서 활동성과 보고는 지정된 과제별로 보고하기보다는 위원회가 선정한 과제에 대해 하도록 해야 한다는 지적이 있었다.[22]

또한 상당수의 사회 경제단체가 사회정화운동의 필요성과 그 이념에 관

19) 같은 논문, 65~66쪽.
20) 김충남, 「81사회정화운동의 회고와 82방향」, 『정화』, 사회정화위원회, 1982.1, 106쪽.
21) 같은 논문, 106쪽.
22) 같은 논문, 107쪽.

한 올바른 이해가 결여 되어 있을 뿐만 아니라, 간부들 중에는 사회정화운동이 경제성장이나 사회발전에 별로 보탬이 되지 않는다는 인식을 가지고 있었다. 이런 점에서 직장정화운동이 보다 적극적으로 활성화되어야 한다는 지적이 있었다.[23]

또 한편 사회정화운동은 새마을운동과 때때로 중복되는 문제점이 있었다. 새마을운동은 1970년대 초에 조국근대화의 완수를 위해 전개되었고, 사회정화운동은 1980년대 초에 경제성장에서 파생된 부조리 추방의 기치 아래 전개되는 차이가 있었지만 양 운동은 경우에 따라 중복되기도 했던 것이다. 새마을정신에 기초하여 의식개혁을 강조하고 나설 때 새마을운동은 사회정화운동과 중복되는 것이다, 그리고 의식개혁운동에 기초하여 창조적 삶과 근면·절약생활을 역설할 때 사회정화운동은 새마을운동과 겹치게 된다.[24]

또한 1980년 12월 13일 공포된 새마을운동조직육성법과 1983년 5월 21일 공포된 사회정화운동조직육성법은 그 발상이 전혀 동일할 뿐만 아니라, 내포하고 있는 문제점 역시 비슷하다는 평가를 받았다. 즉 두 법안은 국가 및 지방자치단체의 출연금교부, 국공유재산의 대부, 조세감면 자료제공요청 등 새마을 본부의 권한범위를 거의 무제한으로 정해 놓고 있는 '백지위임', '백지수표'식 법률이라는 점이다. 그리하여 국민들은 이들 두 단체의 후견인 노릇을 충실히 해왔던 이 법률들을 가리켜 '권력만능주의'가 판을 치던 제5공화국의 반민주성을 가장 적나라하게 드러내 준 본보기로, 악법 중의 악법이라고 입을 모았다.[25]

특히 당시 살기등등한 계엄 하에서 과격하게 추진된 권력형 부정축재자 처리 및 지나치게 과감한 물리적 부조리 척결 조치는 일반 국민들에게 사

---

23) 같은 논문, 107쪽.
24) 사회정화위원회, 『사회정화운동사』, 사회정화위원회, 1988, 475쪽.
25) 윤재걸, 「정화돼야 할 怨府(원부) 사회정화위원회」, 앞의 잡지, 245~246쪽.

회정화운동에 대한 위압적이고 권력적이며, 부정적 이미지와 정신적 부담감을 갖도록 했다. 더구나 공직자 숙정에 있어서 그 대상 선정상의 합리성과 일관성 결여, 법적 근거도 없이 자행된 비인간적이고 폭력적인 삼청교육, 정권구축 차원에서 악용된 정치인 재산 환수 등은 제5공화국 말기가 되면서 서서히 문제점이 드러났다. 그리하여 이러한 사회정화운동의 위압적 부정적 이미지는 지식인을 비롯한 국민 일반이 사회정화운동에 적극 참여하게 하는 데 장애 요소가 되었을 뿐만 아니라, 공직사회 내부에서도 정화운동에 대한 두려움을 갖고 거부 반응과 냉소적 태도를 보이는 요인이 되었다. 따라서 국보위의 사회정화운동은 민간 주도의 국민운동이라기보다는 12·12사태 등 일련의 비정상적 방법으로 정권을 장악한 신군부세력이 권력구조를 굳히고 지지기반을 확충하기 위하여 국민에게 강요한 위로부터의 관주도 운동이었다.[26]

요컨대 사회정화운동은 신군부세력의 정권창출의 정당화 수단으로 활용되었기 때문에 자격박탈, 재산몰수, 절차를 무시한 사법적 처리, 초법적 처벌 등과 같은 폭력적인 수단을 사용함으로써 목표달성에 적합한 수단을 행사하지 못하며 기술적 환경에 대응하지 못했다. 또한 사회적 공감대의 형성이나 정당성 획득에 실패함으로써 오랜 기간 동안에 박정희 체제에 대한 과잉 순응적 태도에서 자율적인 기체로의 변경이라는 제도적 환경에의 적응정도도 매우 낮았다. 즉 사회정화운동은 생래적으로 가져야 하는 사회적 정당성의 획득을 통하여 자신의 생존을 유지 확장시켜 나가지 못했던 것이다. 그리하여 사회정화운동은 신군부 정권의 정당성과 통치기반을 강구하기 위한 집권층의 과잉된 의지의 표출이었으며, 기존의 체제에서 작동하던 체제이념과 합리성을 급격하게 변동시킨 국가중심적인 의식과 정화운동이라 할 수 있다.[27] 따라서 제5공화국의 전위 역할을 해왔던 사회정화가 궁극

---

26) 김진구, 「기관형성의 관점에서 본 사회정화운동」, 고려대학교 정책과학대학원 도시 및 지방행정전공 석사학위논문, 1990, 15쪽, 27~30쪽.

적으로 안 되었던 근본적인 원인은 '민주화'가 안 된데 더 큰 이유가 있다고 지적되기도 했다.[28]

특히 사회정화운동의 입안자이자 주요 지도층이 바람직하지 못한 사회 현상에 상당 부분 책임이 있는 세력으로 구성되어 있었기 때문에 지식층을 비롯한 일반 국민들의 진정한 호응을 얻기에는 처음부터 한계를 노정하고 있었다. 또한 사회정화운동의 지도적 위치에 있는 제5공화국 체제의 고위층과 그 친인척이 경제질서를 문란케 한 경우가 많아 이 운동의 취지를 무색하게 만들었다. 특히 연고주의와 권력남용에 따른 지도층의 부조리가 가장 심각한 문제였다. 제5공화국 당시 전두환 대통령의 친인척이 관련된 비리로는 굵직한 것만 봐도 이철희(李哲熙)·장영자(張玲子) 사건, 전경환(全敬煥)의 새마을 비리, 전기환(全基煥)의 노량진 수산시장 비리, 이창석(李昌錫)의 동일비리, 전두환 대통령이 직접 관련된 일해재단 부조리 등을 들 수 있으며, 이밖에도 제5공화국 지도층이 연루된 비리는 이루 헤아릴 수가 없고, 이 때문에 많은 인물들이 처벌을 받았다.[29]

더 나아가 1995년 말 한국 검찰은 전두환·노태우 두 전직 대통령을 반란과 반역, 그리고 기업인들로부터 수천억 원을 거둬들인 혐의로 구속했다.[30] 전두환 자신은 권력형 부정축재를 내세워 정권수립의 명분을 얻으려 했지만, 뒤에서는 갈퀴로 긁듯 대한민국에서 뺏을 수 있는 돈은 다 뺏어 자기 주머니 속에 채워 넣은 것이다. 이러한 권력형 부정축재 범죄는 1994년 서석재(徐錫宰) 당시 총무처 장관과 1995년 박계동(朴啓東) 당시 여당인 민주

---

27) 「사회정화위원회」, 『인터넷 네이버 지식백과사전』; 허영섭, 「정화되어야 할 정화위원회」, 앞의 잡지, 343쪽.

28) 윤재걸, 「정화돼야 할 怨府(원부) 사회정화위원회」, 앞의 잡지, 246쪽.

29) 김진구, 앞의 논문, 8~10쪽, 31~32쪽.

30) 존 위컴(김영희 감수), 『12·12와 미국의 딜레마』, 중앙M&B, 1999, 275쪽; John A. Wickham, 『Korea on The Brink- A Memoir of Political Intrigue and Military Crisis』, Brassey's, 2000, p.185.

자유당 의원의 폭로에 의해 국회 진상조사단이 여야 합의로 구성되었고, 검찰·경찰합동수사팀이 만들어졌다. 수사결과 전두환이 3,000억 원 이상의 비자금을 대기업 등으로부터 갈취해 착복한 것으로 확인됐다. 전두환은 1997년 대법원에서 군사반란 내란죄 및 내란 목적 살인죄 등으로 무기징역형을 확정 받을 때, 수사를 통해 확인된 비자금 및 은닉재산 2,205억 원을 국가에 환수하라는 추징금 납부 명령을 받았다. 하지만 2013년 6월 현재까지 532억 원만 납부하고는 "통장에 29만 1,000원밖에 없다", 혹은 "집 마당을 파서 돈이 나오면 가져가라"는 등의 조롱 섞인 대답만 내놓으며, 검찰과 국가 법집행 기능을 비웃고 있다.[31]

이처럼 추징금 납부를 미루다가 결국 전두환의 장남 전재국은 2013년 9월 10일 서울중앙지검 청사 앞에서 가족을 대표해 대국민사과문을 발표하며 미납된 추징금 전액인 1,672억 원을 납부할 뜻을 밝혔다. 그는 자진 납부하기로 결정한 가족들의 부동산 자산 목록을 밝힌 뒤 검찰에 '추징금 납부 계획서'를 제출했다. 이로써 전두환의 쿠데타에 대한 사법적 판단이 33년만에야 마무리되는 셈이다.[32]

이러한 점에서 제5공화국 및 신군부세력의 전위대였던 사회정화위원회의 문제점은 이러한 5공 비리 등 권력 핵심부의 비리를 막지 못했다는 데 있었다.

이러한 사실에 대해 이미 위컴 사령관은 신군부세력의 한 핵심장성에게 이런 말을 한 적이 있다. "군부가 부정부패를 일소한다는 것은 단기적으로는 가능하다. 그러나 군이 정치를 하게 되면 반드시 신부패가 생기게 된다."[33]

---

31) 「그를 찬양하는 것도 범죄다」, 『한겨레신문』 2013.6.8.

32) 「29만원 전두환, 16년 만에 백기」, 『한겨레신문』 2013.9.11.

33) 조갑제, 「정권을 향한 진격」, 『월간조선』 1990.9, 407쪽.

한편 입법회의는 제5공화국의 헌정기틀 및 법률적 기틀을 마련하고 사회개혁과 복지사회 실현이라는 새 정부의 기치를 제도화, 법제화하는 과업을 수행했다. 입법회의는 짧은 기간 동안 189건의 법안을 포함하여 예산·결산안·동의안·결의안 등 총 215건의 각종 안건을 처리했다. 이를 위해 25차 본회의와 171차의 상임위원회가 열렸다. 이중 법안만을 놓고 볼 때 9대 국회가 6년 동안 633건, 10대 국회가 1년 반 동안 129건을 처리했음에 비추어 입법회의의 과업이 얼마나 벅찬 것이었는지를 알 수 있다. 입법회의는 과거의 정치가 비리와 부조리를 배태해왔고 경제개발의 배분이 적정화되지 못했으며, 이로 인해 사회적 갈등이 심화되고 있다는 인식에서부터 출발했다. 따라서 과거 우리 사회를 구속해 왔던 기본 법질서에 대한 대수술이 불가피했던 측면도 없지 않았다.[34]

정치풍토 쇄신을 위한 특별조치법의 제정을 필두로 대통령선거법, 국회의원선거법, 정치자금법, 정당법 개정안을 통과시킴으로써 제5공화국의 정치적 골격을 세우는 일이 입법회의의 첫 번째 과제였다. 이와 관련하여 언론기본법, 한국방송공사법, 국정자문회의법, 중앙정보부법, 평화통일자문회의법, 국가보안법, 국회에서의 증언·감정 등에 관한 법률, 국회사무처법 등이 새로 제정되거나 개정되었다.[35]

다음으로 5·17비상계엄 이후 사회경제, 문화 각 분야에 걸쳐 추진돼온 개혁의 방향이 법률적으로 구체화되었다. 농어민후계자 육성기금법, 조세감면규제법, 주택임대차 보호법, 소송촉진 등에 관한 특례법, 독점규제 및 공정거래에 관한 법, 사회복지기금법, 주택개발촉진 등에 관한 특례법, 근로기준법, 노동관계법, 공무원법, 문화보호법, 한국청소년연맹육성법 등이 이 범주에 포함될 것이다. 이와 함께 사회안정에 대한 의지도 비중 높게 반영되었다. 사회보호법과 집회 및 시위에 관한 법률, 폭력행위 등 처벌에 관

---

34) 『조선일보』 1981.3.31; 『국가보위입법회의사료』, 국회사무처, 1995, 477쪽.
35) 『동아일보』 1981.3.30; 『조선일보』 1981.3.31.

한 법률, 특정범죄가중처벌에 관한 법 등이 그것이다.[36]

이처럼 입법회의가 제정 또는 개정한 법안은 국보위의 활동들을 제도적 · 법률적으로 뒷받침한 것이며, 정치 · 경제 · 사회적으로 제5공화국의 기틀을 마련하기 위한 중요한 법안들이었다.

그러나 입법회의에 대한 문제점으로 제시된 것은 다음과 같다. 우선 입법회의 설치의 법적 근거인 국가보위입법회의법은 1980년 10월 27일 남덕우 당시 국무총리가 대통령 전두환을 대리하여 주재한 국보위 회의에서 통과되었다. 그러나 대통령 자문기구로서 입법권이 없던 국보위에서 의결된 이 법안은 무효라는 주장도 있다.

입법회의는 법률에 근거 없는 대통령령에 따라서 구성되었다는 점과 그 구성원 모두 대통령에 의해 임명되어 민주적 정당성이 결여된 점 및 국가보위입법회의법은 정당한 국민대표입법기관에 의해 제정된 것이 아니어서 절차적 정당성에 위배된다는 점, 그리고 1980년 부칙에서 그 구성을 법률에 백지위임을 할 수 있는가의 문제와 이 입법회의가 제정한 법률들과 이에 따라 행해진 관례 및 예산 기타 처분 등은 효력을 지속하며, 1980년 헌법 기타의 이유로 제소하거나 이의를 제기할 수 없게 하여 헌법 부칙의 법적 성격이 어디까지나 헌법 본문을 보완 · 보충하는 부수적인 성격을 가져야지 결코 헌법 본문의 창설적 성격을 가져서는 안 된다는 법칙에 반하는 점 등에 비추어 볼 때 입법회의의 설치는 위헌이며, 국가보위입법회의법도 위법하다고 보고 있다. 또한 입법회의에서 만들거나 제정한 여러 법률들은 입법권은 국회에 속하도록 규정한 헌법 제40조와 국민주권의 원리를 천명한 헌법 제1조 제2항, 국가권력을 국민의 합의에 의해 만든 헌법과 법률의 틀 속에서만 행사하게 함으로써 공권력의 자의적 행사를 막고 국민의 기본권을 더욱 효율적으로 보장해야 한다는 법치국가원리에 반하여 위헌성이

---

36) 『조선일보』 1981.3.31.

높다고 보고 있다.[37]

또 한편 입법회의의 성립과 그 구성에 있어서 또 다른 문제점은 국민주권에 기초한 민주주의의 원칙에서 찾아 볼 수 있다. 민주주의적 법질서 하에서 입법은 민의에 의한 정치를 실현하기 위한 것이고, 이 때문에 입법기구와 입법자는 민의 대변자로서의 기능을 충분히 수행해야 한다. 즉 입법기구의 성립과 구성에 있어 민의가 반영되지 않은 것이라면 민주주의의 이념에 반하는 것이 되고, 집권자에 대한 견제로서의 권력분립의 원칙에도 반한다고 볼 수 있다. 또한 올바른 대의제 민주주의의 전제와 조건은 대표관계의 정당한 구성과 유지, 공개성과 이성적 토론의 존치, 정권교체와 대표관계의 변화의 가능성이라고 볼 때 입법회의는 비록 헌법과 법률에 의해 구성되고 활동하였다고 하더라도 입법기구로서의 정당성은 부여받지 못한 것이라 할 수 있다. 더 나아가 국민의 최소한의 권리인 입법기구의 구성원을 선출할 권리를 차단하고, 대통령이 임명하는 소수에게 입법권을 양도한 부칙조항이나 입법회의 의원을 대통령이 임명한다는 점, 그리고 입법회의가 대통령의 요구에 의해 개회된다는 점 등은 문제로 지적되었다.[38]

그리하여 1989년 12월 18일 선고된 국가보위입법회의법 등의 위헌여부에 관한 헌법소원에서 청구인들은 우선 국가보위입법회의법 전부가 정상적인 입법권을 갖고 있는 국회에서 제정된 것이 아니므로 그 성립에 하자가 있어 위헌이며, 또한 "국가보위입법회의가 제정한 법률과 이에 따라 행하여진 재판 및 예산 기타 처분 등은 그 효력을 지속하며, 이 헌법 기타의 이유로 제소하거나 이의를 할 수 없다"라고 하는 구 헌법 부칙 제6조 제3항은 재판청구권이나 청원권을 제한하고 있기 때문에 위헌이라고 주장했다.[39]

1989년 대한민국의 헌법재판소는 "구 헌법 부칙 제6조 제3항의 규정은 구

---

37) 이희훈, 「1980년 헌법의 형성과 발전 및 평가」, 앞의 잡지, 144쪽.
38) 민주주의 법학연구회, 「1980년대 법질서와 입법정책」, 앞의 책, 372~374쪽.
39) 방승주, 「위헌입법의 현황과 대책」, 한국법학원, 『저스티스』 106호, 2008.9, 257쪽.

헌법의 기본권보장 규정과도 모순, 충돌되는 것이었던 만큼 현행 헌법에서는 국민의 민주화요구에 부응하여 반성적 견지에서 제소금지 조항을 승계하지 않았다고 봐야 할 것이고, 따라서 모든 국민은 아무런 제약이 따르지 않는 기본권에 의하여 언제 어떤 절차로 만들어졌느냐에 관계없이 모든 법률에 대하여 법정절차에 의해서 그 위헌성 유무를 따지는 것이 가능하다고 할 것이다"라고 하면서, 국가보위입법회의법 부칙 제4항 후단의 위헌성 유무를 심사하고 비록 폐지된 법률이기는 하나 그 위헌성을 확인했다.[40]

그 결과 입법회의의 입법기능 부여와 기존 국회의 해산은 개정헌법에 의하여 국회의 권한을 대행하는 과도입법기구로서의 입법행위라고는 하나 권력분립적 견지, 즉 민주헌법의 기본이념에서 보면 불합리한 전형적 통치행위에 속한다고 주장되기도 한다.[41]

한편 입법회의 운영에서 찾아 볼 수 있는 문제점을 보면 첫째로 입법회의 본회의에서의 반대토론이 한 번 밖에 없었다는 사실이다. 즉 본회의에서 2백 여 건의 법안을 처리하며 한 차례의 반대의견 제시가 있었을 뿐이라는 것은 문제점으로 지적되지 않을 수 없다. 둘째로 반대의견의 제시가 없었던 결과이겠지만 입법회의 본회의에서는 불과 두 차례의 표결밖에 행해지지 않았다. 그밖에는 모두가 "이의 없습니까", "없습니다"로 끝난 점이다. 셋째로 일부 입법의원 조차 아무런 내용이 없다고 비판한 법안이 그대로 통과한 일도 있었다. 문교부가 제출한 학교급식법안이 그 단적인 예이다. 넷째로 명분이 뚜렷치 않은 비공개회의의 진행과 내용발표의 지연이다. 입법기관은 국민의 일을 다루는 곳으로서 모든 것이 알려지고 장외에서의 토론도 동반해야 한다. 다섯째로 일부 법안이라 할지라도 국민의 권리보호에 과연 만전을 기했는가에 대한 이론이 있었다.[42] 여섯째로 입법회의의 특징

40) 같은 논문, 257~258쪽.
41) 대한민국재향군인회, 앞의 책, 344~345쪽.

은 철저한 상임위원회 중심의 운영과 간사위원회 활용이라고 할 수 있다. 따라서 입법회의에 있어서 본회의는 보기에 따라서는 요식행위에 그친 감이 없지 않았다.[43]

일곱째로 입법운영과정에서 일부 지나치게 능률과 신속이 강조되어 입법 사태를 초래했다는 지적이 있었다. 또한 야당에서는 제11대 국회의 개원을 목전에 두고 있는데도 입법회의가 마치 시한에 쫓기듯 국사의 주요 골간을 이루는 주요 법안들을 무더기로 졸속 처리하는 것은 입법과정에서 각 정당의 의사를 원천적으로 봉쇄하는 것이라고 비판하면서, 이는 정치도의에 어긋나는 일이며, 민의의 전당인 국회를 경시하는 처사라고 비난하고 입법회의 활동을 중지할 것을 촉구하는 일도 있었다. 그리고 법운영에 따라서는 정치적·사회적 경직을 초래할 우려도 있다는 지적도 있었다.[44]

또 한편 입법회의에서 제정 또는 개정된 법안 중에는 보수와 정체의 탈피를 위한 혁신적 전기를 가져 올 수 있는 과감한 조치가 있음과 함께 그 운영에 따라서는 오히려 제5공화국 체제의 경직을 초래할 염려의 법도 포함되었다.[45]

일부 정치권 인사들의 정치활동을 한시적으로 금지하는 정치활동규제법을 비롯하여 언론기본법, 국가보안법 개정안, 노동법 개정안, 집회 및 시위에 관한 법률 개정안, 새 헌법에서 규정된 대통령 간선제를 위한 선거법안 등 입법회의에서 통과시킨 법안들은 앞서 언급한 바와 같이 악법 시비나 각종 논란이 끊이지 않는 경우가 많았다.

특히 언론기본법의 시행은 그동안 심심찮게 시비의 대상이 되었으며, 표현의 자유와 알권리가 과연 얼마나 신장되었는가, 여론형성에 관한 언론의

---

42) 『동아일보』 1981.3.30.
43) 『조선일보』 1981.3.31.
44) 『동아일보』 1981.3.28; 『조선일보』 1981.3.31.
45) 『동아일보』 1981.3.30.

공적 기능이 충분히 보장되고 있는가 등에 관한 질문에 대해 회의적인 반응을 보이기도 했다. 한 관계자는 정부와 언론 간의 긴장이 고조됐을 때 이 법에 따라 여러 가지 강제규정이 발동될 가능성이 있기 때문에 문제가 될 소지가 있다고 주장했다. 또한 3·25 총선 유세에서 일부 후보자들은 "활발한 여론조성이 민주정치의 기본인데, 언론의 제약이 따르는 상황에서 민주주의 토착화를 어떻게 한다는 말이냐"면서, 언론기본법을 선거쟁점으로 거론하기도 했다. 그리하여 총선과정에서 일부 야당 입후보자들은 "11대 국회가 구성되면 이 법에 대해 근본적인 검토를 해야 된다"고 주장했다.[46]

또한 입법회의에서 의원발의에 의한 법률안이라고 해도 그것들이 대부분 국보위에서 검토·준비한 후 국보위 출신의 입법의원에 의해 발의된 것이므로 의원발의의 본래의 의미를 상실한 것이었다. 입법회의에서 전면적으로 개정한 법률들 중에서 노동관계법은 근로자 대표가 1명이고, 그것도 어용성이 강한 한국노총 위원장이었다는 점에서 대표성에 문제가 있는 것이었다.[47]

이상과 같이 국보위와 입법회의에 의한 제반 정책이나 법률들은 일반적으로 물리적 억압과 정치적 배제가 여전히 주요한 정책방향이었으며, 체제능력을 보강하기 위한 제반 정책은 지배구조의 제반 정책이 장기적 발전전망이나 한국사회의 거시적 조망에 근거하지 못한 채 정권안보적 차원에서 단기적으로 그리고 응급처치식으로 시행되어 왔다는 것을 입증하는 것이었다. 즉 어떠한 경우에도 설득과 동의를 통한 헤게모니의 창출로서가 아니라 물리력을 통한 강제방식을 일차적으로 선호하고 있다는 점에서 1980년대 한국사회 지배구조 및 정치체제의 본질을 제시해 주고 있었다.[48]

---

[46] 『조선일보』 1981.4.10.
[47] 민주주의 법학연구회, 「1980년대 법질서와 입법정책」, 앞의 책, 377쪽.
[48] 같은 논문, 396쪽.

요컨대 국보위는 준집정관적인 국가지배체제로 시민에 의한 국가통제권을 상실케 했으며, 입법회의는 국민의 대표로 구성되지 않은 입법기관으로서 신군부세력의 집권을 정당화 하고 국보위에서 행한 일련의 조치들은 정당한 법적 절차를 밟지 않고 사후적으로 제도화, 법제화시킴으로써 면죄부를 주려한 것으로 위헌적이며 불법적인 입법기관으로 표현되기도 한다.

유신이라는 거대한 괴물이 박정희 한 사람이 없어지면 그대로 없어질 것이라고 보았던 김재규는 유신의 머리를 자르는 데는 성공했다. 그러나 머리 잘린 유신이란 괴물에게 새로운 머리가 솟아났다. 박정희의 정치적 사생아 전두환이었다. 전두환은 김재규를 베고 광주를 피로 물들였다. 박정희의 뒤를 이어 결국 대한민국을 13년 간 통치한 전두환과 노태우는 각각 청와대 경호실 작전차장보와 행정차장보를 지낸 박정희의 근위장교들이었다. 전두환은 박정희의 흔적을 지우고 새 시대를 표방했지만 그것은 '박정희 없는 박정희 시대'였다.[49]

요컨대 전두환 정권은 박정희 정권과 마찬가지로 쿠데타로 성립된 군사독재정권이었다. 1980년 5월 광주민주화운동을 무력으로 진압하고 탄생한 이 정권은 물가안정, 서울올림픽대회 유치 등의 업적을 남겼으나, 극심한 부정부패와 민주화운동 탄압, 고문 등 인권유린행위로 국민들의 비판을 받았다. 결국 1987년 6월 항쟁으로 대통령 직선제 개헌을 약속하고, 12월 12일 대통령선거에서 노태우가 당선되어 1988년 2월 평화적 정권교체가 이루어졌다.[50]

당시 민주화 세력들은 김대중과 김영삼의 후보단일화를 요구했으나 결국 결렬되어 두 사람 모두 출마하게 되었다. 신민주공화당의 김종필까지 출마하여 4인의 후보가 겨룬 선거에서 민정당 후보 노태우가 직선제로 당선되어 제13대 대통령이 되었던 것이다. 대통령 간선제를 유지하려던 전두

---

49) 「유신과 오늘」, 『한겨레신문』, 2013.5.18.
50) 강만길, 『20세기 우리 역사』, 창작과 비평사, 1999.

환 정권이 6·29선언을 발표하고 대통령 직선제를 수용하지 않을 수 없게 된 것은 어디까지나 6월 민주화운동이 승리한 결과였다.

이에 따라 제5공화국 종식의 계기를 마련했다. 이어 1987년 9월 12일 헌정사상 처음으로 여야합의에 의해 대통령 직선제, 대통령 5년 단임제, 국정감사권 부활 등을 주요 골자로 하는 제9차 헌법개정안이 국회에서 통과되고 10월 27일 개헌안이 국민투표로써 확정됨으로써 제6공화국의 법통을 마련했다.

　이상에서 본 저서는 국보위와 입법회의의 설치와 활동을 통해서 전두환 정권의 수립과정과 1980년대 초 한국사회 지배구조 및 정치체제의 본질을 살펴보았다.

　전두환을 비롯한 신군부세력은 유신체제 이후 민주화의 열기를 무너뜨리고 제5공화국을 수립하는 과정에서 몇 단계의 쿠데타를 일으켜 군부독재 정권을 연장시켰다. 즉 신군부세력은 12·12사태, 5·17비상계엄확대조치, 광주민주화운동 진압, 국보위 설치, 입법회의 설치 등의 과정을 거치면서 점진적으로 권력을 장악해 나갔다.

　10·26사태 이후 당시 국내정세는 신군부세력이 주장하는 것처럼 혼란과 위기상황이 아니었다. 과도정부는 위기대처 능력과 신속한 대응력을 보여주었고, 국민들은 높은 질서의식을 보여 주었으며, 한국의 안보를 저해하는 북한의 어떤 행동도 나타나지 않고 있었다. 특히 미국은 한미동맹의 굳건함을 강조했으며, 북한의 무모한 도발을 막기 위한 양국의 공동결의를 재다짐하기도 했다. 그리하여 당시 한국은 비교적 민주화 및 평화적인 정권교체에 의한 민간정부로 나아가는 안정된 분위기에 있었다. 이 때문에 전두환을 비롯한 신군부세력은 12·12사태를 일으켰지만 즉각적으로 정치권력을 장악할 수는 없었으며, 정권장악의 호기를 노리며 단계적인 쿠데타 실행으로 지배권력을 탈취해 갔던 것이다.

　이에 저항하여 1980년 봄에 노동자를 비롯한 학생시위가 대대적으로 발생했고, 이로 인한 사회혼란은 신군부세력의 정권찬탈을 위한 쿠데타인 5·17비상계엄령 선포와 비상기구인 국보위 설치의 빌미가 되었다. 이는 신군부세력을 공식화하는 계기가 되었다.

국보위는 대통령 자문기구 형식으로 출범되었지만 실제로는 임시행정기구이자 예비정부적인 성격을 띠고 있었다. 그리하여 국보위의 설립목적은 신군부세력의 정권장악을 위한 토대를 마련하는 것이었다. 따라서 국보위의 인적 구성을 보면 군인 우위에다 '하나회' 그룹을 핵심으로 하고 있었으며, 지역별로는 반 이상이 영남지역 출신이었다. 특히 전두환 국보위 상임위원회 위원장이 국정전반을 주도하면서 행정 각부를 통제하거나 그 기능을 장악한 새로운 정부의 역할을 했다.

한편 전두환을 비롯한 신군부세력은 국보위를 설치하고 국가지표로 민주주의의 토착화, 복지사회의 건설, 정의사회 구현, 교육혁신과 문화창달을 내세웠다. 이를 위해 정치풍토를 개선하고 도의정치를 구현하겠다고 다짐했고, 사회개혁을 통해 복지국가를 건설하겠다고 강조했다. 그리고 이러한 국정지표가 사회정화를 통해서 이루어진다는 것이다. 그리하여 정부와 국보위의 주도 아래 사회정화작업이 이루어졌다.

우선 국보위는 무엇보다 국가안보태세를 강화하기 위해 사회 각계에 잠재한 안보면의 불안요인과 저항적 요소를 근원적으로 제거하는 작업에 착수했다. 이로써 국보위는 권력확보와 집권의 정당성 창출을 위하여 대규모 숙청과 기구 개편을 단행하면서 신군부세력의 권력창출에 걸림돌이 되는 요소를 하나하나 제거했다. 그리하여 구정치세력과 함께 김대중 등 문제인물과 그 추종세력 및 학생운동 및 노동운동 배후세력, 언론인들을 색출, 검거했다. 아울러 사회정화를 위해 계급의식을 조장하거나 사회불안을 조성하는 정기간행물들의 등록을 취소했다.

다음에 국가기강을 확립하고 사회정화작업을 위해 국민의 지탄을 받아온 권력형 부정축재혐의자를 연행해 조사했으며, 정치적 비리와 부패행위로 국가기강을 문란케 해온 정계인사들을 연행 조사했다. 또한 공무원의 기강확립을 위해 공무원 숙정사업이 이루어졌다.

그리고 이러한 사회정화작업은 범국민적 사회정화운동으로 승화되어 경제계, 언론계, 교육계, 종교계, 노동계 등 사회의 모든 분야에서 새 시대를 맞이하기 위한 준비작업으로 범국민운동으로 확산되어 활발히 전개되었다. 심지어는 불량배를 소탕한다는 미명 아래 이른바 삼청교육이 행해졌다. 이는 공직사회와 일반사회를 개혁하고, 국민의식을 개혁하며, 나아가 사회정화의 당위성에 대해 범국민적 각성을 일깨웠다는 점에서 일정한 성과를 거두었다.

그러나 이러한 국보위의 사회정화작업을 통해 신군부세력은 권력이양작업에 들어갔으며, 결국 전두환이 대통령에 선출되는 결과를 낳게 되었고, 그 권력장악의 정당성을 확보하고, 아울러 그 집권에 방해가 되는 세력을 모두 제거하는 이중의 효과를 얻기도 했다. 특히 이러한 사회정화작업은 단속·규제 중심의 통제적이고 비민주적이며, 권위주의적인 측면이 강하게 드러났다.

한편 제5공화국 헌법의 공포되어 국회기능은 새 국회가 구성될 때까지 국보위가 대행하게 되었으며, 국보위는 입법회의로 그 명칭이 바뀌게 되었다. 그리고 국보위의 개혁조치는 입법회의에서 법제화되었다.

입법회의 의원들은 선출직이 아니라 전두환 대통령에 의해 임명되었으며, 임명된 의원들 중에는 군인과 국보위 출신 및 경상도 사람들이 다수 포함되어 있었다. 따라서 입법회의의 체제와 운영 역시 철저하게 군인이 주도하는 운영위원회 중심으로 운영되었다. 그리고 운영위원들은 국보위 출신이었다. 이는 군사정부의 정치적 정당성을 합리화시키고, 자파 세력을 중심으로 제5공화국의 기틀을 확고히 하려는 전두환 대통령의 의지를 반영한 것이었다.

요컨대 전두환을 비롯한 신군부세력은 국보위와 입법회의를 통해 제5공화국 통치의 기틀을 마련하였으며, 제5공화국의 사실상의 법적·제도적 근거들을 대부분 구축해놓는 데 성공하였다. 그러나 국보위와 입법회의는 쿠데타 정권의 산파역할을 하였다는 점에서 둘 다 위헌적 기구였음을 부정할 수 없다.

특히 국보위와 입법회의의 설치에는 정통성이 없는 정권을 공고히 하려는 목적이 있었기 때문에 악법들이나 반민주적인 법들도 만들어졌다.

또한 국보위와 입법회의의 설치 및 제반 정책이나 활동, 그리고 법률제정을 검토한 결과 일면 유신시대의 부정적인 측면을 극복하려는 개혁도 있었지만, 기본적으로는 여전히 유신시대의 물리적이고 강제적인 권위주의의 성격에서 벗어나지 못하고 있으며, 권력의 정당성을 민주주의의 원칙인 국민주권이나 법치주의에 의해서 구하는 것이 아니라 통제와 물리력에 의해 구하는 권위주의 시대에 머물고 있음을 알 수 있다.

요컨대 국보위는 정권장악을 위한 신군부세력의 계획이 표면적으로 드러난 것으로 제5공화국 수립의 초석을 마련한 업적을 남겼으며, 입법회의는 제5공화국 수립과정의 완성단계였다. 그리고 이로써 수립된 전두환 정권은 기본적으로는 유신체제의 틀을 계승·발전시키고 있다는 점에서 유신체제에 이어 연장된 '군부독재정권'이자 '박정희 없는 박정희 시대'였던 것이다.

1. 1차 사료

(1) 신문

경향신문, 동아일보, 서울신문, 조선일보, 한겨레신문

(2) 저서

광주광역시5·18사료편찬위원회, 『5·18광주민주화운동자료총서』 49, 광주광역시 5·18사료편찬위원회, 2009.

『국가보위입법회의 회의록』(1980.10.29-1981.4.10), 국가보위입법회의사무처.

국회사무처, 『국가보위입법회의경과보고서』, 국회사무처, 1981.

국회사무처, 『국가보위입법회의통과법률집』 1-2집, 국회사무처, 1981.

계엄사편집위원회, 『계엄사』, 육군본부, 1982.

『대한민국 국회 회의록 시스템-국가보위입법회의 회의록』 제12, 법제사법위원회 국가보위입법회의 사무처, 1980.11.27.

『대한민국 국회 회의록 시스템-국가보위입법회의 회의록』 제19호, 법제사법위원회 국가보위입법회의 사무처, 1980.12.22.

문화공보부, 『국가보위비상대책위원회는 왜 설치되었는가』, 문화공보부, 1980.

문화공보부, 『국보위 백서』, 국가보위비상대책위원회, 1980.

사회정화위원회, 『사회정화운동사』, 사회정화위원회, 1988.

사회정화위원회, 『사회정화운동의 실천방향』, 사회정화위원회, 1981.

사회정화위원회, 『사회정화운동의 이념과 실천』, 사회정화위원회, 1982.

사회정화위원회, 『의식개혁의 필요성과 실천방향』, 사회정화위원회, 1982.

사회정화위원회, 『인간답게 잘 사는 길』, 사회정화위원회, 1982.

윌리엄 글라이스틴(황정일 옮김), 『알려지지 않은 역사』, 중앙 M&B, 1999.

William H. Gleysteen, 『Massive Entanglement, Marginal Influence』, Brookings Institution Press, 1999,

정승화, 『12 · 12사건 정승화는 말한다』, 까치, 1987.

『제주정화5년』, 사회정화운동제주도추진협의회, 1985.

존 위컴(김영희 감수), 『12 · 12와 미국의 딜레마』, 중앙M&B, 1999.

John A. Wickham, 『Korea on The Brink- A Memoir of Political Intrigue and Military Crisis』, Brassey's, 2000,

현대사회연구소 편, 『사회정화운동의 이념과 방향』, 신현실사, 1981.

(3) 논문

권영성, 「제5공화국 헌법의 특색」, 『고시연구』 1980.12.

김동선, 「제5공화국의 언론통제실태」, 『신동아』 1987.11.

김주언, 「언론학살과 5공 핵심 언론인 집중탐구」, 『저널리즘』, 한국기자협회, 1988년 겨울호.

김주언, 「제5공화국 독재권력의 언론통제」, 『신문연구』, 관훈클럽, 1989년 여름호.

김충남, 「사회정화운동의 단계와 추진방향」, 『정화』 창간호, 사회정화위원회, 1981.12.

김충남(사회정화위원회 연구실장), 「의식개혁을 통한 사회정화」, 사회정화위원회, 『의식개혁의 필요성과 실천방향』, 사회정화위원회, 1982.

김충남(사회정화위원회 연구실장), 「3대 부정심리 추방과제와 실천방법」, 사회정화위원회, 『의식개혁의 필요성과 실천방향』, 사회정화위원회, 1982,

김충남, 「81사회정화운동의 회고와 82방향」, 『정화』, 사회정화위원회, 1982.1.

노재현 당시 국방장관 증언, 「12 · 12는 하극상 반란이었다」, 『신동아』 1993.10.

박기정, 「제5공화국의 권력엘리트들」, 『신동아』 1983.10.

「사회정화는 어디까지 왔나」, 『정화』 창간호, 사회정화위원회, 1981.2.

「새 헌법안의 주요 내용」, 『쇳물』, 1980.8.

『실록 제5공화국』 1-6, 경향신문사, 1987~1988.

안무혁(사회정화위원회 위원장), 「국민적 참여 속에 기반구축단계로」, 『정화』 11, 사회정화위원회, 1981.12.

윤재걸, 「정화돼야 할 怨府(원부) 사회정화위원회」, 『신동아』 343, 1988.4.

윤일웅, 「삼청교육대 그 비극의 전말」, 『월간조선』 104, 1988.11.

이동과, 「국보위 · 입법회의법령에 관한 고찰」, 『법학논집』 3, 청주대학교 법학연구소, 1988.5.

이상우, 「12·12세력과 광주사태와 미국」, 『신동아』 1988.2.

이상우, 「12·12와 정치군인과 미국」, 『신동아』 1987.12.

이상훈, 「자기정화는 사회정화의 첫 단계」, 『정화』 4, 사회정화위원회, 1981.5.

이현복, 「제5공화국의 산실」, 『정경문화』 1985.5.

전두환, 「사회정화는 국가차원의 개혁의지」, 『정화』 11, 사회정화위원회, 1981.12.

「제5공화국의 권력엘리트들」, 『신동아』 1983.10.

천금성, 『국보위 설치와 5공 탄생 내막」, 『월간 다리』, 1989.11.

「통과법률해설」, 『입법회의보』 창간호, 국가보위입법회의사무처, 1980.12.

한동윤, 「민정당 창당작전」, 『월간조선』 1988.10.

한상범, 「제5공화국 헌법의 특색」, 『고시계』 1981.2.

한승조, 「사회정의와 새 시대의 논리」, 『정화』 창간호, 사회정화위원회, 1981.2.

허영섭, 「정화되어야 할 정화위원회」, 『엔터프라이즈』 48, 1988.9.

현대사회연구소, 「사회정화운동의 평가」, 사회정화위원회 편, 『사회정화운동연구』, 사회정화위원회, 1982.

현대사회연구소 연구부, 「사회정화운동의 배경과 이념」, 『정화』 11, 사회정화위원회, 1981.12.

Chong-Sik Lee, 「SOUTH KOREA IN 1980: THE EMERGENCE OF A NEW AUTHORITARIAN ORDER」, 『Asian Survey』 January 1981, Vol XXI, Number 1, University of California Press.

Fuji Kamiya, 「THE KOREAN PENINSULA AFTER PARK CHUNG HEE」, 『Asian Survey』 July 1980, Vol XX, Number 7, University of California Press.

2. 2차 사료

(1) 저서

강만길, 『20세기 우리 역사』, 창작과 비평사, 1999.

강준만, 『한국현대사 산책-1980년대 편』 1, 인물과 사상사, 2003.

『국가보위입법회의사료』, 국회사무처, 1995.

국방부 과거사진상규명위원회,『국방부 과거사진상규명위원회 종합보고서』제2권, 국
　　　방부 과거사진상규명위원회, 2007.

김대중,『옥중서신』, 한울, 2009.

김삼웅 편저,『서울의 봄 민주선언』, 한국학술정보, 2003.

김영명,『고쳐 쓴 한국현대정치사』, 을유문화사, 1999.

김영선,『한국의 정치권력과 언론정책』, 전예원, 1995.

대한민국 국회,『대한민국 국회 60년사』, 국회사무처, 2008.

대한민국재향군인회,『12 · 12/5 · 18 실록』, 대한민국재향군인회 호국정신선양운동본
　　　부, 1997.

돈 오버더퍼(이종길 옮김),『두개의 한국』, 길산, 2002.

Don Oberdorfer,『The Two Koreas』, Basic Books, A member of the Perseus Books
　　　Group, 2001.

『삼청교육대백서』하, 삼청교육대인권운동연합, 2003.

성백효,『대학 · 중용집주』, 전통문화연구회, 2012.

岩波판집부 엮음(황인 옮김),『제5공화국』, 중원문화, 2005.

五島隆夫,『제5공화국』, 지양사, 1987.

五島隆夫,『제5공화국과 그 군부인맥』, 지양사, 1987.

유병용 · 홍순호 · 이달순 외,『한국현대정치사』, 집문당, 1997.

유진 피터슨,『메시지 신약』, 복있는 사람, 2009.

6월 민주항쟁계승사업회, 민주화운동기념사업회,『6월 항쟁을 기록하다』, 6월 민주
　　　항쟁계승사업회, 민주화운동기념사업회, 2007.

이달순,『현대 정치사와 김종필』, 박영사, 2012.

이승규 편,『제5공화국 정치비화』, 보성사, 1988.

장석윤,『탱크와 피아노-육사11기는 말한다』, 행림출판, 1994.

전영순,『아직도 끝나지 않은 진실』, 천지문화사, 2009.

전영진,『역사의 이해』, 학문사, 1998.

정경환,『한국현대정치사연구』, 신지서원, 2000.

정해구,『전두환과 80년대 민주화운동』, 역사비평사, 2011.

조갑제,『제5공화국』, 월간조선사, 2005.

지병문 · 김용철 · 천성권,『현대 한국정치의 새로운 인식』, 박영사, 2001.

진실화해를 위한 과거사정리위원회, 『진실화해위원회 종합보고서』 4, 진실화해를 위한 과거사정리위원회, 2010.

진실화해를 위한 과거사정리위원회, 『2009년 하반기 조사보고서』, 진실화해를 위한 과거사정리위원회, 2010.3.

칼 야스퍼스(백승균 역), 『역사의 기원과 목표』, 이화여자대학교 출판부, 1987.

(2) 논문

강창성 전보안사령관 증언, 「전두환과 하나회 군맥」, 『신동아』 1991.2.

김기철, 「신군부는 10·26 직후부터 집권 꿈꿨다」, 『신동아』 1993.7.

김재홍, 「하나회 회원 전명단」, 『신동아』 1993.6.

김진구, 「기관형성의 관점에서 본 사회정화운동」, 고려대학교 정책과학대학원 도시 및 지방행정전공 석사학위논문, 1990.

민주주의 법학연구회, 「1980년대 법질서와 입법정책」, 『1980년대 한국사회와 지배구조』, 풀빛, 1989.

박태우, 「제5·6공화국의 언론정책 비교 연구」, 고려대학교 정책과학대학원 석사학위논문, 1995.

박호성, 「1980년대 한국 민주주의의 전개」, 한국학중앙연구원 편, 『1980년대 한국사회연구』, 백산서당, 2005.

방승주, 「위헌입법의 현황과 대책」, 한국법학원, 『저스티스』 106호, 2008.9.

서재영, 「제5공화국의 정치적 특성에 관한 연구」, 한양대학교 대학원 정치외교학과 석사학위논문, 1999.

서창녕, 「한국정치의 후견인-수혜자 관계-제5공화국의 하나회 인맥에 관한 연구」, 서울대학교 정치학과 석사학위논문, 1993.

신동아 편집실, 「K공작 언론인 94명 포섭계획」, 『신동아』 1990.2.

신현익, 「전두환 군부정권 성립과정에서의 미국의 역할」, 고려대학교 대학원 정치외교학과 박사학위논문, 2006.

심지연·김민전, 「선거제도 변화의 전략적 의도와 결과」, 한국정치학회, 『한국정치학회보』 36, 2002.5.

이완범, 「박정희 정부의 교체와 미국」, 한국학중앙연구원 편, 『1980년대 한국사회연구』, 백산서당, 2005.

이철호, 「국가폭력과 인권침해」, 『공법논총』 6호, 한국국가법학회, 2010.8.

이희훈, 「1980년 헌법의 형성과 발전 및 평가」, 『외법논집』 28집, 한국외국어대학교
　　　 외국학종합연구센터 법학연구소, 2007.11.

임상혁, 「삼청교육대의 위법성과 민사상 배상」, 『법과 사회』 제22호, 법과 사회이론
　　　 학회, 2002 상반기.

전두환 합수부측 최초 본격 반론, 「정승화 측이 반란군이다」, 『신동아』 1993.10.

전진우, 「12 · 12출동 하나회 군부 전명단」, 『신동아』, 1993.7.

정주신, 「12 · 12쿠데타의 정치사적 의미」, 『민주주의와 인권』, 제4권 제1호, 전남대
　　　 학교 5 · 18연구소, 2004.4.

정순태, 「30년 군림, 하나회 인맥」, 『월간 중앙』 1993.6.

조갑제, 「5 · 17기습작전」, 『월간조선』, 1990.10.

조갑제, 「정권을 향한 진격」, 『월간조선』 1990.9.

조동준, 「전두환, 카터를 농락하다」, 『월간조선』, 1996.8.

조훈, 「전두환의 신군부 집권과정에 대한 연구」, 전주대학교 교육대학원 공통사회
　　　 교육전공 석사학위논문, 2006.

「국가보위비상대책위원회」, 『한국어위키백과사전』

「사회정화위원회」, 『인터넷 네이버 지식백과사전』

「사회정화위원회」, 『인터넷 다운 백과사전』

「YWCA 위장결혼식 사건」, 『네이버 지식백과사전』

http://cafe.never.com/haksanysw/1750

|Abstract|

The Establishment of Chun Doo Hwan's Regime in the 1980 - With Focus on the Special Committee for National Security and the Legislative Assembly Secretariat for National Security

This book deals with the establishment process of Chun Doo Hwan's Regime with focus on the Special Committee for National Security (SCNS) and the Legislative Assembly Secretariat for National Security (LASNS) which was the beginning of Chun Doo Hwan's Regime. Chun Doo Hwan and his cohorts prolonged the military dictatorial government in the establishment process of the 5th Republic government throughout several Cout d'Etats. Namely the New-Military Power attained to power gradually through the 12/12 Incident, the emergency martial law on May 17, the crushing of Gwangju Democratization Movement, and the establishment of SCNS and LASNS.

After October 26th Incident, domestic situation was neither in disorder nor in critical situation as the New-Military Power insisted. The Republic of Korea was relatively in a stable atmosphere which was on a way to the civil government by democratic and peaceful turn-over of political power. For this reason, Chun Doo Hwan and his cohorts could not come into power instantly after December 12th Incident, and had to wait for a chance to take the ruling power by way of Coup d'Etats.

The labor movement, student demonstration and Gwangju Democratization Movement against the New-Military Power occurred in the spring of 1980. As a result, the New-Military Power found an excuse for proclaiming martial law to the whole country on March 17th and established SCNS. SCNS started as a form of the President advisory organization, and yet actually had the role of preliminary government. SCNS aimed to prepare the foundation for domination of the New-Military Power. The key members of SCNS were ex-soldiers, and Chun Doo Hwan, the head of a steering committee, led the whole national administration. On the other hand, Chun Doo Hwan and his cohorts declared to settle down democracy and to strengthen welfare society, to establish social justice, educational reform, and cultural promotion. They also announced to construct a welfare state through social reform. For these purposes SCNS drove a social purgation.

First, SCNS removed the unrest and resistance factors in every field under the excuse to strengthen national security. SCNS carried out a large scale purge for grasping power and justification of grasping political power, and removed obstacles to grasping political power of the New-Military leadership.

Next, they investigated into corrupted powers of political irrationality and decay. And they also drove the cleanup in government to establish official discipline. These social purification drives spread out to a nation-wide movement in every sector. Worse still, Samcheong'gyo'yug was done in the name of sweeping gangs.

This led to good results in reforming public and general society and awakening public consciousness. By way of social purification drive of SCNS, however, the New-Military Power entered into the work of power transfer. As a result, Chun Doo Hwan was elected as the President and gained an effect to remove all the obstacles to coming into power. This social purification drive had undemocratic, centralized authoritarian sides centered on control and regulation.

On the other hand, SCNS was expanded into LASNS as the 5th Republic Government Constitution proclaimed. The members of LASNS, who were mostly ex-soldiers from the ranks of SCNS, were appointed by President Chun Doo Hwan. And so the system and operation of LASNS were dominated by the steering committee which soldiers took the lead. The members of a steering committee came from SCNS. This reflected the will of Chun Doo Hwan President who aimed to strengthen the base of the 5th Republic government.

And the reform measures of LASNS went through enactment, and succeeded in constructing legal and institutional bases of the 5th Republic government. It is undeniable, however, that both of SCNS and LASNS were unconstitutional organizations in that they played the role as a midwife of a government of Coup d'Etat that illegally seized the real authority of the state.

In conclusion, SCNS apparently exposed the scheme of the New-Military Power to seize power and build the 5th Republic government while LASNS was the final stage of the process that built the political system of the 5th Republic government.

부록

Ⅰ. 제5공화국 헌법(1980.10.27 전문개정)

전문

유구한 민족사, 빛나는 문화, 그리고 평화애호의 전통을 자랑하는 우리 대한민국은 3·1운동의 숭고한 독립정신을 계승하고 조국의 평화적 통일과 민족중흥의 역사적 사명에 입각한 제5민주공화국의 출발에 즈음하여 정의·인도와 동포애로써 민족의 단결을 공고히 하고, 모든 사회적 폐습과 불의를 타파하며, 자유민주적 기본질서를 더욱 확고히 하여 정치·경제·사회·문화의 모든 영역에 있어서 각인의 기회를 균등히 하고 능력을 최고도로 발휘하게 하며, 자유와 권리에 따르는 책임과 의무를 완수하게 하여, 안으로는 국민생활의 균등한 향상을 기하고 밖으로는 항구적인 세계평화와 인류공영에 이바지함으로써 우리들과 우리들의 자손의 안전과 자유와 행복을 영원히 확보하는 새로운 역사를 창조할 것을 다짐하면서 1948년 7월 12일에 제정되고 1960년 6월 15일, 1962년 12월 26일과 1972년 12월 27일에 개정된 헌법을 이제 국민투표에 의하여 개정한다.

제1장 총강

제1조　　① 대한민국은 민주공화국이다.

　　　　② 대한민국의 주권은 국민에게 있고, 모든 권력은 국민으로부터 나온다.

제2조　　① 대한민국의 국민의 요건은 법률로 정한다.

　　　　② 재외국민은 국가의 보호를 받는다.

제3조　　대한민국의 영토는 한반도와 부속도서로 한다.

---

* 『국가보위입법회의 사료』, 국회사무처, 1995; 문화공보부, 『국가보위비상대책위원회는 왜 설치되었는가』, 문화공보부, 1980.

제4조　① 대한민국은 국제평화의 유지에 노력하고 침략적 전쟁을 부인한다.

② 국군은 국가의 안전보장과 국토방위의 신성한 의무를 수행함을 사명으로 한다.

제5조　① 헌법에 의하여 체결 공포된 조약과 일반적으로 승인된 국제법규는 국내법과 같은 효력을 가진다.

② 외국인에 대하여는 국제법과 조약에 정한 바에 의하여 그 지위를 보장한다.

제6조　① 공무원은 국민전체에 대한 봉사자이며, 국민에 대하여 책임을 진다.

② 공무원의 신분과 정치적 중립성은 법률이 정하는 바에 의하여 보장된다.

제7조　① 정당의 설립은 자유이며, 복수정당제는 보장된다.

② 정당은 그 조직과 활동이 민주적이어야 하며, 국민의 정치적 의사형성에 참여하는데 필요한 조직을 가져야 한다.

③ 정당은 법률이 정하는 바에 의하여 국가의 보호를 받으며, 국가는 법률이 정하는 바에 의하여 정당의 운영에 필요한 자금을 보조할 수 있다.

④ 정당의 목적이나 활동이 민주적 기본질서에 위배될 때에는 정부는 헌법위원회에 해산을 제소할 수 있고, 정당은 헌법위원회의 결정에 의하여 해산된다.

제8조　국가는 전통문화의 계승·발전과 민족문화의 창달에 노력하여야 한다.

제2장 국민의 권리와 의무

제9조　모든 국민은 인간으로서의 존엄과 가치를 가지며, 행복을 추구할 권리를 가진다. 국가는 개인이 가지는 불가침의 기본적 인권을 확인하고 이를 보장할 의무를 가진다.

제10조　① 모든 국민은 법 앞에 평등하다. 누구든지 성별·종교 또는 사

회적 신분에 의하여 정치적·경제적·사회적·문화적 생활의 모든 영역에 있어서 차별을 받지 아니한다.

② 사회적 특수계급의 제도는 인정되지 아니하며, 어떠한 형태로도 이를 창설할 수 없다.

③ 훈장 등의 영전은 이를 받은 자에게만 효력이 있고, 어떠한 특권도 이에 따르지 아니한다.

제11조　① 모든 국민은 신체의 자유를 가진다. 누구든지 법률에 의하지 아니하고는 체포·구금·압수·수색·심문·처벌과 보안처분을 받지 아니하며, 형의 선고에 의하지 아니하고는 강제노역을 당하지 아니한다.

② 모든 국민은 고문을 받지 아니하며, 형사상 자기에게 불리한 진술을 강요당하지 아니한다.

③ 체포·구금·압수·수색에는 검사의 신청에 의하여 법관이 발부한 영장을 제시하여야 한다. 다만, 현행범인인 경우와 장기 3년 이상의 형에 해당하는 죄를 범하고 도피 또는 증거인멸의 염려가 있을 때에는 사후에 영장을 청구할 수 있다.

④ 누구든지 체포·구금을 당할 때에는 즉시 변호인의 조력을 받을 권리를 가진다. 다만, 법률이 정하는 경우에 형사피고인이 스스로 변호인을 구할 수 없을 때에는 국가가 변호인을 붙인다.

⑤ 누구든지 체포·구금을 당할 때에는 법률이 정하는 바에 의하여 적부의 심사를 법원에 청구할 권리를 가진다.

⑥ 피고인의 자백이 고문·폭행·협박·구속의 부당한 장기화 또는 기망(欺罔) 기타의 방법에 의하여 자의로 진술된 것이 아니라고 인정될 때 또는 정식재판에 있어서 피고인의 자백이 그에게 불리한 유일한 증거일 때에는 이를 유죄의 증거로 삼거나 이를 이유로 처벌할 수 없다.

제12조　① 모든 국민은 행위 시의 법률에 의하여 범죄를 구성하지 아니하는 행위로 소추되지 아니하며, 동일한 범죄에 대하여 거듭 처벌받지 아니한다.

② 모든 국민은 소급입법에 의하여 참정권의 제한 또는 재산권의 박탈을 받지 아니한다.

③ 모든 국민은 자기의 행위가 아닌 친족의 행위로 인하여 불이익한 처우를 받지 아니한다.

제13조 모든 국민은 거주·이전의 자유를 가진다.

제14조 모든 국민은 직업선택의 자유를 가진다.

제15조 모든 국민은 주거의 자유를 침해받지 아니한다. 주거에 대한 압수나 수색에는 검사의 신청에 의하여 법관이 발부한 영장을 제시하여야 한다.

제16조 모든 국민은 사생활의 비밀과 자유를 침해받지 아니한다.

제17조 모든 국민은 통신의 비밀을 침해받지 아니한다.

제18조 모든 국민은 양심의 자유를 가진다.

제19조 ① 모든 국민은 종교의 자유를 가진다.
② 국교는 인정되지 아니하며, 종교와 정치는 분리된다.

제20조 ① 모든 국민은 언론·출판의 자유와 집회·결사의 자유를 가진다.
② 언론·출판은 타인의 명예나 권리 또는 공중도덕이나 사회윤리를 침해하여서는 아니 된다. 언론·출판이 타인의 명예나 권리를 침해한 때에는 피해자는 이에 대한 피해의 배상을 청구할 수 있다.

제21조 ① 모든 국민은 학문과 예술의 자유를 가진다.
② 저작자·발명가와 예술가의 권리는 법률로써 보호한다.

제22조 ① 모든 국민의 재산권은 보장된다. 그 내용과 한계는 법률로 정한다.
② 재산권의 행사는 공공복리에 적합하도록 하여야 한다.
③ 공공필요에 의한 재산권의 수용·사용 또는 제한은 법률로써 하되, 보상을 지급하여야 한다. 보상은 공익 및 관계자의 이익을 정당하게 형량하여 법률로 정한다.

제23조 모든 국민은 20세가 되면 법률이 정하는 바에 의하여 선거권을 가진다.

제24조 모든 국민은 법률이 정하는 바에 의하여 공무담임권을 가진다.

제25조 ① 모든 국민은 법률이 정하는 바에 의하여 국가기관에 문서로 청원할 권리를 가진다.
② 국가는 청원에 대하여 심사할 의무를 진다.

제26조 ① 모든 국민은 헌법과 법률에 정한 법관에 의하여 법률에 의한 재판을 받을 권리를 가진다.

② 군인 또는 군무원이 아닌 국민은 대한민국의 영역 안에서는 중대한 군사상 기밀·초병·초소·유해음식물공급·포로·군용물·군사시설에 관한 죄 중 법률에 정한 경우와, 비상계엄이 선포되거나 대통령이 법원의 권한에 관하여 비상조치를 한 경우를 제외하고는 군법회의의 재판을 받지 아니한다.

③ 모든 국민은 신속한 재판을 받을 권리를 가진다. 형사피고인은 상당한 이유가 없는 한 지체 없이 공개재판을 받을 권리를 가진다.

④ 형사피고인은 유죄의 판결이 확정될 때까지는 무죄로 추정된다.

제27조 형사피고인으로서 구금되었던 자가 무죄판결을 받은 때에는 법률이 정하는 바에 의하여 국가에 정당한 보상을 청구할 수 있다.

제28조 ① 공무원의 직무상 불법행위로 손해를 받은 국민은 법률이 정하는 바에 의하여 국가 또는 공공단체에 정당한 배상을 청구할 수 있다. 그러나 공무원 자신의 책임은 면제되지 아니한다.

② 군인·군무원·경찰공무원 기타 법률로 정하는 자가 전투·훈련 등 직무집행과 관련하여 받은 손해에 대하여는 법률이 정하는 보상 외에 국가 또는 공공단체에 공무원의 직무상 불법행위로 인한 배상은 청구할 수 없다.

제29조 ① 모든 국민은 능력에 따라 균등하게 교육을 받을 권리를 가진다.

② 모든 국민은 그 보호하는 자녀에게 적어도 초등교육과 법률이 정하는 교육을 받게 할 의무를 가진다.

③ 의무교육은 무상으로 한다.

④ 교육의 자주성·전문성 및 정치적 중립성은 법률이 정하는 바에 의하여 보장된다.

⑤ 국가는 평생교육을 진흥하여야 한다.

⑥ 학교교육 및 평생교육을 포함한 교육제도와 그 운영·교육재정 및 교원의 지위에 관한 기본적인 사항은 법률로 정한다.

제30조 ① 모든 국민은 근로의 권리를 가진다. 국가는 사회적·경제적 방법으로 근로자의 고용의 증진과 적정임금의 보장에 노력하여야

한다.

② 모든 국민은 근로의 의무를 진다. 국가는 근로의 의무의 내용과 조건을 민주주의 원칙에 따라 법률로 정한다.

③ 근로조건의 기준은 인간의 존엄성을 보장하도록 법률로 정한다.

④ 여자와 소년의 근로는 특별한 보호를 받는다.

⑤ 국가유공자·상이군경 및 전몰군경의 유가족은 법률이 정하는 바에 의하여 우선적으로 근로의 기회를 부여받는다.

제31조　① 근로자는 근로조건의 향상을 위하여 자주적인 단결권·단체교섭권 및 단체행동권을 가진다. 다만 단체행동권의 행사는 법률이 정하는 바에 의한다.

② 공무원인 근로자는 법률로 인정된 자를 제외하고는 단결권·단체교섭권 및 단체행동권을 가질 수 없다.

③ 국가·지방자치단체·국공영기업체·방위산업체·공익사업체 또는 국민경제에 중대한 영향을 미치는 사업체에 종사하는 근로자의 단체행동권은 법률이 정하는 바에 의하여 이를 제한하거나 인정하지 아니할 수 있다.

제32조　① 모든 국민은 인간다운 생활을 할 권리를 가진다.

② 국가는 사회보장·사회복지의 증진에 노력할 의무를 진다.

③ 생활능력이 없는 국민은 법률이 정하는 바에 의하여 국가의 보호를 받는다.

제33조　모든 국민은 깨끗한 환경에서 생활할 권리를 가지며, 국가와 국민은 환경보전을 위하여 노력하여야 한다.

제34조　① 혼인과 가족생활은 개인의 존엄과 양성의 평등을 기초로 성립되고 유지되어야 한다.

② 모든 국민은 보건에 관하여 국가의 보호를 받는다.

제35조　① 국민의 자유와 권리는 헌법에 열거되지 아니한 이유로 경시되지 아니한다.

② 국민의 모든 자유와 권리는 국가안전보장, 질서유지 또는 공공복리를 위하여 필요한 경우에 한하여 법률로써 제한할 수 있으며, 제한하는 경우에도 자유와 권리의 본질적인 내용을 침해할 수 없다.

제36조 모든 국민은 법률이 정하는 바에 의하여 납세의 의무를 진다.

제37조 ① 모든 국민은 법률이 정하는 바에 의하여 국방의 의무를 진다.

② 누구든지 병역의무의 이행으로 불이익한 처우를 받지 아니한
다.

제3장 정부

제1절 대통령

제38조 ① 대통령은 국가의 원수이며, 외국에 대하여 국가를 대표한다.

② 대통령은 국가의 독립·영토의 보전·국가의 계속성과 헌법을
수호할 의무를 진다.

③ 대통령은 조국의 평화적 통일을 위한 성실한 의무를 진다.

④ 행정권은 대통령을 수반으로 하는 정부에 속한다.

제39조 ① 대통령은 대통령선거인단에서 무기명투표로 선거한다.

② 대통령에 입후보하려는 자는 정당의 추천 또는 법률이 정하는
수의 대통령선거인의 추천을 받아야 한다.

③ 대통령선거인단에서 재적대통령선거인 과반수의 찬성을 얻은
자를 대통령 당선자로 한다.

④ 제3항의 득표자가 없을 때에는 2차 투표를 하고, 2차 투표에
도 제3항의 득표자가 없을 때에는 최고득표자가 1인이면 최고득
표자와 차점자에 대하여, 최고득표자가 2인 이상이면 최고득표자
에 대하여 결선투표를 함으로써 다수 득표자를 대통령 당선자로
한다.

⑤ 대통령의 선거에 관한 사항은 법률로 정한다.

제40조 ① 대통령선거인단은 국민의 보통·평등·직접·비밀선거에 의하
여 선출된 대통령선거인으로 구성한다.

② 대통령선거인의 수는 법률로 정하되, 5,000인 이상으로 한다.

③ 대통령선거인의 선거에 관한 사항은 법률로 정한다.

제41조 ① 대통령선거인으로 선출될 수 있는 자는 국회의원의 피선거권
이 있고, 선거일 현재 30세에 달하여야 한다. 다만 국회의원과 공

무원은 대통령선거인이 될 수 없다.

② 대통령선거인은 현행범인인 경우를 제외하고는 체포 또는 구금되지 아니한다.

③ 대통령선거인은 정당에 소속할 수 있다.

④ 대통령선거인은 선거인이 된 후 처음 실시되는 국회의원의 선거에 있어서 국회의원으로 선출될 수 없다.

⑤ 대통령선거인은 당해 대통령선거인단이 선거한 대통령의 임기 개시 일까지 그 신분을 가진다.

제42조 대통령으로 선거될 수 있는 자는 국회의원의 피선거권이 있고, 선거일 현재 계속해서 5년 이상 국내에 거주하고 40세에 달하여야 한다. 이 경우에 공무로 외국에 파견된 기간은 국내 거주기간으로 본다.

제43조 ① 대통령의 임기가 만료되는 때에는 대통령선거인단은 늦어도 임기만료 30일 전에 후임자를 선거한다.

② 대통령이 궐위된 때에는 새로이 대통령선거인단을 구성하여 3월 이내에 후임자를 선거한다.

제44조 대통령은 취임에 즈음하여 다음의 선서를 한다.

"나는 헌법을 준수하고 국가를 보위하며 민족문화의 발전 및 국민의 자유와 복리의 증진에 노력하고 조국의 평화적 통일을 위하여 대통령으로서의 직책을 성실히 수행할 것을 국민 앞에 엄숙히 선서합니다."

제45조 대통령의 임기는 7년으로 하며, 중임할 수 없다.

제46조 대통령이 궐위되거나 사고로 인하여 직무를 수행할 수 없을 때에는 국무총리, 법률에 정한 국무위원의 순위로 그 권한을 대행한다.

제47조 대통령은 필요하다고 인정할 때에는 외교·국방·통일 기타 국가 안위에 관한 중요정책을 국민투표에 붙일 수 있다.

제48조 대통령은 조약을 체결·비준하고, 외교사절을 신임·접수 또는 파견하며, 선전포고와 강화를 한다.

제49조 ① 대통령은 헌법과 법률이 정하는 바에 의하여 국군을 통수한다.

② 국군의 조직과 편성은 법률로 정한다.

제50조　대통령은 법률에서 구체적으로 범위를 정하여 위임받은 사항과 법률을 집행하기 위하여 필요한 사항에 관하여 대통령령을 발할 수 있다.

제51조　① 대통령은 천재·지변 또는 중대한 재정·경제상의 위기에 처하거나, 국가의 안전을 위협하는 교전상태나 그에 준하는 중대한 비상사태에 처하여 국가를 보위하기 위하여 급속한 조치를 할 필요가 있다고 판단할 때에는 내정·외교·국방·경제·재정·사법 등 국정전반에 걸쳐 필요한 비상조치를 할 수 있다.

② 대통령은 제1항의 경우에 필요하다고 인정할 때에는 헌법에 규정되어 있는 국민의 자유와 권리를 잠정적으로 정지할 수 있고, 정부나 법원의 권한에 관하여 특별한 조치를 할 수 있다.

③ 제1항과 제2항의 조치를 할 때에는 대통령은 지체 없이 국회에 통고하여 승인을 얻어야 하며, 승인을 얻지 못한 때에는 그때부터 그 조치는 효력을 상실한다.

④ 제1항과 제2항의 조치는 그 목적을 달성할 수 있는 최단기간 내에 한정되어야 하고, 그 원인이 소멸한 때에는 대통령은 지체 없이 이를 해제하여야 한다.

⑤ 국회가 재적의원 과반수의 찬성으로 비상조치의 해제를 요구한 때에는 대통령은 이를 해제하여야 한다.

제52조　① 대통령은 전시·사변 또는 이에 준하는 국가비상사태에 있어서 병력으로써 군사상의 필요에 응하거나 공공의 안녕질서를 유지할 필요가 있을 때에는 법률이 정하는 바에 의하여 계엄을 선포할 수 있다.

② 계엄은 비상계엄과 경비계엄으로 한다.

③ 비상계엄이 선포된 때에는 법률이 정하는 바에 의하여 영장제도, 언론·출판·집회·결사의 자유, 정부나 법원의 권한에 관하여 특별한 조치를 할 수 있다.

④ 계엄을 선포한 때에는 대통령은 지체 없이 국회에 통고하여야 한다.

⑤ 국회가 재적의원 과반수의 찬성으로 계엄의 해제를 요구한 때

에는 대통령은 이를 해제하여야 한다.

제53조　대통령은 헌법과 법률이 정하는 바에 의하여 공무원을 임명한다.

제54조　① 대통령은 법률이 정하는 바에 의하여 사면·감형·복권을 명할 수 있다.

② 일반사면을 명하려면 국회의 동의를 얻어야 한다.

③ 사면·감형·복권에 관한 사항은 법률로 정한다.

제55조　대통령은 법률이 정하는 바에 의하여 훈장 기타의 영전을 수여한다.

제56조　대통령은 국회에 출석하여 발언하거나 서한으로 의견을 표시할 수 있다.

제57조　① 대통령은 국가의 안정 또는 국민전체의 이익을 위하여 필요하다고 판단할 상당한 이유가 있을 때에는 국회의장의 자문 및 국무회의의 심의를 거친 후 그 사유를 명시하여 국회를 해산할 수 있다. 다만 국회가 구성된 후 1년 이내에는 해산할 수 없다.

② 대통령은 같은 사유로 2차에 걸쳐 국회를 해산할 수 없다.

③ 국회가 해산된 경우 국회의원 총선거는 해산된 날로부터 30일 이후 60일 이내에 실시한다.

제58조　대통령의 국법상 행위는 문서로써 하며, 이 문서에는 국무총리와 관계 국무위원이 부서한다. 군사에 관한 것도 같다.

제59조　대통령은 국무총리·국무위원·행정 각부의 장, 기타 법률이 정하는 공사의 직을 겸할 수 없다.

제60조　대통령은 내란 또는 외환의 죄를 범한 경우를 제외하고는 재직 중 형사상의 소추를 받지 아니한다.

제61조　전직 대통령의 신분과 예우에 관하여는 법률로 정한다.

제2절 행정부

제1관 국무총리와 국무위원

제62조　① 국무총리는 국회의 동의를 얻어 대통령이 임명한다.

② 국무총리는 대통령을 보좌하고 행정에 관하여 대통령의 명을 받아 행정 각부를 통할한다.

③ 군인은 현역을 면한 자가 아니면 국무총리로 임명될 수 없다.

제63조　① 국무위원은 국무총리의 제청으로 대통령이 임명한다.

② 국무위원은 국정에 관하여 대통령을 보좌하며, 국무회의의 구성원으로서 국정을 심의한다.

③ 국무총리는 국무위원의 해임을 대통령에게 건의할 수 있다.

④ 군인은 현역을 면한 자가 아니면 국무위원으로 임명될 수 없다.

제2관 국무회의

제64조　① 국무회의는 정부의 권한에 속하는 중요한 정책을 심의한다.

② 국무회의는 대통령·국무총리와 15인 이상 30인 이하의 국무위원으로 구성한다.

③ 대통령은 국무회의의 의장이 되고, 국무총리는 부의장이 된다.

제65조　다음 사항은 국무회의의 심의를 거쳐야 한다.

1. 국정의 기본계획과 정부의 일반정책
2. 선전·강화 기타 중요한 대외정책
3. 헌법개정안·국민투표안·조약안·법률안과 대통령령안
4. 예산안·결산·국유재산처분의 기본계획·국가의 부담이 될 계약 기타 재정에 관한 중요사항
5. 대통령의 비상조치 또는 계엄과 그 해제
6. 군사에 관한 중요사항
7. 국회의 해산
8. 국회의 임시회 집회의 요구
9. 영전수여
10. 사면·감형과 복권
11. 행정 각부 간의 권한의 획정
12. 정부 안의 권한의 위임 또는 배정에 관한 기본계획
13. 국정처리상황의 평가·분석
14. 행정 각부의 중요한 정책의 수립과 조정
15. 정당해산의 제소
16. 정부에 제출 또는 회부된 정부의 정책에 관계되는 청원의 심사
17. 합동참모의장·각 군·검찰총장·국립대학교총장·대사 기

타 법률에 정한 공무원과 국영기업체 관리자의 임명

18. 기타 대통령·국무총리 또는 국무위원이 제출한 사항

제66조 ① 국정의 중요한 사항에 관한 대통령의 자문에 응하기 위하여 국가원로로 구성되는 국정자문회의를 둘 수 있다.

② 국정자문회의의 의장은 직전(直前) 대통령이 된다. 다만 직전 대통령이 없을 때에는 대통령이 지명한다.

③ 국정자문회의의 조직·직무범위 기타 필요한 사항은 법률로 정한다.

제67조 ① 국가안전보장에 관련되는 대외정책 군사정책과 국내정책의 수립에 관하여 국무회의의 심의에 앞서 대통령의 자문에 응하기 위하여 국가안전보장회의를 둔다.

② 국가안전보장회의는 대통령이 주재한다.

③ 국가안전보장회의의 조직·직무범위 기타 필요한 사항은 법률로 정한다.

제68조 ① 평화통일정책의 수립에 관한 대통령의 자문에 응하기 위하여 평화통일정책자문회의를 둘 수 있다.

② 평화통일정책자문회의의 조직·직무범위 기타 필요한 사항은 법률로 정한다.

제3관 행정 각부

제69조 행정 각부의 장은 국무위원 중에서 국무총리의 제청으로 대통령이 임명한다.

제70조 국무총리 또는 행정 각부의 장은 소관 사무에 관하여 법률이나 대통령령의 위임 또는 직권으로 총리령 또는 부령을 발할 수 있다.

제71조 행정 각부의 설치·조직과 직무범위는 법률로 정한다.

제4관 감사원

제72조 국가의 세입·세출의 결산, 국가 및 법률에 정한 국체의 회계검사와 행정기관 및 공무원의 직무에 관한 감찰을 하기 위하여 대통령 소속 하에 감사원을 둔다.

제73조 ① 감사원은 원장을 포함한 5인 이상 11인 이하의 감사위원으로 구성한다.

② 원장은 국회의 동의를 얻어 대통령이 임명하고, 그 임기는 4년으로 하며, 1차에 한하여 중임할 수 있다.

③ 원장이 궐위된 경우에 임명된 후임자의 임기는 전임자의 잔임기간으로 한다.

④ 감사위원은 원장의 제청으로 대통령이 임명하고, 그 임기는 4년으로 하며, 1차에 한하여 중임할 수 있다.

제74조 감사원은 세입·세출의 결산을 매년 검사하여 대통령과 차년도 국회에 그 결과를 보고하여야 한다.

제75조 감사원의 조직·직무범위·감사위원의 자격·감사대상공무원의 범위 기타 필요한 사항은 법률로 정한다.

제4장 국회

제76조 입법권은 국회에 속한다.

제77조 ① 국회는 국민의 보통·평등·직접·비밀선거에 의하여 선출된 의원으로 구성한다.

② 국회의원의 수는 법률로 정하되, 200인 이상으로 한다.

③ 국회의원의 선거구와 비례대표제 기타 선거에 관한 사항은 법률로 정한다.

제78조 국회의원의 임기는 4년으로 한다.

제79조 국회의원은 법률이 정하는 직을 겸할 수 없다.

제80조 ① 국회의원은 현행범인인 경우를 제외하고는 회기 중 국회의 동의 없이 체포 또는 구금되지 아니한다,

② 국회의원이 회기 전에 체포 또는 구금될 때에는 현행범인이 아닌 한 국회의 요구가 있으면 회기 중 석방된다.

제81조 국회의원은 국회에서 직무상 행한 발언과 표결에 관하여 국회 외에서 책임을 지지 아니한다.

제82조 ① 국회의원은 청렴의 의무가 있다.

② 국회의원은 국가이익을 우선하여 양심에 따라 직무를 행한다.

③ 국회의원은 그 지위를 남용하여 국가·공공단체 또는 기업체와의 계약이나 그 처분에 의하여 재산상의 권리·이익 또는 직위를 취득하거나 타인을 위하여 그 취득을 알선할 수 없다.

제83조 ① 국회의 정기회는 법률이 정하는 바에 의하여 매년 1회 집회되며, 국회의 임시회는 대통령 또는 국회재적의원 3분의 1이상의 요구에 의하여 집회된다.

② 정기회의 회기는 90일을, 임시회의 회기는 30일을 초과할 수 없다.

③ 국회는 정기회 임시회를 합하여 년 150일을 초과하여 개회할 수 없다. 다만 대통령이 집회를 요구한 임시회의 일수는 이에 산입하지 아니한다.

④ 대통령이 임시회의 집회를 요구할 때에는 기간과 집회요구의 이유를 명시하여야 한다.

⑤ 대통령의 요구에 의하여 집회된 임시회에서는 정부가 제출한 의안에 한하여 처리하며, 국회는 대통령이 집회요구시에 정한 기간에 한하여 개회한다.

제84조 국회는 의장 1인과 부의장 2인을 선거한다.

제85조 국회는 헌법 또는 법률에 특별한 규정이 없는 한 그 재적의원 과반수의 출석과 출석의원 과반수의 찬성으로 의결한다. 가부동수인 때에는 부결된 것으로 본다.

제86조 ① 국회의 회의는 공개한다. 다만 출석의원 과반수의 찬성이 있거나 의장이 국가의 안전보장을 위하여 필요하다고 인정할 때에는 공개하지 아니할 수 있다.

② 공개하지 아니한 회의의 내용은 공표되어서는 아니 된다.

제87조 국회에 제출된 법률안 기타의 의안은 회기 중에 의결되지 못한 이유로 폐기되지 아니한다. 다만 국회의원의 임기가 만료되거나 국회가 해산된 때에는 예외로 한다.

제88조 국회의원과 정부는 법률안을 제출할 수 있다.

제89조 ① 국회에서 의결된 법률안은 정부에 이송되어 15일 이내에 대통령이 공포한다.

② 법률안에 이의가 있을 때에는 대통령은 제1항의 기간 내에 이의서를 붙여 국회로 환부하고, 그 재의를 요구할 수 있다. 국회의 폐회 중에도 또한 같다.

③ 대통령은 법률안의 일부에 대하여 또는 법률안을 수정하여 재의를 요구할 수 없다.

④ 재의의 요구가 있을 때에는 국회는 재의에 붙이고, 재적의원 과반수의 출석과 출석의원 3분의 2이상의 찬성으로 전과 같은 의결을 하면 그 법률안은 법률로서 확정된다.

⑤ 대통령이 제1항의 기간 내에 공포나 재의의 요구를 하지 아니한 때에도 그 법률안은 법률로서 확정된다.

⑥ 대통령은 제4항과 제5항의 규정에 의하여 확정된 법률을 지체없이 공포하여야 한다. 제5항에 의하여 법률이 확정된 후 또는 제4항에 의한 확정법률이 정부에 이송된 후 5일 이내에 대통령이 공포하지 아니할 때에는 국회의장이 이를 공포한다.

⑦ 법률은 특별한 규정이 없는 한 공포한 날로부터 20일을 경과함으로써 효력을 발생한다.

제90조　① 국회는 국가의 예산안을 심의·확정한다.

② 정부는 회계연도마다 예산안을 편성하여 회계연도 개시 90일 전까지 국회에 제출하고, 국회는 회계연도 개시 30일 전까지를 이를 의결하여야 한다.

③ 새로운 회계연도가 개시될 때까지 예산안이 의결되지 못한 때에는 정부는 국회에서 예산안이 의결될 때까지 다음의 목적을 위한 경비는 전년도 예산에 준하여 집행할 수 있다.

　　1. 헌법이나 법률에 의하여 설치된 기관 또는 시설의 유지·운용

　　2. 법률상 지출의무의 이행

　　3. 이미 예산으로 승인된 사업의 계속

제91조　① 한 회계연도를 넘어 계속하여 지출할 필요가 있을 때에는 정부는 연한을 정하여 계속비로서 국회의 의결을 얻어야 한다.

② 예비비는 총액으로 국회의 의결을 얻어야 한다. 예비비의 지출은 차기국회의 승인을 얻어야 한다.

제92조　정부는 예산에 변경을 가할 필요가 있을 때에는 추가경정예산안

을 편성하여 국회에 제출할 수 있다.

제93조　국회는 정부의 동의 없이 정부가 제출한 지출예산 각항의 금액을 증가하거나 새 비목을 설치할 수 없다.

제94조　국채를 모집하거나 예산 외에 국가의 부담이 될 계약을 체결하려 할 때에는 정부는 미리 국회의 의결을 얻어야 한다.

제95조　조세의 종목과 세율은 법률로 정한다.

제96조　① 국회는 상호원조 또는 안전보장에 관한 조약, 중요한 국제조직에 관한 조약, 우호통상항해조약, 주권의 제약에 관한 조약, 강화조약, 국가나 국민에게 중대한 재정적 부담을 지우는 조약 또는 입법사항에 관한 조약의 체결·비준에 대한 동의권을 가진다.
② 선전포고, 국군의 외국에의 파견 또는 외국군대의 대한민국 영역 안에서의 주류에 대하여도 국회는 동의권을 가진다.

제97조　국회는 특정한 국가사안에 관하여 조사할 수 있으며, 그에 직접 관련된 서류의 제출, 증인의 출석과 증언이나 의견의 진술을 요구할 수 있다. 다만 재판과 진행 중인 범죄수사·소추에 간섭할 수 없다.

제98조　① 국무총리·국무위원 또는 정부위원은 국회나 그 위원회에 출석하여 국정처리상황을 보고하거나 의견을 진술하고 질문에 응답할 수 있다.
② 국회나 그 위원회의 요구가 있을 때에는 국무총리·국무위원 또는 정부위원은 출석·답변하여야 하며, 국무총리 또는 국무위원이 출석요구를 받은 때에는 국무위원 또는 정부위원으로 하여금 출석·답변하게 할 수 있다.

제99조　① 국회는 국무총리 또는 국무위원에 대하여 개별적으로 그 해임을 의결할 수 있다. 다만 국무총리에 대한 해임의결은 국회가 임명동의를 한 후 1년 이내에는 할 수 없다.
② 제1항의 해임의결은 국회재적의원 3분의 1이상의 발의에 의하여 국회재적의원 과반수의 찬성이 있어야 한다.
③ 제2항의 의결이 있을 때에는 대통령은 국무총리 또는 당해 국무위원을 해임하여야 한다. 다만 국무총리에 대한 해임의결이 있을 때에는 대통령은 국무총리와 국무위원 전원을 해임하여야 한다.

제100조 ① 국회는 법률에 저촉되지 아니하는 범위 안에서 의사와 내부규율에 관한 규칙을 제정할 수 있다.

② 국회는 의원의 자격을 심사하며, 의원을 징계할 수 있다.

③ 의원을 제명하려면 국회재적의원 3분의 2이상의 찬성이 있어야 한다.

④ 제2항과 제3항의 처분에 대하여는 법원에 제소할 수 없다.

제101조 ① 대통령 국무총리·국무위원·행정 각부의 장·헌법위원회 위원·법관·중앙선거관리위원회 위원·감사위원 기타 법률에 정한 공무원이 그 직무집행에 있어서 헌법이나 법률을 위배한 때에는 국회는 탄핵의 소추를 의결할 수 있다.

② 제1항의 탄핵소추는 국회재적의원 3분의 1이상의 발의가 있어야 하며, 그 의결은 국회 재적의원 과반수의 찬성이 있어야 한다. 다만 대통령에 대한 탄핵소추는 국회재적의원 과반수의 발의와 국회재적의원 3분의 2이상의 찬성이 있어야 한다.

③ 탄핵소추의 의결을 받은 자는 탄핵결정이 있을 때까지 그 권한행사가 정지된다.

④ 탄핵결정은 공직으로부터 파면함에 그친다. 그러나 이에 의하여 민사상이나 형사상의 책임이 면제되지는 아니한다.

제5장 법원

제102조 ① 사법권은 법관으로 구성된 법원에 속한다.

② 법관은 최고법원인 대법원과 각급 법원으로 조직된다.

③ 법관의 자격은 법률로 정한다.

제103조 ① 대법원에 부를 둘 수 있다.

② 대법원에 행정·조세·노동·군사 등을 전담하는 부를 둘 수 있다.

③ 대법원에 대법원판사를 둔다. 다만 법률이 정하는 바에 의하여 대법원판사가 아닌 법관을 둘 수 있다.

④ 대법원과 각급 법원의 조직은 법률로 정한다.

제104조 법관은 헌법과 법률에 의하여 그 양심에 따라 독립하여 심판한다.

제105조 ① 대법원장은 국회의 동의를 얻어 대통령이 임명한다.

② 대법원판사는 대법원장의 제청에 의하여 대통령이 임명한다.

③ 대법원장과 대법원판사가 아닌 법관은 대법원장이 임명한다.

제106조 ① 대법원장의 임기는 5년으로 하며, 중임할 수 없다.

② 대법원판사의 임기는 5년으로 하며, 법률이 정하는 바에 의하여 연임할 수 있다.

③ 대법원장과 대법원판사가 아닌 법관의 임기는 10년으로 하며, 법률이 정하는 바에 의하여 연임할 수 있다.

④ 법관의 정년은 법률로 정한다.

제107조 ① 법관은 탄핵 또는 형벌에 의하지 아니하고는 파면되지 아니하며, 징계처분에 의하지 아니하고는 정직·감봉 또는 불리한 처분을 받지 아니한다.

② 법관이 중대한 신분상의 장애로 직무를 수행할 수 없을 때에는 법률이 정하는 바에 의하여 퇴직하게 할 수 있다.

제108조 ① 법률이 헌법에 위반되는 여부가 재판의 전제가 된 경우에 법원은 법률이 헌법에 위반되는 것으로 인정할 때에는 헌법위원회에 제청하여 그 결정에 의하여 재판한다.

② 명령·규칙·처분이 헌법이나 법률에 위반되는 여부가 재판의 전제가 되는 경우에는 대법원은 이를 최종적으로 심사할 권한을 가진다.

③ 재판의 전심절차로서 행정심판을 할 수 있다. 행정심판의 절차는 법률로 정하되 사법절차가 준용되어야 한다.

제109조 대법원은 법률에 저촉되지 아니하는 범위 안에서 소송에 관한 절차, 법원의 내부규율과 사무처리에 관한 규칙을 제정할 수 있다.

제110조 재판의 심리와 판결은 공개한다. 다만 심리는 국가의 안전보장 또는 안녕질서를 방해하거나 선량한 풍속을 해할 염려가 있을 때에는 법원의 결정으로 공개하지 아니할 수 있다.

제111조 ① 군사재판을 관할하기 위하여 특별법원으로서 군법회의를 둘 수 있다.

② 군법회의의 상고심은 대법원에서 관할한다.

③ 군법회의의 조직·권한 및 재판관의 자격은 법률로 정한다.

④ 비상계엄하의 군사재판은 군인·군무원의 범죄나 군사에 관한 간첩죄의 경우와 초병·초소·유해음식물공급·포로에 관한 죄 중 법률에 정한 경우에 한하여 단심으로 할 수 있다.

제6장 헌법위원회

제112조 ① 헌법위원회는 다음 사항을 심판한다.

    1. 법원의 제청에 의한 법률의 위헌여부

    2. 탄핵

    3. 정당의 해산

② 헌법위원회는 9인의 위원으로 구성하며, 위원은 대통령이 임명한다.

③ 제2항의 위원 중 3인은 국회에서 선출하는 자를, 3인은 대법원장이 지명하는 자를 임명한다.

④ 헌법위원회의 위원장은 위원 중에서 대통령이 임명한다.

제113조 ① 헌법위원회 위원의 임기는 6년으로 하며, 법률이 정하는 바에 의하여 연임할 수 있다.

② 헌법위원회 위원은 정당에 가입하거나 정치에 관여할 수 없다.

③ 헌법위원회 위원은 탄핵 또는 형벌에 의하지 아니하고는 파면되지 아니한다.

④ 헌법위원회 위원의 자격은 법률로 정한다.

제114조 ① 헌법위원회에서 법률의 위헌결정, 탄핵의 결정 또는 정당해산의 결정을 할 때에는 위원 6인 이상의 찬성이 있어야 한다.

② 헌법위원회의 조직과 운영 기타 필요한 사항은 법률로 정한다.

제7장 선거관리

제115조 ① 선거와 국민투표의 공정한 관리 및 정당에 관한 사무를 처리

하기 위하여 선거관리위원회를 둔다.

② 중앙선거관리위원회는 대통령이 임명하는 3인, 국회에서 선출하는 3인과 대법원장이 지명하는 3인의 위원으로 구성한다. 위원장은 위원 중에서 호선한다.

③ 위원의 임기는 5년으로 한다.

④ 위원은 정당에 가입하거나 정치에 관여할 수 없다.

⑤ 위원은 탄핵 또는 형벌에 의하지 아니하고는 파면되지 아니한다.

⑥ 중앙선거관리위원회는 법령의 범위 안에서 선거관리·국민투표관리 또는 정당 사무에 관한 규칙을 제정할 수 있다.

⑦ 각급 선거관리위원회의 조직·직무범위 기타 필요한 사항은 법률로 정한다.

제116조 ① 각급 선거관리위원회는 선거인명부의 작성 등 선거사무에 관하여 관계 행정기관에 필요한 지시를 할 수 있다.

② 제1항의 지시를 받은 당해 행정기관은 이에 응하여야 한다.

제117조 ① 선거운동은 각급 선거관리위원회의 관리 하에 법률이 정하는 범위 안에서 하되, 균등한 기회가 보장되어야 한다.

② 선거에 관한 경비는 법률이 정하는 경우를 제외하고는 정당 또는 후보자에게 부담시킬 수 없다.

제8장 지방자치

제118조 ① 지방자치단체는 주민의 복리에 관한 사무를 처리하고 재산을 관리하며, 법령의 범위 안에서 자치에 관한 규정을 제정할 수 있다.

② 지방자치단체의 종류는 법률로 정한다.

제119조 ① 지방자치단에 의회를 둔다.

② 지방의회의 조직 권한 의원선거와 지방자치단체의 장의 선임방법 기타 지방자치단체의 조직과 운영에 관한 사항은 법률로 정한다.

제9장 경제

제120조 ① 대한민국의 경제질서는 개인의 경제상의 자유와 창의를 존중함을 기본으로 한다.

② 국가는 모든 국민에게 생활의 기본적 수요를 충족시키는 사회정의의 실현과 균형 있는 국민경제의 발전을 위하여 필요한 범위 안에서 경제에 관한 규제와 조정을 한다.

③ 독과점의 폐단은 적절히 규제·조정한다.

제121조 ① 광물·기타 중요한 지하자원·수산자원·수력과 경제상 이용할 수 있는 자연력은 법률이 정하는 바에 의하여 일정한 기간 그 채취·개발 또는 이용을 특허할 수 있다.

② 국토와 자원은 국가의 보호를 받으며, 국가는 그 균형 있는 개발과 이용을 위하여 필요한 계획을 수립한다.

제122조 농지의 소작제도는 법률이 정하는 바에 의하여 금지된다. 다만 농업생산성의 제고와 농지의 합리적인 이용을 위한 임대차 및 위탁경영은 법률이 정하는 바에 의하여 인정된다.

제123조 국가는 농지와 산지 기타 국토의 효율적이고 균형 있는 이용·개발과 보전을 위하여 법률이 정하는 바에 의하여 그에 관한 필요한 제한과 의무를 과할 수 있다.

제124조 ① 국가는 농민·어민의 자조를 기반으로 하는 농어촌개발을 위하여 필요한 계획을 수립하며, 지역사회의 균형 있는 발전을 기한다.

② 국가는 중소기업의 사업활동을 보호·육성하여야 한다.

③ 국가는 농민·어민과 중소기업의 자조조직을 육성하여야 하며, 그 정치적 중립성을 보장한다.

제125조 국가는 건전한 소비행위를 계도하고 생산품의 품질향상을 촉구하기 위한 소비자보호운동을 법률이 정하는 바에 의하여 보장한다.

제126조 국가는 대외무역을 육성하며, 이를 규제·조정할 수 있다.

제127조 국방상 또는 국민경제상 긴절한 필요로 인하여 법률에 정한 경우를 제외하고는, 사영기업을 국유 또는 공유로 이전하거나 그 경영을 통제 또는 관리할 수 없다.

제128조 ① 국가는 국민경제의 발전에 노력하고 과학기술을 창달·진흥하여야 한다.
② 국가는 국가표준제도를 확립한다.
③ 대통령은 제1항의 목적을 달성하기 위하여 필요한 자문기구를 둘 수 있다.

제10장 헌법개정

제129조 ① 헌법개정은 대통령 또는 국회재적의원 과반수의 발의로 제안된다.
② 대통령의 임기연장 또는 중임변경을 위한 헌법개정은 그 헌법개정 제안 당시의 대통령에 대하여는 효력이 없다.
제130조 제안된 헌법개정안은 대통령이 20일 이상의 기간 이를 공고하여야 한다.
제131조 ① 국회는 헌법개정안이 공고된 날로부터 60일 이내에 의결하여야 하며, 국회의 의결은 재적의원 3분의 2이상의 찬성을 얻어야 한다.
② 헌법개정안은 국회가 의결한 후 30일 이내에 국민투표에 붙여 국회의원선거권자 과반수의 투표와 투표자 과반수의 찬성을 얻어야 한다.
③ 헌법개정안이 제2항의 찬성을 얻은 때에는 헌법개정은 확정되며, 대통령은 즉시 이를 공포하여야 한다.

부칙

제1조 이 헌법은 공포한 날로부터 시행한다.
제2조 이 헌법에 의한 최초의 대통령과 국회의원의 선거는 1981년 6월 30일까지 실시한다.
제3조 이 헌법시행 당시의 대통령의 임기는 이 헌법에 의한 최초의 대

통령이 선출됨과 동시에 종료된다.

제4조   이 헌법시행과 동시에 이 헌법시행 당시의 통일주체국민회의는 폐지되고 그 대의원의 임기도 종료된다.

제5조   ① 이 헌법시행 당시의 국회의원의 임기는 이 헌법시행과 동시에 종료된다.

② 이 헌법에 의하여 선거된 최초의 국회의원의 임기는 국회의 최초의 집회일로부터 개시된다.

제6조   ① 국가보위입법회의는 이 헌법에 의한 국회의 최초의 집회일 전일까지 존속하며, 이 헌법시행일로부터 이 헌법에 위한 국회의 최초의 집회일 전일까지 국회의 권한을 대행한다.

② 국가보위입법회의는 각계의 대표자로 구성하되, 그 조직과 운영 기타 필요한 사항은 법률로 정한다.

③ 국가보위입법회의가 제정한 법률과 이에 따라 행하여진 재판 및 예산 기타 처분 등은 그 효력을 지속하며, 이 헌법 기타의 이유로 제소하거나 이의를 할 수 없다.

④ 국가보위입법회의는 정치풍토의 쇄신과 도의정치의 구현을 위하여 이 헌법시행일 이전의 정치적 또는 사회적 부패나 혼란에 현저한 책임이 있는 자에 대한 정치활동을 규제하는 법률을 제정할 수 있다.

제7조   새로운 정치질서의 확립을 위하여 이 헌법시행과 동시에 이 헌법시행 당시의 정당은 당연히 해산된다. 다만 늦어도 이 헌법에 의한 최초의 대통령 선거일 3월 이전까지는 새로운 정당의 설립이 보장된다.

제8조   ① 이 헌법에 의하여 선거방법이나 임명권자가 변경된 공무원과 대법원장·대법원판사·감사원장·감사위원·헌법위원회위원은 이 헌법에 의하여 후임자가 선임될 때까지 그 직무를 행하며, 이 경우 전임자인 공무원의 임기는 후임자가 선임되는 전일까지로 한다.

② 이 헌법 중 공무원의 임기 또는 중임제한에 관한 규정은 이 헌법에 의하여 그 공무원이 최초로 선출 또는 임명된 때로부터 적용한다.

제9조   이 헌법시행 당시의 법령과 조약은 이 헌법에 위배되지 아니하는

한 그 효력을 지속한다.

제10조   이 헌법에 의한 지방의회는 지방자치단체의 재정자립도를 감안하
여 순차적으로 구성하되, 그 구성시기는 법률로 정한다.

II. 국가보위비상대책위원회 설치령(1980년 5월 31일 대통령령 제9897호)

제1조(설치)   비상계엄 하에서 계엄법 제9조 및 제11조의 규정에 의
하여 계엄업무를 지휘 감독함에 있어서 대통령을 보좌
하고 국가를 보위하기 위한 국책사항을 심의하기 위하
여 대통령 소속 하에 국가보위비상대책위원회(이하 국
보위라 한다)를 설치한다.

제2조(구성)   국보위는 국무총리, 부총리 겸 경제기획원장관, 외무부
장관, 내무부장관, 법무부장관, 국방부장관, 문교부장
관, 문화공보부장관, 중앙정보부장, 대통령비서실장, 계
엄사령관, 합동참모회의의장, 각 군 참모총장 및 국군보
안사령관과 대통령이 임명하는 10인 이내의 위원으로
구성한다.

제3조(회의소집)   대통령은 국보위 의장이 되며, 의제를 선정하여 소집하
고 이를 주재한다.

제4조(상임위원회의   국보위의 위임에 따라 제1조에 규정된 사항의 기획과
설치)   집행의 조정 및 통제를 하기 위하여 국보위에 국보위
상임위원회(이하 상임위원회라 한다)를 설치한다.

제5조(상임위원회의   ① 상임위원회는 위원장과 30인 이내의 위원으로 구
구성)   성한다.
② 상임위원회의 위원장은 국보위 위원 중에서 대통령
이 지명하며, 상임위원회 위원은 대통령이 임명, 또는
위촉한다.

제6조(분과위원회 설치)	① 상임위원회의 사무를 분장 처리하기 위하여 상임위원회에 분과위원회를 둘 수 있다.
	② 상임위원회에 두는 분과위원회의 종류와 그 분장 사무는 상임위원회가 대통령의 승인을 얻어 이를 정한다.
제7조(운영세칙)	이 영에 규정된 이외에 국보위의 운영, 기타 필요한 사항은 국보위가 이를 정한다.

부칙(시행일) 이 영은 공포한 날로부터 시행한다.

III. 국가보위입법회의법(1980.10.27 의결)

제1장 총칙

제1조(목적)	이 법은 헌법부칙 제6조의 규정에 의한 국가보위입법회의(이하 입법회의라 한다)의 조직과 운영 기타 필요한 사항을 규정함을 목적으로 한다.
제2조(권한)	입법회의는 헌법과 법률에 정한 국회의 권한을 행사한다.
제3조(구성)	입법회의는 정치·경제·사회·문화·행정 기타 각계의 학식과 덕망이 있는 인사 중에서 대통령이 임명하는 50인 이상 100인 이내의 의원으로 구성한다.
제4조(개회)	입법회의는 대통령의 요구가 있거나 의장이 필요하다고 인정할 때 또는 재적의원 3분의 1이상의 요구가 있을 때에는 개회한다.

제2장 기관과 경비

| 제5조(의장 | ① 입법회의에 의장 1인과 부의장 2인을 둔다. |

부의장의 선거)　　　② 의장과 부의장은 입법회의에서 무기명투표로 선거
　　　　　　　　　　하되, 재적의원 과반수의 득표자를 당선자로 한다.

　　　　　　　　　　③ 최초에 개회되는 입법회의에서 의장을 선출할 때에
　　　　　　　　　　는 연장자가 회의를 주재한다.

제6조(의장의 직무)　① 의장은 입법회의를 대표하고 회의를 주재하며 사무
　　　　　　　　　　를 감독한다.

　　　　　　　　　　② 의장이 사고가 있을 때에는 의장이 지정하는 부의장
　　　　　　　　　　이 그 직무를 대리한다.

제7조(사무처)　　　① 입법회의의 사무를 처리하기 위하여 사무처를 둔다.

　　　　　　　　　　② 사무처에 사무처장 1인과 기타 필요한 직원을 두되,
　　　　　　　　　　사무처장은 의장이 임명한다.

　　　　　　　　　　③ 사무처장은 의장의 감독을 받아 입법회의의 사무를
　　　　　　　　　　처리하고, 소속 공무원을 지휘 감독한다.

제8조(도서관)　　　① 입법회의에 도서관을 둔다.

　　　　　　　　　　② 도서관에 도서관장 1인과 기타 필요한 직원을 두되,
　　　　　　　　　　도서관장은 의장이 임명한다.

제9조(경비)　　　　입법회의의 경비는 국회의 예산으로 충당한다.

제3장 의원

제10조(선서)　　　의원은 최초의 입법회의에서 다음의 선서를 한다.

　　　　　　　　　　"본 의원은 헌법을 준수하고 국민의 자유와 복리의 증
　　　　　　　　　　진에 노력하며 국가이익을 최우선으로 하여 국가보위
　　　　　　　　　　입법회의 의원의 직무를 성실히 수행할 것을 엄숙히 선
　　　　　　　　　　서합니다."

제11조(의무)　　　의원은 청렴의 의무가 있으며, 의원으로서 품위를 유지
　　　　　　　　　　하여야 한다.

제12조(특권)　　　① 의원은 입법회의에서 직무상 행한 발언과 표결에 관

하여 입법회의 외에서 책임을 지지 아니한다.

② 의원은 현행범인인 경우를 제외하고는 입법회의의 동의 없이 체포 또는 구금되지 아니한다.

제13조(겸직 등)　　의원은 겸직 또는 정치활동을 제한하는 법률의 규정을 적용받지 아니한다.

제14조(사임)　　의원은 의장의 허가를 얻어 그 직을 사임할 수 있다.

제4장 위원회

제15조(위원회의 종류)　　입법회의의 위원회는 상임위원회와 특별위원회의 2종으로 한다.

제16조 (상임위원회의 직무)　　상임위원회는 그 소관에 속하는 의안과 청원 등을 심사한다.

제17조 (상임위원회와 그 소관)　　상임위원회와 그 소관은 다음과 같다.

1. 운영위원회
   가. 국가보위입법회의 운영에 관한 사항
   나. 국가보위입법회의법 기타 국가보위입법회의규칙에 관한 사항
   다. 국가보위입법회의사무처소관에 속하는 사항
   라. 국가보위입법회의도서관소관에 속하는 사항
   마. 다른 위원회에 속하지 아니하는 사항
2. 법제사법위원회
   가. 법무부소관에 속하는 사항
   나. 법제처소관에 속하는 사항
   다. 감사원소관에 속하는 사항
   라. 헌법위원회사무에 관한 사항
   마. 법원·군법회의의 사법행정에 관한 사항
   바. 의원의 징계에 관한 사항

사. 법률안·규칙안의 체계·형식과 자구(字句)의 심
　　　　사에 관한 사항
　3. 외교국방위원회
　　　가. 외무부소관에 속하는 사항
　　　나. 국방부소관에 속하는 사항
　　　다. 국토통일원소관에 속하는 사항
　　　라. 국가안전보장회의사무에 관한 사항
　4. 내무위원회
　　　가. 내무부소관에 속하는 사항
　　　나. 중앙정보부소관에 속하는 사항
　　　다. 중앙선거관리위원회사무에 관한 사항
　　　라. 총무처소관에 속하는 사항
　　　마. 서울특별시소관에 속하는 사항
　5. 경제제1위원회
　　　가. 경제기획원소관에 속하는 사항
　　　나. 재무부소관에 속하는 사항
　　　다. 농수산부소관에 속하는 사항
　　　라. 상공부소관에 속하는 사항
　　　마. 동력자원부소관에 속하는 사항
　　　바. 과학기술처소관에 속하는 사항
　　　사. 경제과학심의회의사무에 관한 사항
　6. 경제제2위원회
　　　가. 건설부소관에 속하는 사항
　　　나. 보건사회부소관에 속하는 사항
　　　다. 교통부소관에 속하는 사항
　　　라. 체신부소관에 속하는 사항
　　　마. 원호처소관에 속하는 사항
　7. 문교공보위원회
　　　가. 문교부소관에 속하는 사항

　　　　　　　　나. 문화공보부소관에 속하는 사항

제18조　　　　　① 의원은 하나의 상임위원회의 위원(이하 상임 위원
(상임위원회의 위원)　이라 한다)이 된다. 다만 운영위원회의 위원을 겸할 수
　　　　　　　　있다.

　　　　　　　　② 의장은 상임위원이 될 수 없다.

　　　　　　　　③ 상임위원은 의장이 선임한다.

제19조(위원회의　　① 위원회에 위원장 1인을 두되, 위원회에서 호선
위원장)　　　　　한다.

　　　　　　　　② 최초에 개회되는 위원회에서 위원장을 선출할 때에
　　　　　　　　는 연장자가 회의를 주재한다.

　　　　　　　　③ 위원장은 위원회를 대표하고 회의를 주재하며, 사무
　　　　　　　　를 감독한다.

　　　　　　　　④ 위원장은 위원회의 개회일시와 의사일정을 정한다.

제20조(간사)　　　① 위원회에 간사 1인을 두되, 위원회에서 호선한다.

　　　　　　　　② 간사는 위원장을 보좌하여 사무를 감독하고, 위원장
　　　　　　　　이 사고가 있을 때에는 위원장의 직무를 대리한다.

제21조(전문위원)　① 위원회에 전문위원을 둔다.

　　　　　　　　② 전문위원은 위원장의 제청으로 의장이 임명한다.

　　　　　　　　③ 전문위원은 위원회에서 발언할 수 있으며, 의장의
　　　　　　　　허가를 얻어 입법회의의 회의(이하 본회의라 한다)에서
　　　　　　　　발언할 수 있다.

제22조(특별위원회)　① 입법회의는 특히 필요하다고 인정한 안건을 심사하
　　　　　　　　기 위하여 그 의결로 특별위원회를 둘 수 있다.

　　　　　　　　② 예산안과 결산을 종합심사하기 위하여 예산결산특
　　　　　　　　별위원회를 둔다.

　　　　　　　　③ 특별위원회는 그 위원회에 회부된 안건이 본회의에
　　　　　　　　서 의결될 때까지 존속한다.

제23조(위원회의　　위원회는 재적위원 과반수의 출석으로 개회하고 출석
의사·의결정족수)　위원 과반수의 찬성으로 의결한다.

제24조(위원회의 심사)	위원회는 안건을 심사함에 있어서 제안자의 취지 설명과 전문위원의 검토보고를 듣고, 질의·토론과 축조(逐條)심사를 거쳐 표결한다. 다만 위원장은 축조심사를 생략할 수 있다.
제25조(방청)	위원회에서 방청하려고 하는 자는 위원장의 허가를 얻어야 한다.
제26조(공청회)	① 위원회는 중요한 안건 또는 전문지식을 요하는 안건을 심사하기 위하여 공청회를 열고 이해관계자 또는 학식·경험이 있는 자로부터 의견을 들을 수 있다.
	② 위원회에서 공청회를 열 때에는 의장의 승인을 얻어야 한다.
제27조(심사보고)	① 위원회는 회부된 안건의 심사를 마친 때에는 의장에게 심사보고서를 제출하여야 한다.
	② 위원장은 소관위원회에서 심사 보고한 안건이 본회의에서 의제가 된 때에는 위원회의 심사보고를 본회의에 보고한다.
제28조(준용규정)	위원회에 관하여는 이 장에 규정된 외에 제5장의 규정을 준용한다.

제5장 회의

제1절 개회와 의사

제29조(개회일시)	본회의는 오전 10시에 개회한다. 다만 본회의의 의결 또는 의장이 필요하다고 인정한 때에는 이를 변경할 수 있다.
제30조(의사 및 의결정족수)	① 본회의는 재적의원 과반수의 출석으로 개회한다.
	② 본회의는 헌법 또는 법률에 특별한 규정이 없는 한 재적의원 과반수의 출석과 출석의원 과반수의 찬성으

로 의결한다. 가부동수인 때에는 부결된 것으로 본다.

제31조(의사일정) 본회의의 의사일정은 의장이 운영위원장과 협의하여 정한다.

제32조(회의의 공개) ① 본회의는 공개한다. 다만 본회의의 의결이 있거나 의장이 국가의 안전보장을 위하여 필요하다고 인정할 때에는 공개하지 아니할 수 있다.

② 공개하지 아니한 회의의 내용은 공표되어서는 아니 된다.

③ 의장은 방청권을 발행하여 방청을 하게 할 수 있다.

제33조(발언) ① 의원이 발언하려고 할 때에는 의장의 허가를 얻어야 한다.

② 발언은 의제 외에 미치거나 그 범위를 넘어서는 아니 된다.

③ 의원의 발언시간은 30분을 초과할 수 없다. 그러나 질의·보충발언·의사진행발언 및 신상발언시간은 10분을 초과할 수 없다.

④ 의장은 필요하다고 인정할 때에는 발언자수와 발언시간을 제한할 수 있다.

제34조(안건심의) 본회의는 안건을 심의함에 있어서 그 안건을 심사할 위원장의 심사보고를 듣고 질의·토론을 거쳐 표결한다. 다만 위원회의 심사를 거치지 아니한 안건에 대하여는 제안자가 그 취지를 설명하여야 하고, 위원회의 심사를 거친 안건에 대하여는 의장이 질의 또는 토론을 생략할 수 있다.

제35조(회의록) 입법회의는 본회의의 의사일정, 출석의원의 수, 의사 기타 필요한 사항을 기재한 회의록을 작성 보존한다.

제2절 의안의 제출과 심의

제36조(의안의 제안)　① 의원은 7인 이상의 찬성으로 의안을 발의할 수 있다.
　　　　　　　　　　② 위원회는 그 소관에 속하는 사항에 관하여 의안을 제출할 수 있다.

제37조(의안의 위원회 회부)　① 의장은 제안된 의안을 의원에게 배부하고 본회의에 보고하며, 소관 위원회에 회부하여 그 심사가 끝난 후 본회의에 부의(附議)한다.
　　　　　　　　　　② 예산안은 본회의에서 정부의 시정연설을 들은 후 각 상임위원회에 회부한다.
　　　　　　　　　　③ 예산안과 결산은 소관 상임위원회의 심의를 거쳐 예산결산특별위원회에 회부하고 그 심사가 끝난 후 본회의에 부의한다.

제38조(수정안)　① 의원은 10인 이상의 찬성으로 의안에 대한 수정안을 제출할 수 있다.
　　　　　　　② 위원회에서 심사 보고한 수정안은 찬성 없이 의제가 된다.

제39조(법률안의 체계심사)　위원회에서 법률안의 심사를 마치거나, 입안한 때에는 법제사법위원회에 회부하여 체계와 자구에 대한 심사를 받아야 한다.

제40조(위원회에서 폐기된 의안)　위원회에서 본회의에 부의할 필요가 없다고 결정된 의안은 본회의에 부의하지 아니한다. 그러나 위원회의 결정이 본회의에 보고된 날로부터 7일 이내에 의장 또는 의원 20인 이상의 요구가 있을 때에는 그 의안을 본회의에 부의하여야 한다.

제41조(의안의 이송)　입법회의에서 의결된 의안은 의장이 이를 정부에 이송한다.

제6장 국무위원 등의 출석요구와 국정조사

제42조(국무위원
등의 출석요구)

① 본회의 또는 위원회는 그 의결로 국무총리·국무위원
또는 정부위원과 대법원장·감사원장·헌법위원회위원
장·중앙선거관리위원회위원장 또는 그 대리인의 출석
을 요구할 수 있다.
② 위원회가 제1항의 요구를 할 때에는 의장을 경유하
여야 한다.

제43조(국무위원
등의 발언)

국무총리·국무위원 또는 정부위원이 본회의 또는 위원회
에서 발언하려고 할 때에는 의장 또는 위원장의 허가를
얻어야 한다.

제44조(조사·
서류제출요구)

① 본회의 또는 위원회는 그 의결로 특정한 국정사안에
관하여 조사할 수 있으며, 안건의 심의와 직접 관련된
보고 또는 서류의 제출을 정부·행정기관 기타에 대하
여 요구할 수 있다.
② 위원회가 제1항의 요구를 할 때에는 의장을 경유하
여야 한다.
③ 제1항의 요구를 받은 때에는 법률에서 그 보고와 제
출을 금지 또는 제한하고 있는 경우를 제외하고는 이에
응하여야 한다.

제7장 청원

제45조(청원서의
제출과 회부)

① 입법회의에 청원을 하려고 하는 자는 의원의 소개를
얻어 청원서를 제출하여야 한다.
② 재판에 간섭하거나 국가기관을 모독하는 내용의 청
원은 이를 접수하지 아니한다.
③ 의장은 청원서를 접수한 때에는 청원요지서를 작성
하여 의원에게 배부하고 소관 위원회에 회부한다.

제46조(청원심사)　　① 청원을 소개한 의원은 소관 위원회의 요구가 있을 때에는 청원의 취지를 설명하여야 한다.

② 위원회에서 본회의에 부의하기로 결정한 청원은 의견서를 첨부하여 의장에게 보고한다.

③ 위원회에서 본회의에 부의할 필요가 없다고 결정한 청원은 그 처리결과를 의장에게 보고하고, 의장은 청원인에게 통지하여야 한다.

제47조(정부이송과 처리통지)　① 입법회의가 채택한 청원으로서 정부에서 처리함이 적당하다고 인정되는 청원은 의견서를 첨부하여 정부에 이송한다.

② 정부는 제1항의 청원을 지체 없이 처리하고 그 처리결과를 의장에게 통지하여야 한다.

제8장 보칙(補則)

제48조(직원의 파견요청 등)　① 의장은 행정기관·법원·군·교육기관·연구기관 기타 공공기관의장에 대하여 직원의 파견을 요청할 수 있다.

② 의장은 제1항의 규정에 의하여 파견된 자를 입법회의의 직원으로 겸임하게 할 수 있다.

제49조(수당과 여비)　의원·전문위원 및 직원은 규칙이 정하는 바에 의하여 수당과 여비를 받는다.

제50조(규칙제정)　입법회의는 그 내부규율과 사무처리에 관한 규칙을 제정할 수 있다.

제51조(준용)　입법회의의 조직과 운영에 관하여는 그 성질에 반하지 아니하는 범위 안에서 국회법, 국회에서의 증언·감정 등에 관한 법률과 기타 법령 중 국회관계규정을 준용한다.

부칙

① (시행일) 이 법은 공포한 날로부터 시행한다.
② (시행기간) 이 법은 헌법에 따라 새로 구성되는 국회의 최초의 집회일 전일까지 그 효력을 가진다.
③ (경과조치) 이 법 시행 당시의 국가보위입법회의는 이 법에 의하여 설치된 것으로 보며, 이 법 시행 당시의 의원은 이 법에 의한 의원의 임명일 전일까지 그 지위를 가진다.
④ (동전同前) 이 법 시행 당시의 국회사무처와 국회도서관은 이 법에 의한 사무처 및 도서관으로 보며, 그 소속 공무원은 이 법에 의한 후임자가 임명될 때까지 그 직을 가진다.

Ⅳ. 국가보위입법회의운영규칙(1980.10.29 제1차 본회의 의결)

제1장 총칙

제1조(목적)　　　　이 규칙은 국가보위입법회의(이하 법이라 한다) 제49조 및 제50조의 규정에 의하여 국가보위입법회의(이하 입법회의라 한다)의 운영에 관한 사항을 규정함을 목적으로 한다.

제2장 상임위원회

제2조(상임위원회의 위원정수)　　하나의 상임위원회는 위원 8인 이상 16인 이내로 구성한다.

제3조(운영위원회의 위원)　　다른 상임위원회의 간사는 운영위원회의 위원을 겸한다.

제4조(운영위원회의 직무)　　운영위원회는 의장의 명에 의하여 다음 각 호의 직무를 수행한다.

1. 의원의 상임위원 선임에 관한 의견제시
2. 전문위원과 사무처·도서관 3급 이상 직원의 임용에 관한 심사
3. 의사일정의 조정
4. 특별위원회의 구성건의
5. 공청회 개최에 관한 사항의 심사

제3장 예산결산특별위원회

제5조(구성)   예산결산특별위원회는 각 상임위원회 소속위원 15인 이내로 구성한다.

제6조(전문위원)   예산결산특별위원회는 7인 이내의 전문위원을 두되 상임위원회 소속 전문위원이 겸할 수 있다.

제4장 기타 특별위원회

제7조(구성)   특별위원회는 소관 및 관련 상임위원회 소속 위원 7인 이내로 구성한다.

제8조(소관   특별위원회의 존속기간 중에는 소관 상임위원회는
상임위원회와의 관계) 당해 안건에 관한 심사를 할 수 있다.

제9조(전문위원)   특별위원회는 7인 이내의 전문위원을 두되 소관 및 관련 상임위원회의 소속 전문위원이 겸한다.

제5장 전문위원

제10조(전문위원의 ① 입법회의에. 70인 이내의 전문위원을 두되 각 상임위
정수)   원회에 10인 이내의 전문위원을 둔다.

② 운영위원회의 전문위원은 다른 위원회의 전문위원을 겸할 수 있다.

제11조(전문위원의 자격)　전문위원은 다음 각 호의 1의 자격기준에 해당하고 직무에 필요한 전문지식을 가진 자로 한다.

1. 국가보위비상대책상임위원의 분과위원·전문위원의 직에 있던 자
2. 2급 이상의 공무원(이에 상당하는 별정직 공무원을 포함한다)
3. 판사·검사
4. 국회전문위원
5. 기타 박사학위를 가졌거나 그와 동등한 자격이 있다고 인정되는 자

제12조(전문위원의 예비심사)　① 상임위원회 및 특별위원회(이하 위원회라 한다)는 소관의안에 관하여 전문위원으로 하여금 예비심사를 하게 한다.

② 위원회의 간사는 예비심사의 결과를 운영위원회에 통보한다. 다만 예산·결산에 관한 의안은 그리하지 아니한다.

③ 운영위원회는 제2항의 예비심사결과에 대하여 다음 사항을 검토한다.

1. 다른 의안과의 관련
2. 종합적인 국가시책과의 조화
3. 본회의 의사일정과의 관련
4. 기타 입법회의의 원활한 운영을 위하여 필요하다고 인정되는 사항

④ 위원회의 간사는 운영위원회가 제3항의 규정에 의한 검토를 함에 있어 특별한 의견이 있을 때에는 운영위원회와 협의한 후에 그 의안을 처리한다.

⑤ 위원회는 소속전문위원의 예비심사를 위하여 필요

하다고 인정할 때에는 해당 위원회 또는 운영위원회의
의결을 거쳐 관계기관의 공무원 기타 직원 등의 출석과
자료제출을 요구할 수 있다.

제13조(전문위원회)　① 위원장은 예비심사에 필요하다고 인정할 때에는 소
속 전문위원으로 전문위원회를 구성할 수 있으며, 전문
위원 중 1인을 지명하여 회의를 주재하게 할 수 있다.
② 제1항의 전문위원회의 의결은 소속 전문위원 과반수
의 찬성으로 한다.
③ 위원장은 필요하다고 인정할 때에는 제1항의 전문위
원회에 전문소위원회를 구성할 수 있다.

제6장 보칙

제14조(수당 · 여비)　법제49조에 의한 수당과 여비는 의장이 운영위원회의
의결을 거쳐 상근, 비상근 기타 합리적인 기준에 의하
여 예산의 범위 내에서 지급한다.
제15조(방청)　위원회에서 방청을 하려고 하는 자는 다른 규칙에 의한
방청권의 소지에 관계없이 위원장의 허가를 얻어야 한다.

부칙

이 규칙은 1980년 10월 29일부터 시행한다.

저자_ 김행선

1954년 서울 출생
1977년 고려대학교 문과대학 불어불문학과 졸업
1996년 고려대학교 일반대학원 사학과 문학박사
2002년 고려대학교 아세아문제연구소 연구조교수
2005년 성균관대학교 동아시아 유교문화권 교육연구단 연구조교수
현재 고려대학교 사학과 강사

저서;

『고난을 딛고 일어나 걸어라』, 선인, 2014.

『유신체제기 통일주체국민회의의 권한과 활동』, 선인, 2014.

『1970년대 박정희 정권의 문화정책과 문화통제』, 선인, 2012.

『루소의 생애와 사상』, 노란숲, 2011.

『초기경전에 나타나는 석가모니의 생애와 사상』, 선인, 2010.

『6·25전쟁과 한국사회문화변동』, 선인, 2009.

『역사와 신앙』, 선인, 2008.

『한국근현대사 강의』, 선인, 2007.

『박정희와 유신체제』, 선인, 2006.

『4·19와 민주당』, 선인, 2005.

『해방정국 청년운동사』, 선인, 2004.

강만길 외, 『근대 동아시아 역사인식 비교』, 선인, 2004.

『동서양 고전의 이해』, 이회출판사, 1999.